Dieter Maier

Bayerische Königsschlösser

Inhalt

1 2 3 4 5   9 8 7 6 5

Dieter Maier

Bayerische Königsschlösser

DÖRFLER

BILDBÄNDE

M · DC · XVI

PATRONA
BOIARIÆ

Wittelsbacher Bauherren aus sechs Jahrhunderten

Historiker wissen es, Bayern spüren es und Nichtbayern hören es ungern: das älteste, in Europa erhaltene Staatsgebilde ist der Freistaat Bayern. Unter den Frankenkönigen aus dem Hause der Merowinger erhielt der Stamm der Bayern seine ersten Herzöge aus dem Geschlecht der Agilolfinger. Und schon einer dieser Herzöge, Tassilo III., versuchte aus dem Herzogtum ein Königreich mit weitgehender Selbständigkeit zu machen. Daß ihm dieser Versuch als Hochverrat ausgelegt und er deshalb von Karl dem Großen zur lebenslänglichen Klosterhaft «begnadigt» wurde, verargen die Bayern dem großen Kaiser bis heute. Immerhin sollte es anschließend viele Jahrhunderte dauern, bis aus Bayern im 19. Jahrhundert wenigstens ein zuerst von Napoleon, dann von Preußens Gnaden abhängiges Königtum werden konnte.

Nach turbulenten Jahren unter den Karolingern, den Ottonen und den Welfen begann sich Bayern erst unter den Wittelsbachern (Otto I., 1180) unter großen Geburtswehen zum Territorialstaat zu entwickeln. Zahlreiche Haupt- und Nebenlinien des herzoglichen Hauses entstanden und verschwanden in bunter Folge und mit ihnen ihre Stammsitze, Burgen und Residenzen. Regensburg und Ingolstadt, Straubing, Landshut und München waren ihre bevorzugten Regierungssitze. Ursache dieses bunten «Durcheinanders» waren permanente Erbteilungen, denen erst Herzog Albrecht IV., der Weise (1467–1508), ein Ende bereitete. Ihm gelang es 1504, Bayern wieder zu einen, und 1506 erließ er mit dem Primogeniturgesetz die Basis für den kommenden Aufstieg des Hauses Wittelsbach. Von nun an erbte jeweils der älteste Sohn des Hauses Wittelsbach die Thronfolge, das Land durfte nicht mehr geteilt werden.

Auch für München hatte die Weichenstellung des weisen Herzogs unmittelbare Folgen. Die Stadt an der Isar wurde damit zur einzigen Haupt- und Residenzstadt in Bayern der Wittelsbacher. Herzog Wilhelm IV., der Standhafte (1508–1550), begann denn auch zielstrebig mit dem Ausbau seiner Münchner Residenz und gilt deshalb sicher nicht zu Unrecht als ihr eigentlicher Vater. Er begann die bisher hauptsächlich als Fluchtburg genutzte, vierflüglige Wasserburg Neuveste so zu verschönern, daß er 1526 dort einziehen und den Alten Hof endgültig verlassen konnte.

Trotz widrigster Zeitumstände – Martin Luther und die Bauernkriege sorgten für geistige und materielle Nöte – wirkte er als bewahrende Kraft in gleich mehrfacher Hinsicht. Das noch heute so mancherlei Zündstoff bietende Reinheitsgebot für Bier erließ er 1516 auf einem Landtag in Ingolstadt (daß «allenthalbn in unseren Stetten, Märckten und auf dem Lannde zu kainem Pier mehrer Stuckh dann allain Gersten, hopffen unnd wasser genommen unnd gepraucht sölle werden»).

Zum wirtschaftlichen kam der künstlerische Weitblick. Bis 1518 wirkte Erasmus Grasser, der weltberühmte Schöpfer der Moriskentänzer, 1523 wurde der Zürcher Ludwig Senfl zum Leiter einer Hofkapelle berufen. Von den besten Malern des Landes ließ der kunstsinnige Herzog ganze Bilderserien aus der antiken und biblischen Geschichte malen, darunter 1527 bei Albrecht Altdorfer die berühmte «Alexanderschlacht», die einmal Napoleons Lieblingsbild werden sollte.

Für seine Historienbilder ließ der Herzog eigens im Rosengarten (beim heutigen Marstallplatz) das sogenannte «Lusthaus» errichten und schuf damit die Keimzelle der heutigen Bayerischen Staatsgemäldesammlung.

Mit der gleichen Sorgfalt, mit der sich Wilhelm IV. den Künsten widmete, sorgte er für die Erziehung seines Sohnes. Nach strengem Lehrplan des Vaters studierte schon der Dreizehn-

jährige in Ingolstadt die Rechte, ohne daß dabei Literatur und Musik zu kurz kamen. Für die richtigen Lehrer sorgte Ignatius von Loyola, der Gründer des Jesuitenordens, höchstpersönlich. Damit war sichergestellt, daß der erst 22jährige Herzog Albrecht V. (1550–1579) bei seinem Regierungsantritt nahtlos die Bestrebungen seines Vaters fortführen konnte.

Vor allem als Sammler tat sich Albrecht V. zum Ärger seiner Räte hervor. Was immer der Kunst und der Wissenschaft diente und für den Mäzenen erreichbar war, wurde gesucht, erworben oder in Auftrag gegeben, egal ob es sich dabei um Münzen, Schmuck, kostbare Bücher, Gemälde oder Statuen handelte. So gab er etwa bei Hans Mielich einen Prachtkodex in Auftrag, dessen Beschreibung durch Massimo Trojano, einem Mitglied der Hofkapelle, die Intentionen des jungen Herzogs aufs schönste lebendig werden läßt:

«Auf sein (des Herzogs) Geheiß wurde eine Auswahl vier-, fünf-, sechs-, sieben- und achtstimmiger Mottetten auf großes Pergament in Folio mit großen Kosten geschrieben, und auf dem Rande jedes Blattes sich auf den Inhalt der Worte beziehende Miniaturbilder mit reizender Anmuth gemalt, welche Malereien alte Kolosse, hohe Archen, schauerliche Abgründe, zerstörte Gebäude, glänzende Trophäen, blumenreiche Wiesen, anmuthige Hügel, grünende Ebenen, duftende Wälder, zahme und wilde Thiere, Vögel, Finsternisse der Nacht, das Licht des Tages, kurz alles, was Himmel, Erde, Meer und Unterwelt Herrliches darbieten, uns vor Augen stellen und zwar so genial und kunstvoll, daß Oderici da Gubbio und Franco von Bologna, könnten sie in's Leben wieder zurückkehren, und überhaupt alle berühmten Miniaturmaler, nur bewundern und dem Maler hinsichtlich der Erfindung und Behandlung des Gegenstandes den Vorrang vor sich zugestehen würden.»

Ein ähnlicher Auftrag ging an Philipp Apian, der von 1554 bis 1563 seine «Bayerischen Landtafeln» als kostbare Landesbeschreibung schuf. Zusammen mit ganzen, vom Herzog gekauften Bibliotheken (darunter die von Hartmann Schedel und Johann Jakob Fugger) wurde daraus der Grundstock der heutigen Münchener Staatsbibliothek. Aus seiner Münzsammlung wurde das Münzkabinett und aus seiner Pretiosensammlung der Grundstock der heutigen Schatzkammer in der Residenz. Allein als Haus für seine Antikensammlung entstand das Antiquarium, das erste Museum nördlich der Alpen.

Noch aber genügten Herzog Albrecht V. die alten Mauern der Neuveste als eigentliche Residenz. Wohl wurde als Festsaal der St.-Georgs-Saal neu eingerichtet, der Rosengarten wurde neu angelegt und die alten Bastionen zu Arkaden geöffnet, doch Wohnung und Residenz blieben im alten Kern. Selbst die Errichtung eines neuen Traktes an der späteren Residenzstraße änderte daran nichts, wurde daraus doch der «Witwenbau» für seine Habsburger Gemahlin, die ihn dort um elf Jahre überlebte.

Albrechts Sohn, Herzog Wilhelm V. (1579–1597), schien dagegen trotz ebenfalls sorgfältigster Erziehungsversuche zunächst «aus der Art» zu schlagen. Nach prunkvollster Hochzeit am 22. Februar 1568 mit Renata von Lothringen schlug er seine Residenz zunächst auf Burg Trausnitz über Landshut auf. Dort versuchte er, die alte Festung in ein Lustschloß der Renaissance zu verwandeln, ließ Arkaden, umfangreiche Gartenanlagen und eine Narrentreppe mit einer ganzen «Commedia dell'arte» anlegen.

Der lebenslustige, stets zu neuen Festivitäten aufgelegte Erbprinz parodierte die Sammelleidenschaft seines Vaters mit dem Sammeln lebendiger Raritäten, so daß die Trausnitz bald nur so wimmelte von Zwergen, Negern und seltsamen Tieren. Bis 1575 war durch die Verschwendungssucht ein Schuldenberg von über 300000 Gulden angewachsen, den Herzog Albrecht V. seinem 27jährigen Sohn bezahlen durfte. Ob es die väterlichen Vorhaltungen oder ein gefährliches Fieber waren, sei dahingestellt. Jedenfalls wandelte sich Wilhelm V. vom lebenslustigen Verschwender zum «Frommen», als der er in die Geschichte eingehen sollte.

Kaum im Amt, begann Wilhelm V. zielstrebig damit, dem Haus Wittelsbach neuen Glanz zu verleihen. Im eigenen Haus wagte er den ersten richtigen Schritt über die alte Neuveste hinaus, indem er den bisherigen Bibliotheksstock über dem Antiquarium als Übergangswohnung für sich herrichten ließ. Bereits 1581 wurde mit dem Bau eines Renaissancepalazzos nach italienischem Vorbild begonnen (Grottenhofumbauung). Ab 1586 wurde das vom Vater als Museum errichtete Antiquarium zum Festsaal umgestaltet, um dem Auftritt des Regenten den adäquaten äußeren Rahmen geben zu können.

Auch nach außen hin gelang es Herzog Wilhelm V., den Einfluß seines Hauses auszudehnen. Als der Kölner Erzbischof Gebhard Truchseß von Waldburg zum Protestantismus über-trat und deshalb 1583 von Papst Gregor XIII. abgesetzt wurde, gelang es den Wittelsbachern, Herzog Wilhelms Bruder Ernst zum neuen Erzbischof von Köln wählen zu lassen. Als sich der Waldburger nicht so ohne weiteres geschlagen geben wollte, schickte Wilhelm seinen zweiten Bruder Ferdinand mit 3000 Bayern an den Rhein, die den abtrünnigen Bischof end-gültig verjagten. Immerhin bis 1761 blieben damit Bischofsstuhl und Kurfürstenhut Kölns bei den Wittelsbachern, die dadurch allein schon deshalb einen gewaltigen Machtzuwachs er-hielten, weil von Köln aus bis nach Münster, Paderborn und Hildesheim regiert wurde.

War schon Herzog Albrecht V. als «Hauptsäule des katholischen Glaubens in Deutschland, der seinesgleichen im Reich nicht hat», von Papst Pius V. gelobt worden, so galt dies nun erst recht für seinen Sohn. Er wurde zu einer Hauptstütze der Gegenreformation und baute in dieser Eigenschaft den Münchner Jesuiten die St.-Michaels-Kirche. Sie geriet zu einem Haupt-werk des deutschen Renaissancekirchenbaus und wurde bereits 1597 geweiht. Als Baumeister fungierte wie beim Neubau der Residenz der in Italien ausgebildete Friedrich Sustris. Das geistige Programm des damaligen Baus verrät noch heute die Prunkfassade. Sie enthält nicht nur das Erzstandbild des heiligen Michael als Symbol der Erneuerung des katholischen Glaubens und der Gegenreformation, sondern in den Obergeschossen auch Statuen, wittels-bachischer Ahnen und dreier habsburgischer Kaiser.

Im selben Jahr, in dem die Michaelskirche im Rahmen eines großen Freudenfestes geweiht wurde, überließ Wilhelm V. seinem Sohn Maximilian I. (1597–1651) die Regierung. Er selbst zog sich teils nach Schleißheim auf seine Musterschwaige, teils in die Maxburg (am Lehnbach-platz) in fromme Abgeschiedenheit zurück. In Schleißheim selbst baute er die Schwaige noch so aus, daß es später sein Sohn interessant fand, ein kleines Schloß daraus zu machen.

Mit Herzog Maximilian I. kam 1623 erstmals die Kurfürstenwürde und im Urteil der Nach-welt der Beiname «der Große» in das Haus Wittelsbach. Dabei war dem jungen Herzog bei seinem Regierungsantritt keineswegs alles als Morgengabe mitgegeben worden. Ganze 1220 Gulden fand er in der Regierungskasse, 1,6 Millionen Gulden betrug die Staatsschuld. Daß es Maximilian I. innerhalb weniger Jahre gelang, die Schulden zu tilgen und ein neues Vermögen anzulegen, spricht um so mehr für seine Führungsqualitäten, weil ihm dies ohne Steuererhö-hungen gelang. Einsparen, Rationalisieren und Investieren war seine Devise, die den finanziel-len Umschwung brachte. So sorgte er etwa für den Bau einer Soleleitung von den Reichen-haller Salzquellen bis hinaus in die Nähe von Traunstein. Dort nämlich gab es wesentlich mehr Holz zum Sieden des Salzes, und der Abtransport des fertigen Salzes war sehr viel ein-facher.

Dank der günstigen finanziellen Situation konnte er nur drei Jahre nach seinem Regierungs-antritt mit dem gleichermaßen großzügigen wie planmäßigen Ausbau der Residenz in ihren bis heute erhaltenen Grundzügen beginnen. Für die auch bei ihm vorhandene tiefe Frömmig-keit spricht dabei, daß er als erstes eine neue Kapelle in Angriff nahm. Brunnenhofumbauung, Kaiserhoftrakte und Neuanlage des Hofgartens folgten Zug um Zug, bis der Dreißigjährige Krieg den Herzog zu anderem Handeln zwang.

Schon 1609 war die katholische Liga als Pendant zur protestantischen Union von 1608 unter Federführung des Kaisers und des bayerischen Herzogs gegründet worden. Daß einer der führenden Köpfe auf der protestantischen Seite ausgerechnet der auch zum Hause Wittels-bach gehörende Kurfürst Friedrich von der Pfalz war, machte für Maximilian I. die Sache auch nicht leichter. Als die aufrührerischen böhmischen Stände den wittelsbachischen Kur-fürsten 1619 gar zu ihrem König kürten, war für die Bayern das Maß voll. Mit General Johann Tilly zog Herzog Maximilian mit seinen Bayern gegen die Protestanten, die sie am 8. November 1620 in der Schlacht am Weißen Berg bei Prag besiegten. Friedrich von der Pfalz kostete dies die Kurfürstenwürde, die Kaiser Ferdinand II. 1623 an Maximilian über-trug. Damit kam die Oberpfalz endgültig an Bayern und die Gegenreformation unter Füh-rung der Jesuiten bekam ein neues Betätigungsfeld.

Bayern selbst blieb zunächst vom Krieg verschont. Doch der evangelische Wittelsbacher, inzwischen als «Winterkönig» in die Geschichte eingegangen, gab nicht auf. Er nutzte seine Verwandtschaft zum schwedischen Königshaus und holte im Frühjahr 1632 die Schweden mit ihrem König Gustav Adolf an der Spitze nach Bayern. Während Kurfürst Maximilian I.

als Heerführer der Liga abwesend war, bedrohte der Schwede zusammen mit dem ehemaligen Winterkönig die Residenzstadt. Kurfürstin Elisabeth konnte zwar rechtzeitig zu Erzbischof Paris Lodron nach Salzburg fliehen, München selbst aber war schutzlos preisgegeben.

Als der Schwede bereits in Freising stand, bat deshalb eine Abordnung Münchner Bürger um Schonung der Stadt. Gegen ein Lösegeld von 300000 Reichstalern sollte dieser Bitte entsprochen werden. Im Gegenzug zogen die Schweden am 17. Mai 1632 kampflos in die Residenz ein und verschonten die Stadt. Daß Gustav Adolf seinen Triumph nur knapp ein halbes Jahr überlebte und auch der Winterkönig noch im selben Jahr mit nur 36 Jahren starb, steht auf einem anderen Blatt.

Maximilian jedenfalls konnte in seine Residenz zurückkehren, und glückliche Umstände sorgten dafür, daß München nie wieder in schwedische Hände fiel. Dafür kam im Sommer 1634 die Pest nach München und wütete bis in den Februar des folgenden Jahres hinein schlimmer als jeder Krieg. Auch die Kurfürstin Elisabeth starb am 4. Januar 1635 und machte damit den 62jährigen Kurfürsten zum erbenlosen Witwer.

Maximilian I. wäre allerdings nicht Maximilian gewesen, hätte er nicht auch aus dieser Situation das Beste gemacht. Schon ein halbes Jahr später heiratete er in Wien die 24jährige Kaisertochter Maria Anna, die ihm am 31. Oktober 1636 den heißersehnten Erben Ferdinand Maria zur Welt brachte. 1638 ließ der Kurfürst zum Dank und gleichzeitig als Bitte an die Patronin Bayerns die Patrona Bavariae auf dem heutigen Marienplatz aufstellen.

Erst 1647 gelang es Kurfürst Maximilian I. durch einen befristeten Waffenstillstand mit Frankreich und Schweden, den Kaiser zum 1648 geschlossenen Westfälischen Frieden zu bewegen. Ganze drei Jahre blieben Maximilian so für einen friedlichen Aufbau seines Landes und für die Vorsorge für seinen Nachfolger. Dazu gehörte nicht nur eine Sammlung von Ratschlägen fürs Leben allgemein und für das Regieren im besonderen, sondern auch eine Heirat: den 15jährigen Thronfolger verheiratete er «per procurationem» in Turin mit der Prinzessin Henriette Adelaide von Savoyen. Daß der kindliche Prinz bei der Hochzeit nicht anwesend war, störte dabei niemanden. Auch Maximilian sollte die Ankunft der Prinzessin und die feierliche Hochzeit in München nicht mehr erleben. Am 27. September 1651 starb er in Ingolstadt an den Folgen einer Erkältung, die er sich bei einer Wallfahrt zugezogen hatte.

Nach den Kriegswirren zur Zeit Maximilians I. sehnte sich ganz Bayern nach Frieden. In der Residenz regierte Maximilians Witwe, die ernste Habsburgerin Maria Anna, und gab dieses Regiment auch nicht auf, als Henriette Adelaide am 22. Juni 1652 nach München kam, ihren künftigen Gemahl Ferdinand Maria kennenlernte und drei Tage später in der Hofkapelle offiziell ehelichte.

Allzulange scheint das Regiment der Witwe allerdings nicht mehr gegen die Lebenslust der jungen Kurfürstin angekommen zu sein. Schon 1653 nämlich ließ Henriette Adelaide im alten Herkulessaal der Residenz das Musikspiel «L'Arpa festante» des Hofkaplans Gian Battista Maccioni aufführen und so die Opernzeit in München beginnen. Fünf Jahre später entstand am Salvatorplatz Deutschlands erstes freistehendes Opernhaus in einem umgebauten Kornhaus. Sein Erbauer, Francesco Santorini verwirklichte auch die einzige Galeere, die der Starnberger See (damals hieß er noch Würmsee) je gesehen hatte. Das von 100 Ruderern «angetriebene» Schiff «Bucintoro» war nach dem Vorbild des Paradeschiffes des venezianischen Dogen gebaut und diente Kurfürst Ferdinand Maria und seiner lebenslustigen Henriette als Ausflugsschiff.

Als 1662, nach immerhin 10jähriger Ehe, endlich der ersehnte Thronfolger Max Emanuel zur Welt kam, war die Freude so groß, daß zum Dank gleich zwei neue geschichtsträchtige Bauwerke in Angriff genommen wurden. Zum himmlischen Dank wurde die Theatinerkirche in Auftrag gegeben und damit der Einzug des Barock in Bayern freigegeben. Als Baumeister gewann die Kurfürstin den Bologneser Agostino Barelli, dem ab 1674 der Graubündner Enrico Zuccalli folgte.

Zum weltlichen Dank an die Fürstin selbst ließ Ferdinand Maria auf der Schwaige Kemnathen von Barelli ein kleines Lustschloß errichten, das die Kurfürstin auf den Namen «Borgo delle ninfe» taufte. Daß daraus das glänzende Nymphenburg werden sollte, ahnte damals allerdings weder der Kurfürst noch seine lustige Italienerin.

Kurfürst Ferdinand Maria war es vergönnt, als Friedensfürst in die Geschichte eingehen zu

dürfen, als Fürst der Feste ließ er weite Teile der Residenz neu ausstatten, doch war all dieser Pracht keine Dauer beschieden. Im April 1674 brannte die halbe Residenz aus, nur weil eine Kammerfrau neben einer brennenden Kerze eingeschlafen war. Die Kurfürstin sollte diesen Schlag nur zwei Jahre überleben, Ferdinand Maria folgte ihr schon 1679 nach. Beide wurden in ihrer erst halbfertigen Theatinerkirche beigesetzt.

Nach den dreißig friedlichen Jahren unter Ferdinand Maria kamen auf Bayern unter seinem Nachfolger, Kurfürst Maximilian II. Emanuel (1679–1726), wieder recht unfriedliche Zeiten zu. Die Rivalitäten zwischen Habsburg auf der einen und Frankreich auf der anderen Seite sorgten dafür, daß sich Bayern in der Mitte in jedem Fall irgendwie zwischen die Stühle setzen mußte. Daß die nach kriegerischen Auseinandersetzungen geradezu riechende Situation dem draufgängerischen Temperament des jungen Kurfürsten eher entgegenkam, trug nicht gerade zur Entschärfung der Situation bei. Jedenfalls hatte bereits der Zwanzigjährige eine stehende Armee nach französischem Muster aufgebaut und sich im Januar 1683 in einer Defensivallianz mit dem Kaiser in Wien verbündet. Gleichzeitig ließ der junge Draufgänger die Obergeschosse an der Süd- und Ostfront des Grottenhofes von Enrico Zuccalli in italienischem Barock ausbauen.

Schon im September 1683 kam der militärische Tatendrang zum Zug. Die Türken standen vor Wien, und Max Emanuel durfte dem Polenkönig Johann Sobieski helfen, sie zu vertreiben. Mit von der Partie war bereits damals der von Ludwig XIV. als «petit Abbé» verlachte Prinz Eugen von Savoyen, der im späteren Leben Max Emanuels noch eine ganz besondere Rolle spielen sollte.

Die Annäherung an Habsburg wurde am 15. Juni 1685 durch die Hochzeit mit der Kaisertochter Maria Antonia besiegelt. Mit dieser Heirat war für Bayern die Aussicht auf das spanische Erbe verbunden, da die alles andere als schöne Maria Antonia einziges Kind Kaiser Leopolds und der Kaiserin Margarethe Maria Theresia von Spanien war. Von Leopold erhielt Max Emanuel den Oberbefehl über das ganze Heer, das Max Emanuel am 6. September 1688 vor Belgrad zum endgültigen Sieg über die Türken führte. Weil er dabei stets im dichtesten Getümmel mitkämpfte, obwohl er in seiner blauen Uniform von weitem als Oberbefehlshaber zu erkennen war, nannten ihn die Türken in Anerkennung seiner Tapferkeit den «Blauen Kurfürsten», ein Beiname, unter dem der Bayer in ganz Europa berühmt wurde.

Als am 28. Oktober 1692 der Kurprinz Josef Ferdinand geboren wurde, schien auch politisch Max Emanuels Rechnung aufzugehen. Der spanische König Karl II. aus dem Hause Habsburg setzte den Bayernprinzen zum Universalerben von Spanien, Mailand, Neapel, Sizilien, den Niederlanden und Indien ein. Dem kleinen Bayern schien damit der Thron eines weltweiten Reiches in den Schoß zu fallen. Ganze sieben Jahre allerdings währte nur die schöne Hoffnung, dann starb der Prinz und der Traum Max Emanuels vom Weltreich war ausgeträumt.

Um wenigstens die Statthalterschaft über die spanischen Niederlande zu erhalten, suchte Max Emanuel Hilfe bei Frankreich. Das wieder prügelte sich im Spanischen Erbfolgekrieg mit Habsburg um all das, was Max Emanuels verstorbener Sohn nicht mehr erhalten konnte. Unversehens sah sich so Max Emanuel im Verbund mit den Franzosen als Gegner seiner alten österreichischen Freunde. Prinz Eugen, sein Mitstreiter gegen die Türken und jetzt Oberbefehlshaber der Österreicher, wurde sein unnachgiebiger Gegner. In der für Max Emanuel katastrophalen Schlacht am 13. August 1704 bei Höchstädt schlug der Österreicher zusammen mit dem englischen Herzog von Marlborough die Bayern und Franzosen in Grund und Boden, zwang den Kurfürsten zur Flucht aus dem Land und bescherte den Bayern österreichische Besatzung.

Gut zehn Jahre sollte es dauern, bis Max Emanuel nach dem Frieden von Rastatt in sein Land zurückkehren konnte. Die ihm noch verbleibenden elf Regierungsjahre nutzte er zum friedlichen Aufbau. In Schleißheim wurde das vor Beginn des Spanischen Erbfolgekrieges begonnene Neue Schloß weitergebaut. Auch in Nymphenburg wurden die durch den Krieg unterbrochenen Erweiterungsbauten fortgesetzt. Neben ganz neuen Trakten entstanden in Nymphenburg die Pagodenburg, die Badenburg und zum Schluß noch die Magdalenenklause. Als Max Emanuel am 16. Februar 1726 starb, verging einmal mehr der große Traum vieler Wittelsbacher von einem mächtigen Königreich Bayern.

Der Grottenhof war das "geheime Lust- und Residenzgärtlein" von Herzog Wilhelm V. Der den Geist südlicher Renaissance ausstrahlende Hof enthält einen um 1590 fertiggestellten Perseus-Brunnen. Die Nischen zwischen den Fenstern im Obergeschoß enthalten Nachgüsse von Standbildern mit antikisierenden Köpfen aus der zweiten Hälfte des 16. Jahrhunderts.

Folgende Doppelseite:
Die 1730 von Joseph Effner fertiggestellte Ahnengalerie der Residenz enthält 121 Darstellungen bayerischer Regenten. Die Tafelbilder sind in eine mit vergoldeter Schnitzarbeit verzierte Wandvertäfelung eingesetzt und zeigen vor allem die Wittelsbacher und ihre Verwandten. Das Gesamtprogramm der Galerie sollte den Anspruch von Kurfürst Carl Albrecht auf die Kaiserkrone belegen. (links).
Die Grüne Galerie ist ein Werk von Francois Cuvilliés, der sie als Seitenflügel zum Trakt der Reichen Zimmer bis 1737 gestaltete. Auch mit ihr sollte der Anspruch von Kurfürst Carl Albrecht auf die Kaiserkrone unterstrichen werden (rechts).

Trotz aller Unbillen, die Bayern von den Österreichern zu Zeiten des Blauen Kurfürsten zu erdulden gehabt hatte, heiratete sein Sohn, Kurfürst Carl Albrecht (1726–1745), die jüngste Tochter des 1711 an den Blattern früh verstorbenen Kaisers Joseph I., Maria Amalie. Noch einmal griff damit ein Wittelsbacher nach dem Traum von Habsburgs Erbe und bayerischer Unabhängigkeit. Weil in Wien derweil noch Kaiser Karl VI. regierte, stürzte sich der junge Kurfürst auf umfangreiche Baumaßnahmen zur Verschönerung seiner Residenz.

Seiner die Pferde und die Jagd liebenden Amalie ließ er von François Cuvilliés im Nymphenburger Park die Amalienburg, den wohl schönsten Profanbau des Rokoko, errichten, in der Residenz selbst wurden nach einem Brand im Dezember 1729 die Reichen Zimmer in bisher nie gekannter Prachtentfaltung ausgestattet und in Nymphenburg die Grüne Galerie und die Ahnengalerie eingerichtet.

Im Anschluß an das Schloß Nymphenburg sollte gar eine ganze Stadt um die auf die Türme der Frauenkirche zielende Kanalachse errichtet werden. Daß aus der «Carlstadt» nichts wurde, dafür sorgten außer den in diesem Punkt nicht sehr folgsamen Münchnern die Ereignisse im Anschluß an den Tod von Kaiser Karl VI. im Jahre 1740.

Der ohne männlichen Erben verstorbene Kaiser hatte in seiner Pragmatischen Sanktion versucht, die Erbfolge seiner Tochter Maria Theresia durchzusetzen. Weil Carl Albrecht von Bayern aber mit einer Tochter des vorigen Kaisers und älteren Bruders von Karl VI. verheiratet war, standen ihm durchaus nicht zu Unrecht ältere Erbrechte zu.

Zur Durchsetzung dieses Anspruchs fiel Carl Albrecht zusammen mit Frankreich in Österreich ein und war zunächst auch durchaus erfolgreich. 1741 wurde er zum König von Böhmen gekrönt und am 24. Januar 1742 zum deutschen Kaiser gewählt. Das alles aber beeindruckte die Österreicher überhaupt nicht. Nur zwei Tage nach der Kaiserkrönung in Frankfurt besetzten sie am 14. Februar 1742 München und verhinderten so die Rückkehr des Kaisers in sein eigenes Land. Schon drei Jahre später starb der Kaiser aus dem Hause Wittelsbach, ohne je richtig zur Regierung gekommen zu sein.

Mit Maximilian III. Joseph, dem Vielgeliebten (1745–1777), kam der letzte bayerische Wittelsbacher auf den Münchner Thron. Er schloß nur drei Monate nach dem Tod des Vaters im Alleingang mit Österreich einen Sonderfrieden, um sein Land vor neuerlicher Besatzung durch Österreich zu verschonen. Als Freund von Kunst und Wissenschaft gründete er 1747 die Porzellanmanufaktur, die 1761 nach Nymphenburg kam und noch heute Weltruhm genießt. Nicht weniger bedeutsam sollte die von ihm angeregte und 1759 gegründete Bayerische Akademie der Wissenschaft werden.

Als 1750 neuerlich ein Brand die Residenz verwüstete und dabei der bisher als Theaterraum verwendete St.-Georgs-Saal zerstört wurde, ließ der Kurfürst durch François Cuvilliés den Raum der Residenz errichten und ausgestalten, der noch heute ihr Juwel ist: das als schönstes Rokokotheater der Welt gerühmte Cuvilliéstheater.

Seinen Beinamen der «Vielgeliebte» verdiente er sich endgültig im Jahre 1770, als eine Mißernte Bayern in Hunger und Not stürzte. Um das Schlimmste zu verhindern, ließ er nicht nur seine Wildbestände abschießen, sondern plünderte auch die Schatzkammer zum Kauf von Getreide. Daß der der Aufklärung zuneigende Kurfürst, der für seine Untertanen die Pockenimpfung eingeführt hatte, ausgerechnet an diesen Pocken starb, nur weil er sich selbst nicht hatte impfen lassen, könnte man schon tragisch nennen, wäre es für seine Bayern nicht so traurig gewesen. Mit ihm nämlich war der letzte bayerische Wittelsbacher dahingegangen. Sein Nachfolger wurde der in München wenig geliebte Kurfürst Karl Theodor von der Pfalz.

Auch der nächste Herrscher in München kam von auswärts: Herzog Maximilian Joseph von Zweibrücken-Birkenfeld. Als Kurfürst Max IV. Joseph (1799–1825) zog er am 12. März 1799 offiziell in München ein und wurde am 1. Januar 1806 als Max I. Joseph bayerischer König von Napoleons Gnaden. In der Staatskanzlei regierte der berühmt-berüchtigte Freiherr von Montgelas, der nicht nur die Gleichheit vor dem Gesetz einführte, sondern auch die Säkularisation mit härtester Hand vollzog.

Trotz aller Kriegswirren (1812 marschierten allein 33 000 Bayern mit Napoleon nach Rußland) gelang es Max Joseph, die Hofgartenzimmer der Residenz und den alten Herkulessaal neu gestalten zu lassen. Ganz neu errichtet wurden das Hof- und heutige Nationaltheater sowie die Hofreitschule.

Zu den kostbarsten Räumen der Münchner Residenz gehört die Geheime Kammerkapelle von Herzog Maximilian I., die heutige Reiche Kapelle. Das von Hans Krumper gestaltete Schatzkästlein wurde 1607 geweiht, aber erst etwa 1615 fertiggestellt. Ihre gewölbte Decke ist mit vergoldetem Stuck auf lapislazulifarbigem Grund verziert, die vergoldeten Reliefs aus Terrakotta zeigen Szenen aus dem Leben Jesu. Die Wände der Kapelle sind mit rötlichem Stuckmarmor verkleidet, der Boden besteht aus vielfältigen Steinarten. Der Altar ist aus Ebenholz gefertigt und mit Silberreliefs verziert.

Während König Max I. Joseph und seine Regierung ganz französisch orientiert waren (Napoleons Stiefsohn heiratete die älteste Königstochter Auguste Amalie), hielt es der Kronprinz Ludwig, genannt der «teutsche Ludwig», mit der Vorstellung von einem engen deutschen Staatenbund. Napoleon höchstpersönlich drohte ihm deshalb während des Aufstandes der Tiroler sogar mit dem Erschießen, nur weil der Kronprinz die Sache der Tiroler so falsch nicht fand.

Als Ludwig I. (1825–1848) mit 39 Jahren auf den Thron kam, waren jedoch die napoleonischen Wirren überstanden, und Ludwig mußte mit seinen Bayern in keinen Krieg ziehen. Zielstrebig griff er deshalb als erster über seine eigentliche Residenz hinaus und machte sich an den Ausbau seiner Residenzstadt. Schon 1816 hatte er Leo von Klenze nach München geholt und ihn zwischen München und Schwabing die Glyptothek zur Aufnahme seiner Ägineten (Giebelfiguren des Tempels von Ägina) und anderer antiker Plastiken errichten lassen.

Zusammen mit Friedrich von Gärtner gestaltete Klenze ab 1829 im Auftrag von Ludwig I. dessen bayerisches Athen. Zug um Zug entstanden nun die Prachtbauten an der Ludwigstraße wie die Staatsbibliothek und die Neue Universität (sie war im Jahre 1800 von Landshut nach München gekommen). Nach der alten Pinakothek wurden 1835 der Königsbau der Residenz und 1842 der Festsaalbau der Residenz fertiggestellt.

Im selben Jahr konnte Ludwig I. seinen deutschen Ruhmestempel, den Marmorbau der Walhalla bei Donaustauf nahe Regensburg, einweihen. Ihr bayerisches Gegenstück entstand bis 1853 auf der Münchener Theresienhöhe. Diese Ruhmeshalle wurde mit 80 Marmorbüsten bedeutender Persönlichkeiten des Landes bestückt. Die von Ludwig Schwanthaler entworfene und 1850 von Ferdinand von Miller in Erz gegossene Bavaria vor dem Ruhmestempel sollte zu einem der Wahrzeichen Münchens werden.

Stolperstein für den baufreudigen Ludwig I. wurden nicht seine Bauten, sondern die Schönheit der als Tänzerin auftretenden Lola Montez, die in Wirklichkeit Eliza Gilbert hieß und die Gattin eines Leutnants der englischen Kolonialarmee war. Wegen der Affäre mit ihr mußte Ludwig I. im Frühjahr 1848 zurücktreten und die Regentschaft seinem Sohn Maximilian II. Joseph (1848–1864) überlassen.

König Ludwigs I. Sohn, Max II. Joseph, war alles andere als erpicht auf das Regieren. Er hatte die Welt der Wissenschaften entdeckt, Geschichte, Philosophie und Nationalökonomie studiert, die Welt von London bis Konstantinopel gesehen und beherrschte vier Sprachen fließend. In Berlin hatte er Marie, die Tochter des Prinzen Wilhelm von Preußen, lieben gelernt und sie am 12. Oktober 1842 in München im Rahmen einer riesigen Bauernhochzeit, bei der gleich weitere 36 Brautpaare getraut wurden, geheiratet. Als Maximilian II. wurde er 1848 bayerischer König, obwohl er nach eigenem Bekunden lieber Professor geworden wäre.

Als liberaler Freund des Geistes brachte König Max II. manches zu gutem Ende, was unter seinem Vater noch an widrigen Zeitumständen scheiterte. Nun wurde die wirkliche Bauernbefreiung vollzogen, zahllose Herrschaftsgerichte des kleinen Adels aufgehoben, die endgültige Pressefreiheit eingeführt und echtes Wahlrecht gewährt. Getreu dem Vorbild seines Vaters baute auch er «seine Straße» (die Maximilianstraße) und ließ an ihr das erste Bayerische Nationalmuseum (das heutige Völkerkundemuseum) errichten. Krönung der Maximilianstraße wurde das Maximilianeum als Heimat für die besten Studenten des Landes. Daß dort heute auch das bayerische Parlament eine Heimat gefunden hat, heißt deshalb noch nicht, daß es aus lauter Einser-Schülern bestünde.

Als Maximilian II. am 10. März 1864 allzufrüh starb, meinte sein Vater, der alte König Ludwig I., zwar, Max sei «für seinen Ruhm in günstiger Zeit gestorben», gleichzeitig mußte er aber auch feststellen, daß sein Enkel, Ludwig II., «...immer zu Hause gehalten, lange leidend am Halse, der Welt fremd sein dürfte». Der Großvater hatte damit einen überaus «wunden» Punkt in der Entwicklung seines Enkels klar umrissen. Aufgewachsen nämlich war der junge Prinz in einer außergewöhnlich hausbackenen Atmosphäre, eingeengt von einem gleichermaßen pedantischen wie schüchternen und introvertierten Vater, der sich regelmäßig in sein verdunkeltes Studierzimmer zurückzog.

Als Ludwig II. 18jährig den Thron besteigen mußte, war er in keiner Weise auf sein Amt vorbereitet. Bisher nur von Hauslehrern unterrichtet, hatte er noch keine Universität gesehen, war nicht mit Gleichaltrigen zusammengekommen und schwebte noch (oder schon) in einer absolut weltfremden, von der Liebe zur Poesie geprägten Traumwelt.

In diese Traumwelt hineingestolpert war der Prinz schon in der «Ferienwohnung» des Vaters, im Schlößchen Hohenschwangau, dessen romantische Bilderwelt es ihm angetan hatte. Dort gab es einen Schwanenrittersaal mit Bildern der Lohengrinsage. Ludwig II. kannte deshalb keinen dringenderen Wunsch, als Richard Wagners «Lohengrin» erleben zu dürfen. Dem Sechzehnjährigen wurde dieser Wunsch endlich erfüllt, ohne daß damals jemand hätte ahnen können, daß damit bereits eine der wichtigsten Weichenstellungen im Leben des späteren Märchenkönigs erfolgt war.

Ludwig II. sah sich durch Lohengrin in seiner Meinung bestätigt, daß Gefühl und Glauben wichtiger seien als Verstand und Logik, in Richard Wagner sah er folgerichtig die Verkörperung seiner eigenen Vorstellungen. Kaum auf dem Thron, kannte er deshalb nichts Wichtigeres, als ausgerechnet den Komponisten zu sich holen zu lassen, der 1848 auf den Barrikaden gegen das Königtum gekämpft hatte und wieder einmal auf der Flucht vor seinen Gläubigern war. Als Wagner kam, beglich der König wie die Fee aus dem Märchen alle seine Schulden, setzte ihm eine hohe Jahresrente aus und stellte ihm eine Villa am Starnberger See zur Verfügung.

Nur ein Jahr später gab es in München die Uraufführung von Wagners «Tristan» unter der Leitung von Hans von Bülow (dessen Gattin Cosima sollte 1870 Richard Wagners Lebensgefährtin werden). Wagner selbst aber mußte aus München verschwinden, weil er versucht hatte, über den König Politik zu machen. Der engen Beziehung zwischen König und Komponist aber tat dies keinen Abbruch, so daß Ludwigs Großvater im Herbst 1865 resigniert feststellen mußte: «Wer an Zaubertrank glaubt, muß der Meinung sein, daß dieser meinem Enkel einen gegeben hat.»

Wie kein anderer war Ludwig II. ein hemmungsloser Individualist, der ausschließlich seinen eigenen Wertmaßstäben nachzuleben versuchte. Der Lebensstil seiner Zeit, mit ihrer Vorliebe für militärische Uniformen, war ihm ebenso ein Greuel wie das helle Tageslicht. Der Mond war sein Liebling, ihn besang er in Gedichten, künstliche Monde gab es in allen seinen Schlössern. Der «Tag» des Märchenkönigs war die vom weichen Kerzenlicht mild erhellte Nacht.

Der die Landschaft so liebende Träumer genoß selbst sie, die doch eigentlich vom Licht lebt, vornehmlich nachts. Teils ritt er alleine (er war ein ausgezeichneter Reiter – im Mai 1865 ritt er etwa in einem Zug von Garmisch nach Hohenschwangau und von dort weiter nach Berg am Starnberger See), teils fuhr er vier- oder sechsspännig durch die Nacht. Voraus ritt ein Stallmeister mit einer Fackel. Der König selbst war meist in einen blauen Samtmantel mit Hermelinbesatz gehüllt, einziger Schmuck war ein großer Brillant am Hut.

Nur zwei Jahre nach Ludwigs II. Regierungsantritt schien alle Träumerei abrupt ein Ende zu haben. Der Deutsche Bund und mit ihm Bayern hatte mit Preußen zu kämpfen und Preußen siegte. Bismarck sorgte zwar dafür im Hintergrund, daß Bayern optisch nicht zu sehr gedemütigt wurde, doch waren nun 30 Millionen Gulden an Preußen zu zahlen und das Diktat eines Schutz- und Trutzbündnisses mit Preußen zu verkraften. Immerhin wurde damit die bayerische Armee im Kriegsfall dem König von Preußen unterstellt, mit der bayerischen Selbständigkeit war es wieder einmal vorbei.

Schon 1870/71 trat dieser Kriegsfall ein, als Bismarck Napoleon III. seinen Krieg aufzwang, nur um das deutsche Nationalbewußtsein zu schaffen. Der rasche Sieg der Deutschen führte am 16. Juli 1871 zu einer großen Parade auf der Ludwigsstraße in München. Daß diese Parade der deutsche Kronprinz Friedrich von Preußen, der auch Oberbefehlshaber der bayerischen Armee gewesen war, anführte, empfand der bayerische König als Demütigung, von der er sagte: «Dies war mein erster Vasallenritt». Gleichzeitig war es seine größte politische Enttäuschung, sah er doch darin den Verlust der bayerischen Souveränität zugunsten Preußen-Deutschland. Von nun an entfloh der König noch mehr in die Einsamkeit, in die so heißgeliebte Natur und in die Kunstwelt seiner Schlösser. Das Bauen wurde von nun an sein Leben.

Entgegen der Meinung seiner Zeitgenossen stand er damit durchaus in der Tradition seiner Vorfahren. Weder die Residenz selbst, noch Nymphenburg oder Schleißheim waren «beschei-

Folgende Doppelseite:
Höhepunkt des Raumprogrammes der Reichen Zimmer ist das 1730 von Francois Cuvilliés geschaffene Paradeschlafzimmer. Schnitzereien und Stukkaturen zeigen hier in besonders schönem Einklang die spielerische Leichtigkeit des frühen Rokoko. Die vergoldeten Schnitzereien schuf Wenzeslaus Miroffsky, die vergoldeten Stukkaturen der Decke fertigte Johann Baptist Zimmermann.

dene» Bauten. Noch Ludwigs Großvater hatte insgesamt sehr viel mehr gebaut als sein Enkel. Ludwig I. allerdings baute hauptsächlich für die Hauptstadt und sonst allenfalls nationale Denkmale «für alle Teutschen». Ludwig II. aber baute seine Schlösser wie Privathäuser in die Einsamkeit, um darin unter Ausschluß der Öffentlichkeit hausen zu können.

Vielleicht wäre all dies ganz anders gekommen, hätten die Hofverwaltung, das Finanzministerium und die Stadt München 1867 nicht Ludwigs erstes Bauprojekt zu Fall gebracht. Damals nämlich wollte er durch Gottfried Semper ein neues Theater zur würdigen Aufführung von Wagners Musikdramen errichten lassen. Dazu sollte die Briennerstraße bis über die Isar hinaus verlängert werden, das Theater selbst sollte als Gegenstück zum Maximilianeum hoch oben über der Isar thronen. Daß die Münchner von diesem Projekt nichts hielten, verzieh ihnen ihr König nie. Außer seiner Wohnung in der Residenz baute Ludwig II. nie wieder etwas in München, und Sempers prächtige Oper entstand in Dresden.

Auch in anderer Beziehung knüpfte Ludwig II. sehr viel mehr an die alte Bautradition der Wittelsbacher an, als es vordergründig den Anschein hat. Sein erster Architekt, Georg Dollmann, war ein Schwiegersohn Leo von Klenzes und dem Enkel vom Großvater empfohlen. Der Architekt von Neuschwanstein, Eduard Riedel, war der Hofbaurat des Vaters König Max II. gewesen. Alle zusammen bewegten sie sich im Rahmen des Historismus, dem der Großvater auf breiter Linie gefolgt war, angefangen von der Antike (Walhalla), über die frühchristliche Kunst (Befreiungshalle) und die Gotik (Ludwigskirche, Feldherrnhalle) bis zur Renaissance (Ludwigsstraße, Königs- und Festsaalbau der Residenz). Daß Ludwigs Bauten durchaus «im Stil seiner Zeit» waren, beweisen nicht zuletzt Bauten wie etwa die Burg Hohenzollern, das Schloß Sigmaringen an der Donau oder das Schloß Stolzenfels am Rhein.

Während jedoch alle anderen zeitgenössischen Bauten im Rahmen des Historismus stets einen sehr konkreten Zweck hatten, fehlte der den Projekten des Märchenkönigs völlig. Sie waren alle zusammen «eine Flucht aus der schlechten Nähe in eine schöne Ferne, der Versuch, eine Welt zu versinnlichen, in der nur die Sehnsucht, der Traum eindringen kann». Ob das mit Elementen der Romanik (Neuschwanstein), des Rokoko (Linderhof), des Barock (Herrenchiemsee) oder gar der «maurischen» Kunst geschah, war dabei völlig zweitrangig. Wichtig war nur, daß die Kulisse zu einer Art Scheinwelt entstand, die dem Weltbild des träumenden Königs entsprach. Als ihm diese letzte Möglichkeit der Selbstverwirklichung durch die Regierung in München genommen wurde, zerbrach damit auch sein Lebenswille, «weil mir durch die Stockung meiner Bauten die Hauptlebensfreude genommen wird» (Ludwig II.). Das geheimnisumwitterte tragische Ende des Märchenkönigs am 13. Juni 1886 im Starnberger See vor Schloß Berg war damit nur der logische Schlußstein in einer Entwicklung, die mit dem «Lohengrin»-Erlebnis des Sechzehnjährigen so scheinbar unverfänglich begonnen hatte.

Neuer Hausherr in der Münchner Residenz wurde Prinzregent Luitpold (1886–1912). Auf sein «Baukonto» gehen der Justizpalast und das Bayerische Nationalmuseum in der Prinzregentenstraße. Darüber hinaus zahlte er bis 1901 jährlich eine Million Mark von den Schulden zurück, die der Märchenkönig seinem nüchterneren Onkel hinterlassen hatte. Endgültig mit dem Bauen der Wittelsbacher war es dann mit dem Tod des Prinzregenten Luitpold am 12. Dezember 1912 vorbei.

Die Stadtresidenz München

Aus der Baugeschichte

K urfürstliche Haupt- und Residenzstadt» ist Münchens stolzer Titel auf Kupferstichen des 18. Jahrhunderts, und das ist schon deshalb nicht verwunderlich, weil die Schloßbauten des fürstlichen Hofes das gesamte Stadtbild beherrschen. Um so erstaunlicher ist dies allerdings dann, wenn man bedenkt, daß die Riesenanlage damals «nur» auf eine rund 200jährige Geschichte zurückblicken konnte, an deren Anfang der erste bayerische Kurfürst, Maximilian I., als eigentlicher Schöpfer der Residenz stand.

Zur Residenz allerdings hatte auch Maximilian I. München nicht gemacht. Dies war 1255 geschehen, als München als Folge der wittelsbachischen Landesteilung von Herzog Ludwig II., dem Strengen (1253–1294), zum Regierungssitz gewählt und damit zur Hauptstadt des bayerischen «Oberlandes» gemacht wurde. Seine Hofhaltung zog in den Alten Hof, eine Burg an der Nordostecke der damaligen Stadtmauer. Ob diese Burg 1255 bereits bestand oder erst im Auftrag von Ludwig II. errichtet wurde, ist bis heute nicht bekannt. Belegt ist dagegen, daß die Burg zu Beginn des 14. Jahrhunderts unter Herzog Ludwig IV., dem Bayern, der 1328 zum römischen Kaiser avancierte, erweitert wurde und bis in das 16. Jahrhundert hinein der Wohnsitz der bayerischen Regenten blieb. Erhalten ist von dieser Burg lediglich der (teilweise rekonstruierte) südwestliche Teil mit dem Torturm aus dem 13. Jahrhundert.

Belegt ist aber auch, daß die Stadt um 1250 über ihre alten Mauern hinauszuwachsen begann und bis 1310 eine neue Ummauerung erhielt, die nun auch die alte Herzogsburg völlig einschloß. Daß dies keineswegs nur Vorteile hatte, zeigte sich 1384, als sich die Münchner Bürger gegen ihren Herzog auflehnten und eine eigene, von den Patriziern und Zünften getragene Stadtregierung bildeten. Nur ein Jahr später begannen deshalb die gemeinsam herrschenden Herzöge Johann II., Stefan III. und Friedrich 1385 mit dem Bau einer neuen Burg an der Außenseite der Nordostecke der neuen Stadtmauer. Diese Neuveste wurde eine kleine, gegen die Stadt- wie gegen die Landseite gleichermaßen durch einen Graben geschützte Wasserburg.

Bis um 1500 wurde sie zu einer relativ großzügigen, vierflügligen Wasserburg ausgebaut. Den Anfang dazu machten die Herzöge Wilhelm III. und Ernst, die erweiterte Zwingmauern errichten und den Burggraben verbreitern ließen. Albrecht III. schließlich ließ bis 1460 unter der Leitung des Festungsbaumeisters Hans Karst sowohl auf der Land- als auch auf der Stadtseite Geschütztürme errichten, um sich nach beiden Seiten wehren zu können.

In der zweiten Hälfte des 15. Jahrhunderts kamen unter den Baumeistern Jörg von Polling (1446–1485) und Heinrich von Straubing (1469–1480) eine zweite Zwingerzone mit Rundbastionen auf der Stadtseite und Tortürme auf der Landseite hinzu. Auch wurde das Ganze nun durch Mauern auf den Flanken als Art Eckpfeiler in die Stadtmauer einbezogen. Nach wie vor aber blieb die Neuveste eine Fluchtburg, residiert wurde weiterhin im Alten Hof.

Erst der von 1508 bis 1550 regierende Herzog Wilhelm IV. verlegte seine Residenz vom Alten Hof in die Neuveste. Seinen Grund hatte dies aber nicht mehr im Mißtrauen gegen die Münchner Bürger, sondern einfach in den Raumverhältnissen. Nur auf dem Boden der Neuveste nämlich war es möglich, den Zeitverhältnissen entsprechend die Umwandlung der befestigten Burg hin zum Renaissanceschloß zu betreiben.

Unter der Leitung von Leonhard Halder (1518–1540) ließ Wilhelm IV. für sich selbst als Wohnung auf den alten Befestigungsanlagen den Rundstubenbau errichten, dessen Äußeres dank eines Holzmodells des Straubinger Schreiners Jakob Sandtner aus dem Jahre 1571 erhalten ist. Gegen die Landseite hin wurde zur Sicherung des Neubaus ein neues Torhaus und an der Nordostecke ein neuer Eckturm errichtet. Eine neue, 1540 dem heiligen Georg geweihte Kapelle und eine Dürnitz im Westen ergänzten die Bauten.

Daß tatsächlich die Renaissance in München ihren Einzug gehalten hatte, das belegen die Wohn- und Residenzbauten von Wilhelm IV. noch kaum. Den eigentlichen Beweis lieferte vielmehr sein berühmter Hofgarten, den er etwa an der Stelle des heutigen Marstallplatzes östlich der Neuveste, jenseits des Burggrabens errichten ließ. In ihm gab es bereits ein «Lusthaus», dessen Inneres mit Fresken berühmter Männer und Frauen der Geschichte verziert war. Wilhelm IV. gab damit den ersten Anstoß zur Hinwendung zur Kunst – ein Impuls, dem viele seiner Nachfolger so großzügig folgen sollten.

Bereits der Nachfolger von Wilhelm IV., der von 1550 bis 1579 regierende Herzog Albrecht V., setzte beide Intentionen des ersten Münchner Renaissanceherzogs verstärkt fort. Dabei traten die künstlerischen und wissenschaftlichen Interessen in den Vordergrund und bedingten die Bautätigkeit beinahe noch mehr wie die wachsende Großzügigkeit der Hofhaltung. Wohl wurde mit der Aufstockung des Rundstubenbaus auch neuer Wohnraum errichtet, doch standen diese Bauten in keinem Verhältnis zu den Repräsentationsräumen und den Bauten für die Kunstsammlung des Herzogs.

Mehr oder weniger parallel entstanden zwischen 1559 und 1572 gleich vier gewaltige Bauten, drei davon unter der Leitung von Hofbaumeister Wilhelm Egkl. Begonnen wurde mit einem mächtigen Festsaal, in der Lücke zwischen Rundstubenbau und Georgskapelle. Dieser St.-Georgs-Saal zeigte bereits eindrucksvoll das gewandelte Selbstverständnis des Herzogs und sein Repräsentationsbedürfnis. Ebenfalls von Wilhelm Egkl stammte das von 1563 bis 1567 errichtete Kunstkammergebäu mit einem dreigeschossigen Laubenhof.

Den wohl wichtigsten Bau dieser Zeit errichtete Egkl nach den Plänen des kaiserlichen Antiquarius Jacopo Strada zwischen 1568 und 1571 als Saal für die Antikensammlung des Herzogs. Mit seiner Länge von 66 Metern sollte dieses Antiquarium der bedeutendste und größte profane Renaissanceraum des 16. Jahrhunderts nördlich der Alpen werden. Im Obergeschoß dieses Saales fand die herzogliche Bibliothek eine neue Heimat. Abgerundet wurde das Bauprogramm schließlich mit einem um 1570 fertiggestellten Ballhaus, einer Art Turnhalle für die höfischen Ballspiele.

Bereits in Richtung einer planmäßig ausgebauten Residenz wies die Bautätigkeit des von 1579 bis 1597 regierenden Herzog Wilhelm V. Außer einem Gästehaus am heutigen Kapellenhof und einem zweigeschossigen Witwenstock an der heutigen Residenzstraße wurde zunächst das Obergeschoß des Antiquariums zur herzoglichen Wohnung ausgebaut und damit dieser Saalbau zum Zentrum der Residenz erhoben. Alle weiteren Bauten bezogen sich zwar auf dieses Zentrum, nicht aber auf seine Achse. Während das Antiquarium eine Achse Nordwest-Südost aufweist, erhielten die Neubauten Nordsüd- beziehungsweise Ostwestachsen.

Im Süden des Antiquariums wurde so der Schwarze Saal als neuer Festsaal errichtet, im Nordwesten ein dreiflügliger Palazzo, dessen Nordseite gegen das damalige Jägergassl, den heutigen Kapellenhof, mit einer Mauer geschlossen wurde. Die Gesamtplanung entwarf Herzog Wilhelms «Kunstintendant», Friedrich Sustris, der damit gleichzeitig das Koordinatensystem für alle Folgebauten an der Münchner Residenz festlegte.

Der dreiflüglige Palazzo um den Grottenhof wurde die neue herzogliche Wohnung, so daß der Weg frei wurde für die ebenfalls unter der Leitung von Sustris vorgenommene Neugestaltung des Antiquariums zur Festhalle und zum Bankettsaal der Residenz. Beendet wurde diese Umgestaltung allerdings erst unter Maximilian I.

Ob gegen Ende der Regierungszeit von Herzog Wilhelm V. bereits ein größerer Gesamtplan zum weiteren Ausbau der Residenz vorlag, ist nicht bekannt, auch wenn die Vermutung dafür naheliegt. Schon drei Jahre vor der erzwungenen Abdankung von Wilhelm V. war sein ältester Sohn Maximilian zur Mitregierung herangezogen worden und damit nahtlos in die Vorstellungen seines Vaters hineingewachsen. So hatte er bereits im Februar 1596 (also mit 23 Jahren) den Forstleuten seines Vaters mitgeteilt, «das wir zur errichtung etlicher gepew Allerlej Pauholz und Anders von Nötten haben». Als Mitregent hatte der junge Kronprinz immerhin drei Jahre Zeit, mit den Bauplänen seines Vaters vertraut zu werden. Vieles spricht

Höhepunkt des Raumprogramms von Herzog Maximilian I. war in seiner Münchner Residenz zweifellos der Kaisersaal. Mit seinem Bildprogramm sollte ausgedrückt werden, daß der Herrscher sein Amt im Krieg wie im Frieden nach den Vorbildern von Tugend und Weisheit führen müsse, ein Programm also, nach dem Maximilian I. selbst zu regieren versuchte.

deshalb dafür, daß Wesentliches vom später Verwirklichten bereits unter Wilhelm V. als Vorstellung vorhanden war.

Der eigentliche Vater der Münchner Residenz in ihrer heutigen Gestalt sollte der von 1597 bis 1651 regierende Herzog und spätere Kurfürst (ab 1623) Maximilian I. werden. Obwohl sein Vater nicht zuletzt wegen der Schuldenlast seiner regen Bautätigkeit vorzeitig hatte abdanken müssen, setzte sein Sohn genau diese Bautätigkeit im vermehrten Umfang fort. Nur knapp zwei Jahre nach seinem Regierungsantritt ernannte er 1599 Hans Krumper zu seinem «Kunstintendanten». Als Baumeister wurden Hans Reiffenstuel und 1608 Heinrich Schön d. Ä. engagiert. Sie begannen mit einer planvollen Schließung vorhandener Lücken und einem ebenso planmäßigen wie großzügigen Erweiterungsprogramm.

Die Verbauung der Lücken begann an der Ecke der ehemaligen Schwabinger Gasse und dem Jägergassl, dem heutigen Eingang des Kapellenhofes an der Residenzstraße. Nach Abbruch einiger nicht in das Konzept passender Gebäude entstand dort eine Wohnung für Maximilians Gemahlin Elisabeth von Lothringen. Zusammen mit der von 1601 bis 1603 errichteten Hofkapelle wurde damit die Verbindung zum väterlichen, dreiflügligen Palazzo um den Grottenhof hergestellt und die Südseite des heutigen Kapellenhofes geschlossen. Daß es Maximilian I. dabei erst in zweiter Linie auf die äußere Geschlossenheit ankam, belegt der 1607 fertiggestellte Einbau der Reichen Kapelle im Westtrakt der väterlichen Grottenhofumbauung.

Jenseits des Antiquariums und parallel zu ihm entstand unter Ausnutzung des vorhandenen «Khürnganges» die Umbauung des Brunnenhofes. Das langgezogene Achteck mit seinen Giebelbauten an den Hofschmalseiten ist zusammen mit dem Uhrturm und dem Brunnen in der «Augspurgischen Röhrkasten art» bis heute eines der Wahrzeichen der Residenz und von den Münchnern geliebt als sommerlicher Freiluftkonzertsaal.

Den Brunnen selbst setzte Maximilian I. als Denkmal für den Gründer der Wittelsbacher Dynastie, Herzog Otto I. Dabei wurde wie so oft bei Unternehmungen der Wittelsbacher Vorhandenes benutzt. In diesem Fall waren es die Figuren, die zuvor schon einen Brunnen auf dem Rindermarkt vor dem Hause von Herzog Ferdinand, dem Onkel Maximilians, geziert hatten. Lediglich die Figur von Herzog Otto wurde von Hans Krumper bis 1613 neu geschaffen. Das übrige Figurenvolk war schon zwischen 1586 und 1588 in der Werkstatt von Hubert Gerhard entstanden. Dargestellt sind die vier Elemente, vertreten durch Vulkan, Juno, Neptun und Ceres, sowie vier Flußgötter, vier Tritonenkinder und vier Fabeltiergruppen.

Etwa gleichzeitig mit der Fertigstellung des Wittelsbacher Brunnens begannen die Bauarbeiten für die entscheidende Erweiterung der Residenz auf der Nordseite des Kapellenhofes. Ein ganzes Heer von Bauarbeitern errichtete dort innerhalb von fünf Jahren eine großzügige Vierflügelanlage um einen dann Kaiserhof genannten Binnenhof. Da keiner der verschiedenen Baumeister Maximilians in den Quellen als verantwortlicher Architekt genannt wird, dürfte wohl die Antwort stimmen, die der Schwedenkönig Gustav Adolf 1632 erhielt: «Maximilian war sein eigener Baumeister.» Zumindest was die Raumvorgaben und die Entwürfe betrifft, dürfte dies auf jeden Fall richtig sein.

Nördlich des gerade eingerichteten Kapellenhofes wurde parallel zur Schwabinger Gasse (der heutigen Residenzstraße) der Steinzimmertrakt mit den der höfischen Repräsentation dienenden Kaiserzimmern errichtet. Dieser Trakt wird im Norden beinahe doppelt so breit wie im Süden, weil nur so die Differenz zwischen Schwabinger Gasse und dem Quadrat des Innenhofes ausgeglichen werden konnte. Der Paralleltrakt im Osten erhielt die Ratszimmer, die im 19. Jahrhundert in Trierzimmer umgetauft wurden, weil in ihnen der Kurfürst von Trier und Bischof von Augsburg, Clemens Wenzeslaus (1739–1812), häufig wohnte.

Geschlossen wurde der Kaiserhof im Norden durch den Kaisersaaltrakt mit zwei Festsälen. Der kleinere erhielt den Namen Vierschimmelsaal nach den vier Pferden des von Apollo gelenkten Sonnenwagens auf dem Mittelbild. Der größere wurde ab 1673 Kaisersaal genannt. Bei einer Breite von 15 Metern ist er 34 Meter lang und über 10 Meter hoch. Als «offizieller» Zugang zum Kaisersaal wurde 1616 die Kaisertreppe fertiggestellt. Die Verbindung zur Neuveste wurde über den Hirschgang im Norden und den Charlottengang im Süden hergestellt. Nördlich des Kaiser- und Apothekenhofes entstand jenseits des alten Grabens um ein überkuppeltes Tempelchen der Hofgarten in der Form, in der er im wesentlichen bis heute erhalten ist.

Weil die Nord- und die Ostseite sich gegen Gärten öffneten und die Südseite damals noch unmittelbar an das Ridlerkloster angrenzte, blieb für die Ausgestaltung einer Hauptfassade nur die Westseite. Unter Einbeziehung der alten Trakte südlich des Kapellenhofes entstand nun eine Fassade mit 33 Achsen. Symmetrisch zum alten Eingang in den Kapellenhof wurde ein zweiter unmittelbar in den Kaiserhof führender gestaltet. Beide sind als dreiteilige Portale in der Grundform des Triumphbogens angelegt und mit den Wappen Maximilians sowie seiner Gemahlin Elisabeth von Lothringen verziert.

Daß Maximilian I. sein persönliches Schicksal, das seiner Residenz und das seines Herzogtums unter den Schutz der Patrona Boiariae gestellt hatte, erhielt seinen sichtbaren Ausdruck dadurch, daß Hans Krumper 1615 die «Landesmutter» modellierte und Bartholomäus Wenglein sie ein Jahr später in Erz goß. Bis heute thront die Patrona Boiariae in einer Ädikula aus Rotmarmor in der Fassadenmitte der Münchner Residenz.

Maximilians I. Residenzanlage war zu ihrer Zeit ohne Beispiel in Deutschland. Für seinen Nachfolger, Kurfürst Ferdinand Maria, gab es daher keinerlei Notwendigkeit für weitere Baumaßnahmen. Immerhin hatte man jetzt rund 40 Repräsentationsräume, sechs Festsäle, endlose Galerien, eine große und vier kleine Kapellen, sechs monumentale Treppenhäuser, großzügige Gartenanlagen und fünf intime Innenhöfe.

Erst unter Kurfürst Max II. Emanuel (1679–1726) machte sich in München wieder der «Bauwurmb» bemerkbar. Der überschäumende Tatendrang des kriegerischen Blauen Kurfürsten konzentrierte sich in seinen friedlichen Perioden auf ausgedehnte Bauvorhaben in Schleißheim und Nymphenburg. In der Residenz ließ er im Osten des Grottenhofes durch Enrico Zuccalli die Alexanderzimmer einrichten. Nach seiner Rückkehr aus dem französischen Exil im Jahre 1715 bestellte er als neuen Leiter des Hofbauamtes Joseph Effner aus Dachau. Er sollte die nach den Vorstellungen des italienischen Spätbarock dekorierten Alexanderzimmer neu gestalten. Noch vor der Ausführung aber starb der Kurfürst.

Sein Nachfolger Carl Albrecht (1726–1745) ließ Effner seinen Plan sofort ausführen, doch wurde all das bereits 1729 ein Raub der Flammen. Die Neugestaltung übernahm danach der zweite Hofbaumeister, der wallonische Hofzwerg François Cuvilliés. Er vollendete im Erdgeschoß des südlichen Grottenhoftraktes die bereits begonnene Ahnengalerie und gestaltete im Obergeschoß die prächtige Enfilade der Reichen Zimmer. In dieser kanonischen Folge von Vorzimmer, Audienz- und Konferenzzimmer, Paradeschlafzimmer und Kabinett sollte das kaiserliche Hofzeremoniell stattfinden (Carl Albrecht war seit 1742 römischer Kaiser). Als Zugang zu den Reichen Zimmern wurde eine Prunktreppe und die Grüne Galerie errichtet.

Der unglückselige Österreichische Erbfolgekrieg und der frühe Tod von Carl Albrecht im Jahre 1745 ließen den Traum von der Kaiserresidenz in München platzen, und Kurfürst Maximilian III. Joseph (1745–1777) mußte bereits froh sein, Bayern in seinen alten Grenzen erhalten zu können. Von «kaiserlicher» Hofhaltung konnte allerdings keine Rede mehr sein. Gefragt waren nun angemessene Wohnräume, in den Reichen Zimmern durfte sich der Staub niederlassen. 1746 und 1764 gestaltete deshalb François Cuvilliés die kurfürstliche Wohnung über dem Antiquarium neu. Aus der alten Paradetreppe am Eingang zu den Reichen Zimmern wurde nun ein Speisezimmer.

Nach einem neuerlichen Brand, der die noch vorhandenen Reste der Neuveste weitgehend zerstörte, erhielt Cuvilliés 1750 den Auftrag zur Errichtung eines «Neuen Opera Hauß». Bereits am 25. Juli 1752 konnte das Richtfest für das neue Theater gefeiert werden, am 12. Oktober 1753 fand die Eröffnung des Cuvilliéstheaters mit «Catone in Utica» von Ferrandini statt.

Größere Umgestaltungen wurden in der Residenz erst wieder unter Kurfürst Max IV. Joseph (1799–1825) vorgenommen. Er brachte zahlreiche Möbel, Teppiche und ganze Vertäfelungen aus Zweibrücken mit und ließ seinen Architekten Charles-Pierre Puille den alten Vierschimmelsaal sowie den Kaisersaal zur kurfürstlichen Wohnung ausgestalten. Auch Teile der Trierzimmer und Kurfürstenzimmer wurden neu hergerichtet. Bauliche Erweiterungen aber gab es nicht.

Erst unter König Ludwig I. (1825–1848) wurde noch einmal kräftig gebaut. Da 1803 durch den Abbruch des Ridler- und des Franziskanerklosters die Südseite der Residenz frei gewor-

Folgende Doppelseite:
Die Deckengemälde des Kaisersaals der Residenz sind ein Werk von Peter Candid. Das große Mittelbild ist eine Allegorie auf den irdischen Ruhm. Die Großmut verachtet darin Ehre und Ruhm, die vom Ehrgeiz erstrebt werden. Die vergoldete Kassettendecke ist heute aus Stuck, ursprünglich war sie aus Holz (links).
Die vergoldete Stuckdecke im Zimmer der Jahreszeiten enthält in der Mitte eine Allegorie auf das Jahr. Die vier Jahreszeiten sind in den Ecken mit je einem Tierkreiszeichen dargestellt. Die restlichen acht Tierkreiszeichen sind im obersten Bildstreifen der vier Wände untergebracht (rechts).

den war, bot sich der heutige Max-Joseph-Platz als Paradeplatz für eine neue Residenzfassade an. Nach dem Vorbild des Palazzo Pitti in Florenz gestaltete Leo von Klenze in romantisch-italianisierender Art den monumentalen Königsbau, für den 1835 das Richtfest gefeiert werden konnte.

Das Antiquarium

Herzog Albrecht V. war keineswegs der erste große Sammler antiker Kunst in Bayern. Diese Ehre konnte eher Raymund Fugger (1489–1535) für sich in Anspruch nehmen, von dem der Humanist Beatus Rhenanus 1530 meinte, er sei der Besitzer der ersten und bedeutendsten Antikensammlung im deutschen Sprachraum. Aus dieser Sammlung konnte Albrecht V. den größten Teil für 6000 Gulden erwerben und sich nun als großer Sammler fühlen. Ab 1566 reisten denn auch Kunstagenten mit gezielten Aufträgen nach Italien, darunter auch Jacopo Strada.

Schon im August 1567 kamen so über das venezianische Kontor der Fugger 22 Truhen mit Statuen und Büsten nach München. Im Januar des darauffolgenden Jahres folgten noch einmal 29 Kisten aus Rom. Selbst die Kurienkardinäle in Rom versuchte Albrecht V. über seinen Freund, den Augsburger Bischof und Kardinal Otto Truchseß von Waldburg, für die Unterstützung der herzoglichen Sammlung zu motivieren – dies allerdings vergebens.

Herzog Albrechts V. Sammlung wurde zunächst im Kunstkammergebäu untergebracht, doch zeigte sich schnell, daß dies keine Lösung von Dauer sein konnte. Jacopo Strada wurde deshalb mit Studien zu einem eigenen Museumsgebäude beauftragt. Rund eineinhalb Jahre dauerten die Überlegungen, bis zum Frühjahr 1569 die ersten Pläne Stradas auf dem Tisch lagen. Zu diesem Zeitpunkt dürfte der herzogliche Baumeister Wilhelm Egkl zugezogen worden sein, der anschließend mehrfach Vereinfachungen und Änderungen durchsetzte. Bereits 1571 war dann die gedrungen wirkende, langgestreckte Halle mit ihrem mächtigen Tonnengewölbe und den 17 Fensterstichkappen auf beiden Längsseiten fertiggestellt.

Sein heutiges Gesicht erhielt das Antiquarium jedoch erst unter den Herzögen Wilhelm V. und Maximilian I. und unter der Federführung des Kunstintendanten Friedrich Sustris. Er begann 1586 mit einer Tieferlegung des Fußbodens, um dem Gewölbe mehr Luft zu verschaffen. Die antiken Skulpturen, ursprünglich vor Pfeilern und Wänden aufgestellt, wurden nun als Dekoration in die Wände integriert und Decke und Fensterleibungen vollständig bemalt. Die Thematik der Bemalung richtete sich erstmals ganz auf den Fürsten, auf seine Tugenden (im Gewölbe) und auf seine Territorien (in den Kappen und Fensterleibungen). Damit diente der Saal nun eindeutig nicht mehr als Museum für eine Antikensammlung. Deren Einzelstücke erhielten jetzt eine Art Statistenrolle beim Versuch, den bayerischen Herzog den antiken Herrschern gleichzustellen. Beim festlichen Auftritt des Fürsten sollten sie als Dekoration diesen Anspruch unterstreichen.

Auch das gesamte übrige Ausstattungsprogramm wurde von Friedrich Sustris nach diesen Gesichtspunkten entworfen. Der Gewölbescheitel zeigt so Allegorien der Tugenden, die Gewölbezwickel Puttenpaare und die Stichkappen sowie Fensterleibungen Groteskenzierate mit altbayerischen Ortsansichten. Ausgeführt wurden die Malereien von Peter Candid, Hans Thonauer und Antonio Ponzano.

Wie das Ganze in den Augen der Zeitgenossen gewirkt hat, ist im 1612 verfaßten Bericht von Philipp Hainhofer nachzulesen: «Inn der nidern (also im Untergeschoß) ist auch dass Antiquarium, eine schöne, weite lange und hohe volta, under welcher man hinein gehet; auf der rechten und linckhen seiten stehen zwen grosse Credentztisch oder tresor mit schönen Heidnischen krügen, schaalen und andern geschürren darob. Zwischen disen beeden Credentzen ist ain schöner grosser Camin mit Bildern und bayrischen wappen. Wenn man ein stapfel drey hinunder gehet, so stehet eine schöne lange tafel mit Zigen thierlein und blumen krügen von aller hand farben, alles gegossen und gepoliert, als wannss von Edelgesteinen eingelegt were, und ist diss der gleichen arbeit, als wie in der schönen fürstlichen Capellen ist. Dise tafel ist mit einem doppelten teppich bedeckht, und umb die tafel herumb ain schön

Die Kaisertreppe der Residenz folgt in ihrem ikonographischen Programm der Thematik des Kaisersaals. Die Gewölbemalereien zeigen deshalb im ersten Treppenlauf die Apotheose des Herkules (Maximilian als Herkules am Scheideweg). Der mittlere Lauf enthält Szenen aus dem Leben des Herkules, der obere Treppenlauf zeigt den Sturz des Ikarus als Symbol menschlicher Hybris. Die überlebensgroßen Stuckfiguren stellen die großen Vorbilder dar: Kaiser Karl d. Große steht als Ahnherr des Hauses Wittelsbach, Kaiser Ludwig der Bayer verkörpert den ersten Kaiser aus dem Hause und Herzog Otto repräsentiert den ersten, mit dem Herzogtum Bayern belehnten Wittelsbacher.

marmelstainin gätter, zwischen welchen man zur tafel gehet. Von dannen gehet mann wider ain drey stäpfeln niderer, so ligen zu end der tafel zwo stainerne antiquiteten, der die eine der Hercules inn der Löwenhaut, so dass warzeichen vom Antiquario, die ander ein nackhend weiblein, welches auf einem sackh schläfft, ist.

Von hinnen gehet man inn der nidere durch dass Antiquarium ab, und umb so vil hat es hertzog Maximilian tieffer graben lassen, weder es herzog Wilhelm gebaut hatte, damit es desto höher und herrlicher aussehe, und hat doch auf beeden seiten auch einen erhöhten Marmelstaininnen gang herumb. Inn der lengen durchab auf beeden seiten hat es 34 fenster. Zwischen iedem fenster stehn 6 Antichische brustbilder fein gleich gesetzt mit von gold auf schwartzem stain darunder geschriben: / villeicht aber nit all Zeit zugetroffenem / namen, dessen effigiem es repraesentieren solle. Ob jedem fenster ist aine Bayrische statt inn grund gemahlet. Imm gewölb auf beiden seiten der fenster allzeit zwey Schlösser oder Clöster mit Ihrer gegend.

An den spitzen der Bögen einwerts stehen auch brustbilder und hab ich so vil antiquiteten inn ainem Zimmer beysamen nie gesehen, auch zue Rom und Florentz selbsten nit.

Uberal umb die gesümbs herumb ist schwartzer gläntzender Marmelstain, das man dass gantz antiquarium darin sehen kan, sonst ist alles von weissem, roten und blawen marmel-stain gepflästert, den weissen stain bringt man von Koltzen, Regenspurg und Alach (Abbach) dahin, den roten von Beeren (Benediktbeuern) und Schleedorf, den schwartzen auss Italia und bey Trient herauss.

Wann man durch dass Antiquarium abkommet, gehet man wider stapflen hinauf, darob ligt ein Antichisch kindlen, dass schlefft ob seinem linckhen arm. Inn der facciata gegen dem Camin ist ain gross Portal mit ainem erhöhten stuel, und ist diss antiquarium wol ain König-lich Zimmer.»

Obwohl im letzten Krieg die fünf mittleren Joche einstürzten, konnte das Antiquarium bis 1958 wieder restauriert werden. Dabei wurden die im Gewölbescheitel zerstörten Gemälde durch Tafelmalereien aus der Werkstatt Peter Candids ersetzt. Heute dient der Festsaal der Bayerischen Staatsregierung als gute Stube für ihre Staatsempfänge.

Die Reiche Kapelle

Der trotz seiner Kleinheit (5×7 m) kostbarste Raum der Münchner Residenz ist die Geheime Kammerkapelle von Herzog Maximilian I., die heutige Reiche Kapelle. Sie wurde im West-flügel der 1586 fertiggestellten Grottenhofumbauung im ersten Stock unmittelbar neben der Hofkapelle eingebaut und 1607 geweiht. Fertiggestellt allerdings wurde das von Hans Krum-per gestaltete Schatzkästlein erst etwa 1615. Im letzten Krieg schwer beschädigt, strahlt diese hervorragend restaurierte Kapelle wieder in altem Glanz.

Den Eingang der Kapelle bildet ein Scagliola-Portal mit einer vergoldeten Christusfigur in Terrakotta über der Tür. Die Figur ist eine Nachschöpfung einer Statue von Michelangelo in S. Maria Sopra Minerva in Rom. Der rechtwinklige Raum ist mit einem Muldengewölbe ge-schlossen. Ein Spiegel öffnet sich zu einem ovalen Tambur mit acht gemalten Glasfenstern. Die Deckenzone ist mit vergoldetem Stuckdekor und Reliefs in Terrakotta verziert. Dar-gestellt ist das Marienleben, die Auferstehung und die Himmelfahrt Christi.

Die Wände sind mit farbigen Stuckmarmorinkrustationen verkleidet. Geschmückt sind sie zum einen mit Blumenvasen, Ranken und geometrischen Motiven, zum anderen mit Szenen aus dem Marienleben, beides Werke von Blasius Pfeiffer. Allerdings gehörten die Szenen aus dem Marienleben nicht zur ursprünglichen Ausstattung. Sie kamen vielmehr erst 1632 zum Dank für den Abzug der Schweden aus München in die Kapelle. Selbst der Fußboden ist noch eine kleine Kostbarkeit aus mehrfarbigem Marmor, Porphyr und Amethystsorten. Die Mitte bildet eine Rose aus Amethyst.

Die kostbarsten Stücke der Einrichtung sind heute der Altar, die Prunkorgel und der Heil-tumskasten. Zwei Nebenaltäre und Reliquienschränke wurden leider im Krieg zerstört. Der erhaltene Hauptaltar wurde zwischen 1605 und 1610 unter Verwendung älterer Teile aus Ebenholz gefertigt. Die silbernen Verzierungen sind Reliefs mit biblischen und allegorischen

Darstellungen sowie figürliche und ornamentale Zierbeschläge. Das Hauptrelief in der Mitte zeigt die Kreuzigung, ein ovales Relief im Giebel Gottvater.

Vom Heiltumskasten, dem ältesten Stück der Kapellenausstattung, hat der Krieg nur den Deckel verschont. Er dürfte um 1590 entstanden sein und zeigt feine Glasschnitte, die Zacharias Peltzer nach Entwürfen von Friedrich Sustris gefertigt hat. Geschaffen wurde der Heiltumskasten für die Reliquiensammlung von Herzog Wilhelm V.

Jüngster Teil der Ausstattung ist die Prunkorgel aus dem frühen 17. Jahrhundert. Ihr Gehäuse stammt von den Meistern Jakob Melper, Hans Sepier und Georg Haas. Die Pfeifen allerdings hatte der Augsburger Goldschmied Jakob Schenauer bereits 1590 gefertigt.

Die Kaiserhoftrakte

Die Bautätigkeit an der Münchner Residenz erreichte unter Herzog Maximilian I. (1597 bis 1651) ihren Höhepunkt. Zwischen 1611 und 1616 wurde das für die damalige Zeit riesige Quadrat der Kaiserhoftrakte unter der künstlerischen Leitung des damaligen Hofkunstintendanten Hans Krumper fertiggestellt. Seine wichtigsten Mitarbeiter waren der Techniker Heinrich Schön d. J. und der Maler Peter Candid (Pieter de Witte). Ihre Vierflügelanlage erhielt im Süden und im Norden je einen Festsaaltrakt, wobei der Schwerpunkt eindeutig im Norden lag. Im Süden wurde der alte Herkulessaal von Herzog Albrecht V. (der heutige Max-Joseph-Saal) aufgemöbelt, im Norden entstand der prächtige neue Kaisersaal, die für ihre Entstehungszeit grandiose Kaisertreppe und im Anschluß an den Kaisersaal der Vierschimmelsaal.

Die Seitentrakte im Westen und Osten enthielten kleinere Raumfolgen, im Westen die Kaiserzimmer, im Osten die Trierzimmer. Erschlossen wurden diese Zimmerfluchten durch langgestreckte Gänge auf der Außenseite. Im Gegensatz zu vielen anderen Schlössern, wo diese Gänge auf der Innenseite liegen, wurde in der Münchner Residenz durch diese Anordnung eine zusätzliche Intimität durch die stärkere Trennung der höfischen Innen- von der rauhen Außenwelt erreicht.

Höhepunkt des Raumprogramms von Herzog Maximilian I. war zweifellos sein Kaisersaal, von dessen Originalzustand es leider nicht einmal eine Zeichnung gibt. Ein einschneidender Umbau im Jahre 1799 (Einbau der sogenannten Hofgartenzimmer) sorgte zudem dafür, daß Wichtiges verloren ging. Detaillierte Beschreibungen (unter anderem von Pistorini aus dem Jahre 1644) sorgten aber für eine klare Vorstellung von der Pracht des Saales.

Der Hauptschmuck bestand aus Gemälden, die Peter Candid entworfen und die Hans Oberhofer, Augustin Vogel und Karl Rottenhammer in drei großen Quadraten für die Decke ausgeführt hatten. Das mittlere Bild enthielt die Personifikationen von Frieden und Krieg, das östliche die Darstellung der Weisheit mit Künsten und Wissenschaften, das westliche eine Darstellung der Herrschaft. Umgeben waren die großen Deckenbilder von Putten mit den jeweiligen Attributen wie Ruder, Zirkel oder Waffen.

Unterhalb der auf vergoldeten Konsolen ruhenden Decke verlief ein Fries mit Leinwandgemälden. Sie enthielten Darstellungen berühmter Männer und Frauen des Altertums und des Alten Testaments. Die antiken Helden waren dabei auf der südlichen (Kaiserhofseite), die biblischen auf der Nordseite (Hofgartenseite) vereint. Die Wandpfeiler unter den Friesbildern waren mit Heldenteppichen behängt, die nach Peter Candids Entwürfen in Brüssel gefertigt worden waren. Auch sie zeigten Helden der Antike und des Alten Testaments. Dabei war streng darauf geachtet worden, daß Männlein und Weiblein sowohl horizontal wie vertikal stets abwechselten.

Heute ist der erst ab 1673 als Kaisersaal titulierte Saal soweit wie möglich wieder restauriert, auch wenn dabei nicht unwesentliche Kompromisse geschlossen werden mußten. So ist etwa die Kassettendecke heute aus Stuck und nicht wie ursprünglich aus Holz, die drei mittleren Gemälde sind Reproduktionen, da die Originale 1944 verbrannten, und die Fenster der Nordseite sind heute von innen geschlossen, um die Wandteppiche besser hängen zu können. Die beiden Schmalseiten des Saales zieren heute große Aufbauten aus Stuckmarmor. Auf der Ostseite ist es ein Prunkportal, gegenüber ein Prunkkamin. Mit Ausnahme der drei mittleren Gemälde sind alle übrigen in der Decke Originale, auch die Friesbilder und die Wandteppiche sind im Original erhalten.

Insgesamt sollte mit dem Bildprogramm des Kaisersaales ausgedrückt werden, daß der Herrscher sein Amt im Krieg wie im Frieden nach den Vorbildern von Tugend und Weisheit führen müsse, ein Programm, nach dem Maximilian I. selbst zu regieren versuchte. Die Schlüsselfigur des Ganzen war deshalb auch eine Porphyrstatue auf dem Kamin, die die Tugend darstellte. Diese zerstörte Statue ersetzt heute eine um 1590 entstandene Personifikation des Landes Bayern mit den entsprechenden Attributen (Salzfaß und Wasserurne für den Salz- und Wasserreichtum, Hirschfell und Horn für den Wildreichtum und einen Ährenkranz für den Getreidereichtum). Ursprünglich war diese Figur als Brunnenfigur auf den 1618 im Hofgarten errichteten Tempietto gedacht, dort ersetzt sie heute eine Bronzekopie.

Auch die Kaisertreppe, nach Vorbildern im italienischen Palastbau aus drei geraden Läufen in gegenläufiger Anordnung errichtet, folgt in ihrem ikonographischen Programm der Thematik des Kaisersaals. Das Gewölbe zeigt in seinem ersten Lauf die Apotheose des Herkules (Maximilian als Herkules am Scheideweg). Der mittlere Treppenlauf enthält folgerichtig Szenen aus dem Leben des Herkules, der obere Treppenlauf zeigt den Sturz des Ikarus als Symbol menschlicher Hybris.

Auch die überlebensgroßen Stuckfiguren auf der Höhe des Hauptgeschosses zeigen das Bemühen des Auftraggebers um das Ansehen seines Hauses. Kaiser Karl der Große steht hier als Ahnherr des Hauses Wittelsbach, Kaiser Ludwig IV., der Bayer, verkörpert den ersten Kaiser aus dem Hause und Herzog Otto den ersten mit dem Herzogtum Bayern belehnten Wittelsbacher. Alle drei wurden zu Tugendhelden hochstilisiert, um zu belegen, daß die Geschichte des Hauses Wittelsbach genauso viel an herrschender Tugend vorzuweisen habe wie die Antike.

Die West- und Osttrakte mit den Stein- und Trierzimmern wurden im Prinzip gleich ausgestaltet wie der Kaisersaal. Jedes Zimmer erhielt eine Holzdecke mit eingelassenen Gemälden, wobei stets ein zentrales von kleineren umgeben wurde. Jeder Raum wurde unter ein Thema gestellt, das im Mittelbild personifiziert dargestellt wurde. Die Friesbilder lieferten mit ihren Beispielen aus dem Alten Testament und der Antike den Beweis für die „Richtigkeit" des Themas.

Die Trierzimmer im östlichen Kaiserhoftrakt hießen ursprünglich Ratszimmer und dienten kleineren, aber dennoch repräsentativen Regierungsgeschäften. Aus dem apothekenseitigen Triergang sind die Zimmer über drei Portale in der Mitte und an beiden Enden zugänglich. Die Thematik der Deckenbilder bezieht sich auf die Aufgaben des Regenten in Krieg und Frieden, auf die Ausübung von Recht und Gesetz und auf die Beziehung von Rat und Entscheidung.

Sämtliche Deckenbilder dieses Traktes schuf der Hofmaler Peter Candid. Die Wirkteppiche bestehen zunächst aus zwölf Monatsteppichen, die nach Entwürfen von Peter Candid zwischen 1610 und 1614 in der Münchner Wandteppichmanufaktur hergestellt wurden. In den unbedeutenderen Räumen hängen Wirkteppiche mit Szenen aus der Geschichte des Alten Testaments.

Die Steinzimmer im Westtrakt des Kaiserhofes hießen ursprünglich Kaiserzimmer und dienten Maximilian I. wohl auch als Wohnung. Entsprechend der anderen Nutzung fehlt den Räumen die strenge Enfilade der Trierzimmer, die Erschließung der Zimmer erfolgt über den außenliegenden Theatinergang.

Entsprechend der privaten Nutzung wurde das Bildprogramm ganz auf das Weltbild Maximilians I. abgestellt. Es beginnt im Anschluß an den Kaisersaal im Norden mit dem Vierschimmelsaal, der mit dem Sonnenwagen und den Planetenbildern die kosmische Welt der Gestirne verkörpert. Im Zimmer der Elemente verkörpern Neptun das Wasser, Cybele die Erde, Vulkan das Feuer und Juno die Luft zwischen Darstellungen der vier Winde. Das Zimmer der Welt bietet die Weite der Schöpfung mit Tierbildern aus allen Erdteilen. Das nicht-erhaltene Mittelbild stellte den Menschen als Beherrscher der Welt dar.

Im Zimmer der Jahreszeiten verkörpern Allegorien der vier Jahreszeiten und die Tierkreiszeichen den Jahreslauf. Das Zimmer der Ewigkeit ist das Gegenstück zum Zimmer der Jahreszeiten. Allegorien sollen eine Vorstellung von der Ewigkeit vermitteln. Das Zimmer der

Der Saal des Rates wurde in der Residenz zwischen 1612 und 1616 fertiggestellt. Die Deckenbilder schuf Peter Candid. Das Mittelbild ist eine Allegorie auf den guten Ratgeber, die Tondi enthalten Personifikationen der Freimütigkeit und Treue sowie der Standhaftigkeit und der Verschwiegenheit. Die Friesbilder präsentieren Ratgeber der Geschichte. Der Wirkteppich gehört zu einer Monatsfolge, zeigt als Dezemberbild das Schweineschlachten und das Wurstmachen und im Hintergrund die Stadtansicht von Straubing.

Religion schließlich ist der Übergang zu den metaphysischen Weiten. Das nichterhaltene Mittelbild zeigte den Triumph der christlichen Religion, die Seitenbilder bringen Allegorien auf die Wahrheit, die Wachsamkeit, die Geduld und die Macht der Religion. Der reinsten Form der Religion ist das letzte der Steinzimmer als Zimmer der Kirche gewidmet. Das nichterhaltene Mittelbild enthielt eine Allegorie auf die katholische Kirche inmitten der vier Erdteile.

Geschaffen wurden die Bilderfolgen wiederum vom Hofmaler Peter Candid und seinen Gehilfen. 1674 allerdings wurde die gesamte Flucht der Steinzimmer beim Brand der Residenz schwer beschädigt, so daß Kurfürst Max II. Emanuel in den neunziger Jahren des 17. Jahrhunderts eine umfangreiche Restaurierung in Auftrag geben mußte. Ausgeführt wurde sie hauptsächlich von Giovanni Trubillio, Johann Anton Gumpp und Francesco Rosa. Die schwersten Schäden verursachte jedoch der Zweite Weltkrieg, der teilweise nur die Umfassungswände übrigließ. So sind heute sämtliche hölzernen Felderdecken ebenso Nachschöpfungen wie die Stukkaturen. Bis auf die Mittelbilder ist der Gemäldebestand dagegen genauso original wie der Großteil des Inventars.

Ebenfalls unbeschädigt gerettet werden konnten zwei bedeutende Folgen prächtiger Wirkteppiche. Die eine, die sogenannte Artemisia-Folge, entstand um 1610 in Paris und wurde von Maximilian I. um 1612 erworben. Die Motive der Teppiche stammen von einer allegorischen Erzählung von Nicolas Houel und zeigen Szenen aus der Erziehung eines Thronfolgers. Die Teppiche zieren heute das Zimmer der Kirche und das Zimmer der Religion.

Die zweite Teppicherzählung ist den Taten des Pfalzgrafen Otto von Wittelsbach gewidmet, wurde von Peter Candid entworfen und entstand zwischen 1604 und 1611 in der Münchner Gobelinmanufaktur. Die Teppiche zieren heute das Zimmer der Jahreszeiten, das Zimmer der Welt und das Zimmer der Elemente.

Die Reichen Zimmer

Maximilian I. war mit dem Ausbau der Kaiserhoftrakte so beschäftigt, daß für die im späten 16. Jahrhundert entstandenen Flügel um den Grottenhof keine Aufmerksamkeit mehr übrigblieb. Erst unter Kurfürst Maximilian II. Emanuel entdeckte man die Möglichkeiten dieses intimen Gevierts und begann um 1680 mit der Erneuerung der alten Gemäuer. Dies zog sich über die gesamte Regierungszeit Max Emanuels hin, der entscheidende Schritt aber geschah eigentlich erst unter seinem Nachfolger Carl Albrecht, der Joseph Effner das verstärkt fortsetzen ließ, was Max Emanuel noch kurz vor seinem Tode begonnen hatte: den Ausbau der Reichen Zimmer im Ost- und Südflügel des Grottenhofbaues.

Der Residenzbrand im Jahre 1729 gab dann den entscheidenden Anstoß, die Räume des Südtraktes von 1730 bis 1737 von François Cuvilliés d. Ä. im Stil des gerade «in Mode» kommenden frühen Rokoko auszugestalten. Johann Baptist Zimmermann als Stukkateur und Joachim Dietrich, Wenzeslaus Miroffsky und Johann Adam Pichler als Schnitzer waren die Hauptmeister.

Obwohl auch die gesamte Grottenhofumbauung 1944 weitgehend zerstört wurde, konnten die Reichen Zimmer doch wieder völlig restauriert werden, da die Wandvertäfelungen und das mobile Inventar ausgelagert waren.

Höhepunkt des Raumprogramms der Reichen Zimmer ist das 1730 von François Cuvilliés entworfene Paradeschlafzimmer. Seine vergoldeten Stukkaturen an der Decke schuf Johann Baptist Zimmermann 1731. Ein Jahr später vollendete Wenzeslaus Miroffsky die vergoldeten Schnitzereien an der Vertäfelung, den Türen und der Balustrade. Schnitzereien wie Stukkaturen zeigen in schönstem Einklang die spielerische Leichtigkeit des frühen Rokoko, ohne daß dabei das Bildprogramm vernachlässigt wird.

So zeigt etwa das reiche Schnitzwerk aus Akanthus und Blumengehängen neben Vögeln, Masken und Putten auch Figuren der vier Jahreszeiten, die Stukkaturen zeigen mit Apollo auf dem Sonnenwagen den Morgen, mit Mars und Venus den Abend und mit Diana die Nacht. Über dem Bett senkt sich gar Morpheus zur Nacht herab. Figuren der Dichtkunst, der

Malerei, der Geographie, der Astronomie, der Musik und der Kriegskunst verzieren das Gitterwerk über der Hohlkehle.

Ein Schatzkästlein für sich ist das Miniaturenkabinett, 1731 von François Cuvilliés entworfen und von Joachim Dietrich bis 1732 mit Schnitzarbeiten ausgestattet. Die Wände des kleinen Kabinetts enthalten nicht weniger als 129 Miniaturgemälde niederländischer, französischer und deutscher Meister des 16. bis 18. Jahrhunderts.

Nicht zur ursprünglichen Raumfolge gehörte die erst zwischen 1733 und 1737 angebaute Grüne Galerie im Winkel zwischen Grottenhoftrakt und Antiquarium. Der siebenachsige Galerieraum wurde ebenso wie die Reichen Zimmer von Johann Baptist Zimmermann mit Stuck und von Joachim Dietrich und Wenzeslaus Miroffsky mit Schnitzereien ausgestattet. Die Decke der Galerie enthielt ursprünglich drei Fresken von Balthasar Augustin Albrecht, die eine Verherrlichung der Künste und Wissenschaften unter dem Schutz des Hauses Wittelsbach zum Thema hatten. Die im Krieg zerstörten Fresken ersetzt heute ein Mittelbild von Giovanni Antonio Pellegrini. Es zeigt Kurfürst Johann Wilhelm von der Pfalz in der Gestalt Jupiters. Während Stuckarbeiten und Schnitzereien weitgehend erneuert werden mußten, ist der gesamte Gemäldebestand sowie die bewegliche Einrichtung komplett erhalten geblieben.

Mit der Gestaltung der Reichen Zimmer wurde in München die Blütezeit des bayerischen Rokoko eingeleitet. Gleichzeitig lieferte der 1715 als «Hofzwerg» mit elf Jahren an den Hof von Kurfürst Max Emanuel gekommene François Cuvilliés mit der Gestaltung dieser Raumfolge sein Meisterstück, nachdem er zuvor schon für Fürstbischof Clemens August von Köln an der Ausstattung dessen Schlosses Brühl und am Schlößchen Falkenlust mitgearbeitet hatte. Sich selbst übertreffen aber durfte François Cuvilliés, als Kurfürst Max III. Joseph 1751 ein neues Theater in Auftrag gab.

Das Cuvilliéstheater

Das «Neue Opera Hauß» wurde in der Form des italienischen Logentheaters von François Cuvilliés entworfen, doch ist über den eigentlichen Entstehungsprozeß nichts bekannt. Alle erhaltenen Grundrisse stammen aus einer Zeit, als das Theater schon 20 Jahre fertiggestellt war. Das notwendige bühnentechnische Wissen jedenfalls brachte der Venezianer Giovanni Paolo Gaspari ein, der zuvor in Bayreuth gearbeitet hatte und sich nun in München als Dekorationsmaler niederließ. Nicht zuletzt seinem Einfluß wohl ist es zu verdanken, daß das neue Münchner Residenztheater im Grund- wie im Aufriß so viele Gemeinsamkeiten zum Bayreuther Opernhaus erhielt.

Nach der Grundsteinlegung am 9. Juli 1751 wurde auf Betreiben des Kurfürsten mit Feuereifer gebaut. Von gleich sechs Landgerichtsämtern forderte die Hofkammer per Befehl die nötigen Maurer an. In diesem Tempo scheint es weitergegangen zu sein, denn nur ein Jahr später, am 25. Juli 1752, war bereits Hebweih.

Auch bei der Innenausstattung war der Kurfürst offensichtlich nicht weniger ungeduldig. Trotz der äußerst umfangreichen Schnitzarbeiten wurde die gesamte Innenausstattung in knapp zwei Jahren fertiggestellt. Die Oberleitung als «Hoff-Küstler» hatte Johann Adam Pichler, der als Kistler den Schnitzern die Vorarbeit lieferte. Allein seine Rechnungen liefern ein detailliertes Verzeichnis aller für das Theater geschaffenen Schnitzarbeiten. In dieser Zeit erhielt Pichler pro Woche 70 Gulden Abschlagszahlungen. 550 weitere Gulden gingen pro Woche an «Zimmerleith, Maurer und Tagwercher». Je 50 Gulden pro Woche bekamen der Schlosser Geroldt und der Bildhauer Joachim Dietrich.

Anders als in den Reichen Zimmern, wo Joachim Dietrich die gesamten Bildhauerarbeiten ausgeführt hatte, mußte er sich beim neuen Residenztheater die Arbeit mit Johann Baptist Straub teilen. Dietrich übernahm die Kapitelle, die Blüten- und Fruchtgehänge, die geschnitzten Draperien und das gesamte Rocaille-Werk. Johann Baptist Straub dagegen, seit 1737 «Hofbildthauer», fertigte «alle Figuren und Hauptverzierungen» im Zuschauerraum des Theaters. Sein Werk ist demnach die Bekrönung der Kurfürstenloge und der Proszeniumslogen, die Wappenkartusche über dem Bühnenbogen sowie Atlanten und Karyatiden der Logenrahmen. Die Gestaltung der Decke übernahm kein Geringerer als der damals schon 70jährige Johann

Folgende Doppelseite:
Bei der Innenausstattung der königlichen Appartements im Königsbau arbeiteten König und Architekt aufs engste zusammen. Ludwig I. bestimmte die einzelnen Themen des Bildprogrammes, Leo von Klenze entwarf die gesamte übrige Innenausstattung bis hin zu den Möbeln. Der Thronsaal der Königin beeindruckt mit einer ganz in Gold gehaltenen Wandverkleidung, die über einem lapislazuliblauen Sokkel aus Stuckmarmor beginnt und mit einem Netz aus Palmettenwerk überzogen ist.

Baptist Zimmermann, der damals gerade an der Innenausstattung «seiner» Wieskirche arbeite-te. Von seinem Deckenfresko, in dem Merkur und Minerva die entscheidenden Rollen über-nommen hatten, ist leider nichts erhalten.

Am 12. Oktober 1753 wurde das neue Residenztheater mit der Festoper «Catone in Utica» von Ferrandini feierlich eröffnet und auch gleich die richtige Rangfolge für das Publikum fest-gelegt: in den Parterrelogen saß der Stadtadel, im ersten Rang der Hochadel, im zweiten der niedere Adel und im dritten die Beamtenschaft des Hofes. Sitzen durften nur die Damen, die Herren standen hinter ihnen. Im Parkett gab es noch keine Sitzplätze, stattdessen konnte der gesamte Boden auf die Höhe des Bühnenbodens gehoben werden, so daß ein durchgehender Ballsaal zur Verfügung stand.

Ausschließlich dem Hof vorbehalten blieb das Residenztheater bis zum 3. Februar 1795. Damals stellte der schon 70jährige Kurfürst Carl Theodor anläßlich seiner Vermählung mit der 20jährigen Erzherzogin von Österreich, Maria Leopoldine, das Residenztheater der All-gemeinheit zur Verfügung. «Kurfürstliches Hof- und Nationaltheater» hieß es nun, war jedem zugänglich, der eine Eintrittskarte ergattern konnte, und hatte nun auch Sitzplätze im Parkett.

Bereits zur Zeit der Öffnung des Residenztheaters für das allgemeine Publikum gab es Be-strebungen zur Errichtung eines großen Staatstheaterbaus. Zu einer ersten Grundsteinlegung kam es allerdings erst unter Kronprinz Ludwig im Jahre 1811. Erst am 12. Oktober 1818 konnte das neue Haus am Platz der heutigen Staatsoper eingeweiht werden. Das Ende von Cuvilliés kleinem Rokokotheater schien damit bereits unabwendbar. Daß es zunächst anders kam, dafür sorgte einmal mehr ein Großbrand, der am 1. Januar 1823 das große Haus in Schutt und Asche legte. Damit kam der gesamte Spielbetrieb wieder in das Residenztheater zurück. Nach der Wiedereröffnung des großen Hauses am 2. Januar 1825 kam mit Ludwig I., der für die intime italienische Oper nichts übrig hatte, das vorläufige Ende des Cuvilliés-theaters.

Von einem kurzen Gastspiel des Wiener Volksschauspielers und Bühnendichters Ferdinand Raimund im Jahre 1831 abgesehen, verfiel das Theater in einen Dornröschenschlaf, ging 1834 in den Besitz des bayerischen Staates über und wurde Kulissendepot des großen Hauses. Erst 1853, also genau 100 Jahre nach seiner Fertigstellung, begann sich im Cuvilliéstheater neues Leben zu regen. Die inzwischen ausgelagerten Schnitzereien wurden wieder eingebaut, an-stelle der alten Kerzenbeleuchtung wurde nun eine Gasbeleuchtung installiert.

Doch anders als beim Neubau dauerte es nun wesentlich länger, nämlich bis zum 28. No-vember 1857, bis das Cuvilliéstheater mit Calderóns «Das öffentliche Geheimnis» wieder-eröffnet werden konnte. Die Wiedereröffnung war damit gleichzeitig ein Geburtstags-geschenk, das sich König Maximilian II. selbst gemacht hatte, indem er die Wiederherstellung des «fast gänzlich zerstörten ehemaligen italienischen Opernhauses befohlen (hatte), um dasselbe für die kleineren, in seine Räumlichkeiten passenden Stücke jeder Art benützen zu lassen».

Inzwischen hatte man wohl die Bedeutung und den unschätzbaren Wert des zwischenzeit-lich so verkannten Residenztheaters entdeckt. So ist im «Bautechnischen Führer durch Mün-chen» aus dem Jahre 1876 zu lesen: «Immerhin bietet das Theater die seltene Gelegenheit, eine Vorstellung derartiger Bauten aus der Blütezeit des Rococo zu gewinnen, und spielt daher eine kunstgeschichtlich kaum mindere Rolle, wie die in ihrer Art genial ausgedachte Amalien-burg.» Bei soviel Wertschätzung ist es denn auch nicht verwunderlich, daß das Cuvilliés-theater als erste deutsche Bühne 1882 eine provisorische und im Mai 1883 eine fest installierte elektrische Beleuchtung erhielt und 1886 mit der ersten Drehbühne außerhalb Japans aus-gestattet wurde. Sie wurde am 29. Mai 1896 mit einer Neuinszenierung von Mozarts «Don Giovanni» feierlich eingeweiht.

Daß das inzwischen als schönstes Rokokotheater der Welt erkannte Residenztheater 1944 nicht den Bomben zum Opfer fiel, ist der Vorsicht des Baureferats des bayerischen Kultus-ministeriums zu verdanken. Sämtliche beweglichen Teile der Ausstattung des Zuschauer-raums wurden 1943 abmontiert und ausgelagert, so daß die Zerstörung am 18. März 1944 «nur» das Gebäude traf.

Nach dem letzten Krieg ging es zunächst darum, überhaupt einen Theaterbetrieb zu ermög-

Die Wände des Schreibkabinetts der Königin im Königsbau sind über einem roten Sockel in hoch-rechteckige, grüne Felder aufge-teilt, die Szenen aus Dichtungen von Friedrich Schiller enthalten. Auch das Tonnengewölbe ent-hielt solche szenischen Darstel-lungen, doch wurden sie zerstört. Die Groteskenmalereien wurden nach alten Vorlagen erneuert.

lichen. Deshalb wurde ab 1948 auf der Ruine des Residenztheaters das Neue Residenztheater errichtet und am 28. Januar 1951 mit Ferdinand Raimunds «Verschwender» eröffnet. Der moderne Zweckbau ermöglichte nun wieder perfektes Theaterspiel, die Intimität des alten Cuvilliéstheaters aber blieb zunächst ein Traum.

In greifbare Nähe rückte die Verwirklichung des Traumes, als die bayerische Schlösserverwaltung erkannte, daß sich der alte «Apothekenblock» Leo von Klenzes recht gut zum Einbau des Rokokotheaters von François Cuvilliés eignen würde. Einmal in der Welt, erhielt der Plan nach und nach Konturen, gewann Freunde und fand schließlich von allen Seiten Unterstützung. Ab 1956 wurde mit Restaurierungsarbeiten an den inzwischen in Schloß Lustheim lagernden Holzteilen begonnen. Dabei fand man unter den Farbverschmierungen des 19. Jahrhunderts die alte Originalbemalung, die nach und nach vollständig wiederhergestellt werden konnte. Ende 1956 begannen die Rohbauarbeiten und termingemäß zur 800-Jahr-Feier der Stadt konnten die Münchner am 14. Juni 1958 die Wiedereröffnung ihres Theaterjuwels mit Mozarts «Figaros Hochzeit» feiern.

Heute präsentiert sich das Zuschauerhaus des Cuvilliéstheaters wieder nahezu originalgetreu. In das vierrangige Logenhaus mit hufeisenförmigem Grundriß sind die hervorragend restaurierten Originalschnitzarbeiten von Johann Adam Pichler, Joachim Dietrich und Johann Baptist Straub wieder eingebaut, dominiert die Kurfürstenloge das Bühnengegenüber und verkünden die Ränge ihre thematischen Programme als wäre da nie eine Unterbrechung gewesen.

Der erste Rang als Hauptgeschoß und einst dem Hochadel reserviert, weist hermenartig ausgebildete Stützen auf, aus denen Atlanten und Karyatiden wachsen. Ihre Attribute verraten, daß es sich um Allegorien der Jahreszeiten handelt, die jeweils paarweise rechts und links der Kurfürstenloge angeordnet sind.

Das erste Paar symbolisiert mit seinen Blütenkränzen den Frühling, das zweite mit den Kornähren den Sommer, das dritte mit Weinreben den Herbst, das vierte mit Mantel und Pelzkappe den Winter.

Auch der zweite Rang als Sitz des niederen Adels muß nicht ohne plastisches Programm auskommen. Hier sind es Personifikationen der Tageszeiten, der Elemente, der irdischen Reichtümer und der Erdteile. Auf der rechten Logenreihe reicht die Spannweite von Diana, der Göttin der Jagd, bis zur Indianerin, der Verkörperung Amerikas. Auf der linken Logenreihe reicht die Spannweite von Apollo, dem Gott der Dichtung, bis zum Negerkopf als Symbol Afrikas.

Der Königsbau

Kurfürst Max IV. Joseph brachte 1806 wohl die Königswürde nach Bayern, nicht aber automatisch damit auch eine königliche Residenz. Ihn selbst störte dies am wenigsten, verstand er sich doch als «Bürgerkönig», dessen Aufgabe er im Dienst an seinem Volke sah. Sein Sohn und Kronprinz Ludwig jedoch war da von Anfang an anderer Meinung. In seinem Verständnis gehörte zum Ausdruck der königlichen Würde auch eine entsprechende Umgebung. Bereits 1824, zu einem Zeitpunkt also, wo er noch keineswegs mit der Regierungsübernahme rechnen konnte, ließ er deshalb von Leo von Klenze Pläne für eine königliche Residenz anfertigen.

Klenze wußte natürlich um die Vorliebe des Kronprinzen für die italienische Renaissance und fand deshalb sein Vorbild für den vom Kronprinzen in Auftrag gegebenen Königsbau auch folgerichtig in Florenz. Den Gebäudeaufriß übernahm er von dem von Philippo Brunelleschi im Auftrag des Kaufmanns Luca Pitti gestalteten Palazzo Pitti, für die Details der Fassadengestaltung fand er sein Vorbild im Palazzo Rucellai. Am 18. Juni 1826, nur ein Jahr nach der Regierungsübernahme durch Ludwig I. und am Jahrestag der Niederlage Napoleons bei Waterloo, konnte der Grundstein für den Königsbau gelegt werden, nach neunjähriger Bauzeit wurde der Palast 1835 bezogen.

Der 21achsige Bau auf der Südseite der alten kurfürstlichen Residenz gab ihr auf dieser Seite nicht nur eine gelungene Abrundung, sondern (neben der westlichen) auch gleich noch eine

Die Nibelungensäle im Erdgeschoß des Königsbaus waren als Festräume und als Bibliothek gedacht. Leo von Klenze gestaltete die drei großen und zwei schmalen Säle nach italienischen Vorbildern, die Bemalung lieferte Julius Schnorr von Carolsfeld, der damit gleichzeitig die erste monumentale Darstellung des mittelalterlichen Nibelungenliedes schuf. Im abgebildeten Saal der Hochzeit ist der erste Teil des Nibelungenliedes dargestellt.

neue Hauptfassade gegen den jetzt repräsentativen Max-Joseph-Platz. Die große Breite des Bauwerks gab dem Architekten zudem die Möglichkeit, die Appartements von König und Königin auf einer Ebene und in einer Reihe so anzuordnen, daß sie in der Mitte mit den eher privaten Räumen zusammenstießen. Die Empfangsräume mit ihren Vorzimmern konnten für beide nach außen gelegt werden, so daß in der Mitte tatsächlich eine Art Privatrefugium mit zwei Arbeitszimmern und einer kleinen Bibliothek möglich wurde.

Im Gegensatz zu den Wohntrakten am Kaiserhof gab es nun auch keinen langgezogenen Korridor mehr zur zusätzlichen Abschirmung der Räume gegen die Stadt hin. Der König konnte von seinem Arbeitszimmer aus dem Treiben auf dem Max-Joseph-Platz unmittelbar zusehen, die Bürger umgekehrt konnten feststellen, wann im königlichen Schlafzimmer das Licht aus- oder anging («Mein Licht ist immer das erste» – so der König als Frühaufsteher).

Bei der Bestimmung der Innenausstattung der Räume arbeiteten König und Architekt aufs engste zusammen. Der König bestimmte die einzelnen Themen des Bildprogramms, Leo von Klenze entwarf die gesamte übrige Innenausstattung bis hin zu den Möbeln. Für die königlichen Appartements wurden Themen aus der griechischen Dichtung, für die Appartements der Königin Motive aus der deutschen Dichtung von Walther von der Vogelweide bis hin zu Goethe und Schiller bestimmt. Insgesamt entstand so ein in sich äußerst stimmiges und damit auf seine Art einzigartiges Ensemble aus Malerei, Skulptur, Möbelkunst und textiler Ausstattung – nicht sehr wohnlich zwar, aber dafür von außergewöhnlicher Stilreinheit.

Hatte sich Ludwig I. pompöse Vertäfelungen, verspielte Seidenbespannungen oder neckische Wandspiegel ausdrücklich verbeten, so holte sein Nachfolger, König Max II., genau dies in sein neues Logis, sobald er 1848 an die Regierung gekommen war. Der neue das Professorale, Dunkle und Verträumte liebende König, der sich als erstes auf den Dächern der Residenz einen umfangreichen Wintergarten hatte bauen lassen, holte all dies nach, ohne Rücksicht auf die vom Vater erstrebte Stilreinheit. Wohnlichkeit und Bequemlichkeit wurden nun so sehr die Richtschnur für Veränderungen, daß es dem kunstsinnigen Vater wohl allzu sehr graute: nach 1849 jedenfalls betrat Ludwig I. «seinen» Königsbau aus Protest nie wieder.

Als 1944 die Bomben auf die Residenz fielen, verschonten sie auch den Königsbau nicht. Da beim Wiederaufbau von Grund auf restauriert werden mußte, entschloß man sich glücklicherweise, allein auf den Zustand unter Ludwig I. abzuheben. Dank genauer Inventarisierungen und dank der Auslagerung des Mobiliars gelang es denn auch, die Räume weitgehend originalgetreu wiederherzustellen und damit wieder eine räumliche Vorstellung des Königtums zu vermitteln, wie es Ludwig I. vorgeschwebt hatte.

Folgende Doppelseite:
Die Gartenseite von Schloß Nymphenburg läßt gut die verwickelte Baugeschichte der Gesamtanlage ahnen. Der Kernbau wurde 1675 von Enrico Zuccalli fertiggestellt. Bis 1726 fügte Giovanni Antonio Viscardi die zwei annähernd quadratischen, dreigeschossigen Pavillons auf beiden Seiten an und verband sie durch zweigeschossige, in Arkaden geöffnete Riegelbauten. Lediglich durch die strenge Symmetrie und die einheitliche Farbgebung wurde der Eindruck eines homogenen Ganzen erreicht.

Die Stadtresidenz München

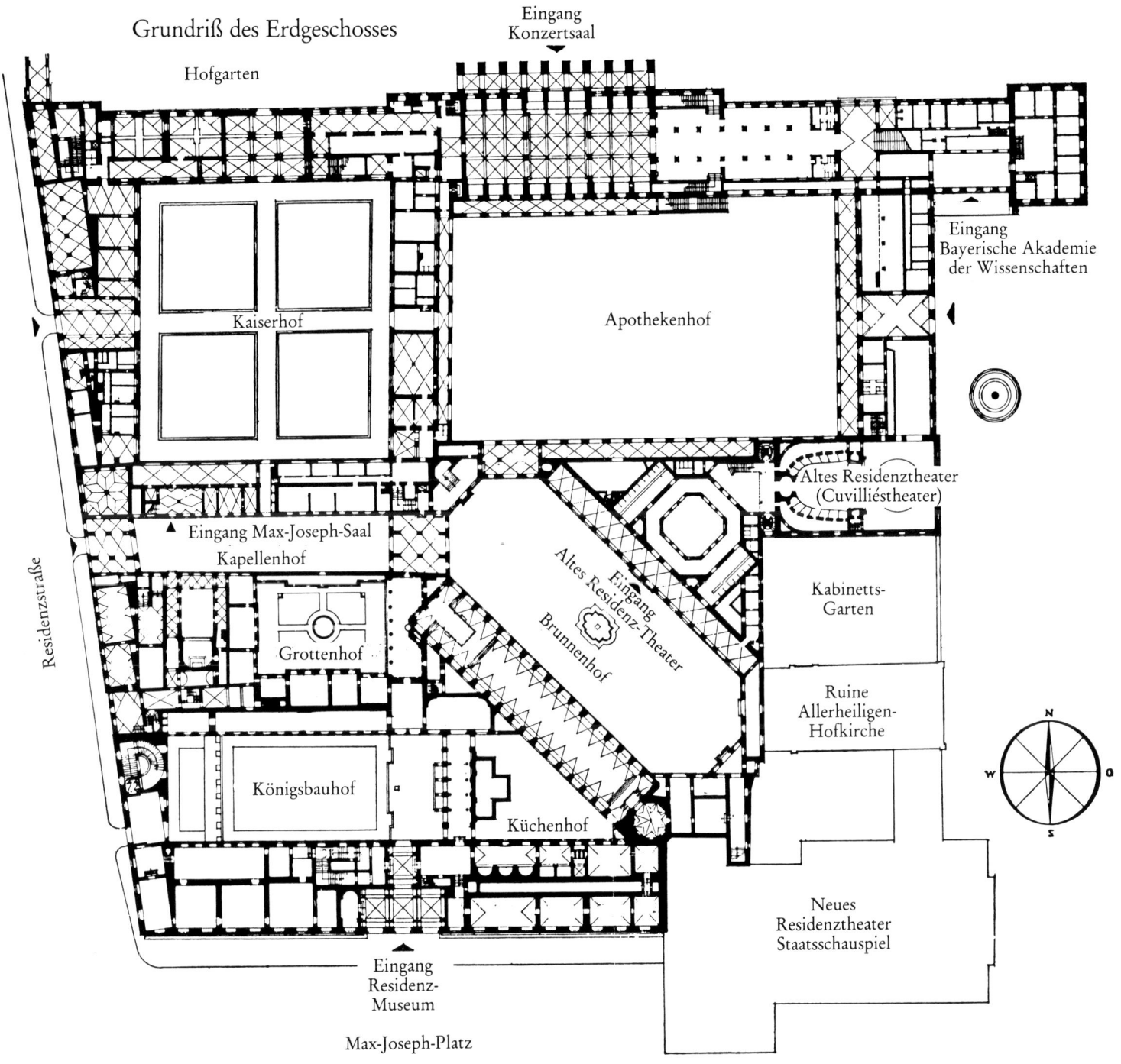

Grundriß des Erdgeschosses

Eingang
Konzertsaal

Hofgarten

Eingang
Bayerische Akademie
der Wissenschaften

Kaiserhof

Apothekenhof

Altes Residenztheater
(Cuvilliéstheater)

Residenzstraße

Eingang Max-Joseph-Saal

Kapellenhof

Eingang
Altes Residenz-Theater

Brunnenhof

Kabinetts-
Garten

Grottenhof

Ruine
Allerheiligen-
Hofkirche

Königsbauhof

Küchenhof

Neues
Residenztheater
Staatsschauspiel

Eingang
Residenz-
Museum

Max-Joseph-Platz

Die Sommerresidenz Nymphenburg

Aus der Baugeschichte des Schlosses

Als Kurfürst Ferdinand Maria 1652 Henriette Adelaide von Savoyen heiratete, konnte sich wohl niemand so recht vorstellen, daß das junge Paar um einen Nachfolger würde bangen müssen. Für zehn Jahre jedoch sollte genau das der Fall werden, denn bis zum 11. Juli 1662 dauerte es, bis sich der langersehnte Kronerbe Max Emanuel einstellte. Entsprechend groß war die Freude, die sich in einem «Churbayrischen Freudenfest», im Baubeginn für die Theatinerkirche und im Kauf der Hofmarkt Kemnathen ausdrückte. Das für 10 000 Gulden erworbene Gelände wurde der Kurfürstin zusammen mit dem Schloßgut Menzing «in die Kindbett verehrt».

Die energische Turinerin begann sofort mit dem Pläneschmieden. Mit einem Brief vom 5. Juli 1663 teilte sie ihrer Mutter mit, sie wolle auf «Kemnertin» bauen lassen und der Turiner Hofarchitekt Amedeo Di Castellamonte solle dafür doch Pläne vorlegen. Dessen Entwürfe für das «maison de plaisance» entsprachen in ihrer Bescheidenheit allerdings keineswegs den Vorstellungen der Kurfürstin und wurden deshalb sang- und klanglos verworfen.

Mehr Glück mit seinen Plänen hatte Agostino Barelli, der erste Architekt der Theatinerkirche. Er schlug der Italienerin einen handfesten, fünfgeschossigen Baukubus in der Art einer römischen Villa Suburbana vor und schmeichelte damit wohl nicht zuletzt auch ihrer Heimatverbundenheit. Ab September 1664 durfte Barelli mit dem Bau beginnen, ohne allerdings zu ahnen, daß er ihn nicht einmal würde unter Dach bringen können. Dies gelang erst Enrico Zuccalli, als er im Mai 1674 die Nachfolge Barellis antrat und die Villa im folgenden Jahr wenigstens unter Dach brachte.

Das Raumprogramm im Inneren entsprach schon damals im wesentlichen der heutigen Aufteilung. Zentrum war der Steinerne Saal, der allerdings damals noch durch eine geschlossene Wand von dem im Westen anschließenden kleineren Saal getrennt war. Der nicht umsonst auch Großer Saal genannte Raum reichte bis zum vierten Obergeschoß hinauf und hatte eine durchgehende Spiegeldecke. Auf der Nordseite des Saales schlossen sich im Piano Nobile, dem Hauptgeschoß, vier Appartements des Kurfürsten, im Süden vier gleich zugeschnittene für die Fürstin an.

Mit der Innenausstattung wurde 1674 begonnen, also ein Jahr bevor das Gebäude überhaupt ein Dach erhielt. 1675 wurde unter der Leitung von Andreas Römer mit den Stuckdecken begonnen. Die Leinwandgemälde für die Bildfelder der Decken wurden von Antonio Triva, Antonio Zanchi, Stefano Catani und Joseph Werner geliefert. Erhalten blieben davon in den drei südlichen Appartements die Darstellungen der Nymphe Arethusa, der Erdgöttin Cybele und der Göttin Flora. Im ehemaligen Schlafzimmer der Nordseite erhielt sich die Darstellung der Meeresgöttin Thetis.

Der allzufrühe Tod der Kurfürstin am 18. März 1676 schien das Ende Nymphenburgs einzuläuten, auch wenn Ferdinand Maria die Anweisung gab, «den zu Nimphenburg angefangenen Pau weiter fortzusetzen und gar außzumachen». Im folgenden Jahr wurden dennoch nur ganze 384 Gulden für den Weiterbau aufgewandt. Als noch einmal zwei Jahre später der Kurfürst selbst am 26. Mai 1679 starb, geschah an dem halbfertigen Lustschloß für immerhin 22 Jahre überhaupt nichts mehr.

Der an sich sehr tatkräftige und entschlußfreudige Nachfolger Max Emanuel (1680 – 1726) hatte mit den Türkenkriegen und als Statthalter der spanischen Niederlande genug politische

Der Mittelbau von Schloß Nymphenburg verrät nur noch an den drei Achsen seitlich der Mitte die alte Fassadengliederung. Die ursprünglich sieben Achsen der Mitte ersetzte Enrico Zuccalli ab 1702 durch drei großzügige Achsen mit Rundbogenfenstern. Hinter ihnen verbirgt sich der große Zentralraum von Nymphenburg, der Steinerne Saal.

Händel am Hals, so daß neben den Bautätigkeiten in der Stadtresidenz München und dem Bau des Schlößchens Lustheim bei Schleißheim für Nymphenburg zunächst nichts übrig blieb. Erst als Max II. Emanuel aus Brüssel zurückkehrte, wurde auch Nymphenburg für ihn wieder interessant. Am 29. April 1701 beauftragte er wiederum Enrico Zuccalli mit der Planung für einen großzügigen Ausbau des Landhauses seiner Mutter.

Begonnen wurde zunächst einmal mit einer Bestandesaufnahme und der Suche nach eventuell noch Vorhandenem, da sich zeigte: «seindt zu dem Pau zu Nimphenburg vor diesem schon alle döckhen, Thüren sambt deren Klaidungen und mehr ands verferttiget worden, wovon sich derzeit selben ohrts nichts bezaigt». Die Suche schien erfolgreich gewesen zu sein, denn am 2. November 1701 wurden gleich fünf «gehengte döggen» von der Schloßschwaige ins Schloß gebracht und «zusammengericht».

Die Leitung der eigentlichen Um- und Neubautätigkeit erhielt der Hofbaumeister Giovanni Antonio Viscardi, der Änderungen im Zentralbau und den Neubau der beiden inneren Pavillons mit den Verbindungsgalerien, den Bau der beiden äußeren Pavillons sowie die Errichtung eines umfangreichen Stallgebäudes zu überwachen hatte. Damit wurden endgültig die Weichen weg vom kompakten Palast und hin zur lockeren Fügung von Baukörpern eines Parkschlosses gestellt. Diese Art der Bauweise hatte Max II. Emanuel während seiner Zeit in den Niederlanden kennen- und schätzen gelernt. Nicht von ungefähr sind deshalb Schloß Rijkswijk bei Den Haag und Schloß Het Loo in Apeldoorn die unmittelbaren Vorbilder für den Ausbau Nymphenburgs. Vorstellungen des holländischen Architekten Daniel Marot hatte Enrico Zuccalli auf ausdrücklichen Wunsch des Kurfürsten zu berücksichtigen.

Die Umbauarbeiten am Hauptpavillon wurden 1701 und 1702 durchgeführt. Sie könnten unter dem Motto «Licht, Transparenz und Großzügigkeit» gestanden haben. Der ursprünglich sehr kleinteilig mit 13 Achsen, schwach ausgebildeten Lisenen und Gesimsen zwischen den Fensterreihen gegliederte Bau wurde durch großzügiges Aufbrechen von fünf Achsen rücksichtslos dem Licht geöffnet und dadurch innen wie außen völlig neu gegliedert. Aus den fünf Achsen wurden drei mit je zwei riesigen Rundbogenfenstern übereinander. Diese Fensterform hatte Zuccalli bereits 1693 an der Universität Ingolstadt und danach am neuen Schloß in Schleißheim verwendet. Abgeschaut aber hatte er es vom Palazzo Barberini in Rom.

Zusätzliches Licht bekam der Große Saal dadurch, daß die gesamte Westwand zwischen dem Hauptraum und den im Westen vorgelagerten, jeweils nur halb so hohen kleinen Sälen ebenfalls in drei Rundbogen aufgelöst wurde. Durch Pilastergliederung wurde anschließend erreicht, daß die übereinanderstehenden Rundbogen wirken, als wäre es jeweils nur ein Bogen, der nahezu über die gesamte Raumhöhe reicht. Daß die Decke zwischen den beiden kleinen Westsälen nicht herausgebrochen wurde, erwies sich im nachhinein als besonderer Kunstgriff, mit dessen Hilfe die Intensität des nachmittäglichen Sonneneinfalls aufs angenehmste gebrochen werden konnte. Insgesamt wurde eine ähnliche Raumwirkung wie im Großen Saal des neuen Schlosses Schleißheim erreicht.

Um die Sperrfunktion des Hauptbaus zwischen Auffahrtsrondell und Parkseite zu mildern, wurde 1702 bestimmt, daß «das Schloß auf der Erden gericht werden müsse, daß man mit Gutschen durchfahren könne». Die Forderung wurde dadurch erfüllt, daß das Mittelschiff des Erdgeschosses tiefer gelegt und in Anlehnung an die sich darüber öffnenden Rundbogenfenster eine dreiachsige Durchfahrtsmöglichkeit geschaffen wurde.

Die Innenausstattung des neugeformten Großen Saales begann im September 1701, wobei Johann Anton Gumpp die Bemalung übernahm. Weil Nymphenburg nicht zuletzt auch als Jagdschloß dienen sollte, lag es nahe, für die Bemalung Themen aus der Diana-Mythologie zu verwenden. Vermutlich wurde dabei auf den Turiner Hofhumanisten Emanuel Tesauro zurückgegriffen, der schon für das Jagdschloß von Henriette Adelaides Eltern die Vorgaben für einen Diana-Zyklus geliefert hatte.

Für das Mittelbild im Gewölbe wurde die Verleihung der Jagd an Diana durch Jupiter ausgewählt, Randbilder zeigten die Göttin als Jägerin. Ovalbilder in den Ecken präsentierten Ganymed, Orion, Castor und Bellerophon. Die Saalwände selbst wurden mit neun riesigen «von den gesimbß an schier biß auf den Boden» reichenden Szenen aus dem Leben Dianas gefüllt. Sie wurden 1726 durch Gemälde auf Leder ersetzt, die die Brüder Valeriani in Venedig für Max Emanuel geschaffen hatten.

Die heutige Fassadengestaltung der Stadtseite von Schloß Nymphenburg wurde unmittelbar nach der Rückkehr von Kurfürst Max II. Emanuel aus dem Exil am französischen Hof in Angriff genommen. Der neue Hofbaumeister hieß nun Joseph Effner. Mit seiner französischen Schulung gelang es ihm, dem schmucklosen Bau Zuccallis eine festliche Fassade zu geben. Die reichen Stuckverzierungen schuf der französische Bildhauer Charles Claude Dubut.

Folgende Doppelseite:
Der Steinerne Saal in Schloß Nymphenburg erhielt seine heutige architektonische Form 1702 durch Enrico Zuccalli. Er durchbrach die alten Wände, stellte die riesigen Rundbogenfenster übereinander und öffnete damit den hohen Saal auf der Ost- und der Westseite ganz dem Licht. Die heutige Bemalung schuf Johann Baptist Zimmermann im Auftrag von Kurfürst Max III. Joseph bis 1757 (links).
Für die Rokokoausstattung des Steinernen Saales von Schloß Nymphenburg versuchte Johann Baptist Zimmermann, dem arkadischen Charakter Nymphenburgs dadurch Rechnung zu tragen, daß er die Verbindung zum Garten verdeutlichte und die Parklandschaft in den Fresken fortführte. Beispiele dafür sind die Huldigung der Nymphen an die Göttin Flora (links oben), der Sonnenwagen Apolls (rechts oben) und das Wandbild mit Kephalos und Prokris (rechts unten). Der Ausschnitt links unten zeigt die Südwestecke des Steinernen Saales (rechts).

Als 1704 der Spanische Erbfolgekrieg ausbrach und Max II. Emanuel nach der Niederlage von Höchstädt am 13. August desselben Jahres sein Bayern verlassen mußte, da die Österreicher das Land besetzten, schliefen die Bauarbeiten in Nymphenburg nahezu ein. Erst mit dem Frieden von Rastatt am 6. März 1714 zeichnete sich eine baldige Rückkehr des Kurfürsten nach Bayern ab, die dann tatsächlich im April 1715 erfolgte. Daß in Nymphenburg sogleich weitergebaut werden sollte, war bereits 1714 zu erkennen, als Joseph Effner, der Sohn eines Dachauer Gärtners, 1714 zum Leiter des Nymphenburger Bauwesens bestellt wurde.

Effner begann mit einer Überarbeitung der Fassaden des Hauptbaus, dessen Lisenen er zu Pilastern ausformte. Gleichzeitig reduzierte er die bisherigen vier Fensterachsen auf beiden Seiten der großen Mittelbögen auf jeweils drei und ließ die Stuckreliefs der Fensterbekrönungen einbauen. Damit waren 1726 die beiden Fassaden im Osten und Westen in der heutigen Form vollendet. Außerdem hatte Effner dem Mittelbau über seinen drei zentralen Achsen je einen großen Dreiecksgiebel eingebaut, die jedoch 1826 zugunsten des heutigen Zeltdaches wieder entfernt wurden.

Bei seiner Rückkehr aus Frankreich brachte Max II. Emanuel umfassende Kenntnisse über die Bestrebungen der am französischen Hof führenden Künstler mit. Seinen Architekten Effner und den Kistler Johann Adam Pichler hatte er in Paris ausbilden lassen, den Gartenarchitekten Dominique Girard und den Bildhauer Guillielmus de Groff, beide ebenfalls in Frankreich geschult, zog er an seinen Hof in München. Vor allem Dominique Girard wurde für den weiteren Ausbau von Nymphenburg von besonderer Bedeutung, brachte er doch die neuesten Erkenntnisse in der Anlage von Gärten und Parks mit. Zusammen mit Effner plante er den weiteren Ausbau der Gesamtanlage, wobei er für das Gartenprojekt verantwortlich zeichnete.

Entsprechend dem Gesamtplan ließ Effner die Bauarbeiten an den Flügelbauten planmäßig vorangehen. Noch 1715 wurden umfangreiche Nebengebäude in Angriff genommen. Im Norden wie im Süden des Schlosses sollten je ein vierflügliger Gebäudestock mit großem quadratischem Innenhof entstehen, die allerdings beide nie fertiggestellt wurden. Im Norden entstanden in rascher Folge eine Orangerie, ein «Comödiensaal», ein «Pavillon de la machine des eaux» für die Wasserspiele und ein später von Augustinerchorfrauen bezogener Klosterbau. Im Süden wurde ab 1716 in streng symmetrischer Anlage ebenfalls gebaut. Dort entstanden Stallungen, Remisen und Neubauten für das Schloßgut.

Letzter Schritt beim Ausbau Nymphenburgs unter Max II. Emanuel war die Errichtung der Arkadengalerie zwischen dem Hauptschloß und der Orangerie im Norden beziehungsweise dem Marstall im Süden. Anstelle ursprünglich geplanter einfacher Arkadengalerien wurden von 1723 bis 1724 zweigeschossige Verbindungsflügel errichtet. Im ersten Geschoß erhielten sie im Süden ein «comedihaus» und im Norden einen Billardraum. Parallel zum Ausbau des Parks entstanden ebenfalls unter der Leitung Effners die Pagodenburg (1716–1719), die Badenburg (1719–1721) und 1725 die Magdalenenklause, vorgesehen als Eremitage für Max Emanuel.

Die Parkanlagen

Während Effner sich um die Gebäude kümmerte und weitgehend auch die Innenausstattung überwachte, wuchs der Park ebenso planmäßig. Das relativ kleine italienische Gärtchen von Henriette Adelaide war schon in der ersten Bauphase zwischen 1701 und 1704 energisch erweitert worden, wobei vor allem der Kanalbau von der Würm bei Pasing zum Schloß und von dort zur Georgenschwaige zu Buche schlug. Für 1703 ist belegt, daß «an holländischen Canal Clusen negst Nymphenburg» gearbeitet wurde.

Zumindest von der großen Kaskade im Westen bis zum Schloß war der Kanal und damit die Mittelachse des Gartens damals bereits gediehen. Die Kaskade entwarf Effner, die Kanalplanung lieferte Enrico Zuccalli. In den Jahren 1703 und 1704 weilte außerdem der französische Gartenarchitekt Charles Carbonet, ein Schüler des französischen Gartenbaumeisters André Le Nôtre, in Nymphenburg. Auch wenn darüber im einzelnen keine Unterlagen vor-

Das Schlafzimmer im Südflügel von Schloß Nymphenburg erhielt seine barocke Felderdecke um 1675. Knapp ein Jahrhundert später wurde die Wandbespannung mit grünem Damast eingebaut, der Bettbaldachin mit Silberstickerei auf grünem Samt entstand um 1730. Das Bild neben dem Bett zeigt Max II. Emanuels zweite Gemahlin, Therese Kunigunde.

handen sind, dürfte er doch Zuccallis Gartenpläne nicht unwesentlich nach den französischen Vorstellungen modifiziert haben.

Was vom Park bis 1704 angelegt werden konnte, blieb anschließend zehn Jahre sich selbst überlassen. Erst im Frühjahr 1714 wurde in den «ganz verwachsen gewesten» Garten wieder Ordnung gebracht und am Kanalsystem weitergebaut. Dabei stellte sich schnell heraus, daß Wasser alleine den Ansprüchen nicht genügen konnte, daß Wasser zu bewegen aber eine Kunst für sich war. Gefragt war deshalb ein «habiler fontainnieur, welcher underschitliche aufsez zu wohl hoch alß niederen neuen wasserwerchen anzugeben wuste, und hierinfalls von neuen inventionen erfahrenheit hette». Dieser Mann wurde im Garteningenieur Dominique Girard gefunden, der als «garçon fontainier á Versailles» gewirkt hatte und nun ab April 1715 gegen ein Gehalt von 1200 Gulden als kurfürstlicher «Prunnmeister» nach Nymphenburg kam.

Zusammen mit Effner erarbeitete er einen Gesamtplan für Kanal- und Gartenanlagen. Er sah vor, daß sich der zentrale Kanal auf der Westseite vor den Boskettzonen rechtwinklig teilen und in einem langgezogenen Rechteck um Schloß und östliche Hofseite herumfließen sollte bis zur Wiedervereinigung im östlichen See mit der Mittelfontäne. Das Schloß selbst lag damit wie auf einer künstlich geschaffenen, von Kanälen umzogenen, rechteckigen Insel.

Auf der Westseite des Schlosses teilte sich der Park in das detailliert gestaltete Gartenparterre innerhalb des Kanalgevierts und in das westlich anschließende, ausgedehnte Waldgebiet «Le Grand bois». Der durch den Hauptkanal geteilte, große Wald war seinerseits durch stern-förmig angeordnete, schnurgerade Alleen erschlossen. Die Querachse auf halber Höhe des Kanals erhielt an ihrem südlichen und nördlichen Ende jeweils ein kleines Gartenschlößchen mit eigenen kleinen Gartenparterres (Pagodenburg und Badenburg).

Das Gartenparterre beim Hauptschloß hatte auf seiner dem Schloß zugewandten Seite paar-weise angeordnete Broderiebeete, die gegen Westen hin in Rasenbeete ausliefen. Mittelpunkt des Parterres wurde im Schnitt der sich kreuzenden Wege das «Große Bassin» mit der 1722 fertiggestellten Flora-Fontäne. Sie stieg aus einem Blumenkorb, während die Göttin Flora in doppelter Lebensgröße auf einer Felseninsel im achteckigen Becken sitzend zuschaute. Die vergoldete Flora und zahlreiche weitere, vergoldete Bleifiguren waren ebenso das Werk von Guillielmus de Groff wie die 16 ebenfalls aus vergoldetem Blei geschaffenen großen Vasen als Ausschmückung der Wandelgänge.

An den Längsseiten des Parterres schlossen sich Boskette an, also geschickt gestaltete Busch- und Niederwaldgruppen, die durch kunstvoll geschnittene Hecken zusätzlich in «Salles» und «Cabinets» unterteilt waren. Auf der Nordseite gab es in diesem Bereich zudem noch eine größere Rasenfläche, die von einer Heckenwand mit zahlreichen Nischen umgeben war. Diese Nischen nahmen im Sommer die Kübel mit den Orangenbäumen auf, weshalb dieser freie Raum auch Sommerorangerie genannt wurde.

Auf der Nordseite gab es außerdem noch ein Boskett mit je einem Spielfeld für das Paß- und für das Kegelspiel. Bei dem angeblich von Max II. Emanuel erfundenen Paßspiel mußten Holz- oder Elfenbeinkugeln ähnlich wie beim Golfspiel um Hindernisse herum auf ein Ziel hin «passieren». Das Kegelspiel war nach französischem Vorbild unter einem nach allen Sei-ten offenen Kegeldach untergebracht. In der Mitte hing an einer langen Kette eine Kugel, mit der die Kegel zu Fall gebracht werden mußten.

Am Westende des südlichen Bosketts lag das ebenfalls nach französischem Vorbild gestal-tete Labyrinth mit seinen kunstvoll verschlungenen Wegen und «natürlich» belassenen Heckenpartien. Den südlichen Abschluß des Labyrinths bildeten ein Freilicht- und ein Was-sertheater. Spätestens am 6. August 1719 war dieses «offene theatro» in Betrieb, denn von die-sem Tag berichtete Graf Preysing, daß abends um 9 Uhr in der Beleuchtung von «viel hundert amperln» eine Komödie von Dancourt aufgeführt wurde.

Den auch optisch akzentuierten Abschluß des Parks nach Westen bildete eine als zweistufi-ger Wasserfall breit angelegte Kaskade. Sie war nach einem Entwurf von François Roettiers 1717 vom Hofsteinmetz Simon Pusfeger aus dreierlei Marmorsorten gebaut worden. Guillielmus de Groff bereicherte die Kaskade bis 1738 mit insgesamt 14 Puttengruppen aus vergol-detem Blei. Die leider nicht erhaltenen Gruppen stellten die zwölf Monate und die Erdteile dar. Anstelle der Putten schmücken heute Marmorfiguren aus dem 18. Jahrhundert die

Das barocke Deckenbild im Schlafzimmer schuf Antonio Tri-va um 1675. Dargestellt ist die Göttin Flora (oben).
König Ludwig I. ließ sich von 1825 bis 1850 von Joseph Karl Stieler 36 Porträts schöner Frau-en malen. Sie hängen heute im ehemaligen Speisesaal von Nym-phenburg. Beispiele dieser be-rühmten Schönheitsgalerie sind rechts Amalie von Schintling und links Helene Sedlmyr, die Tochter eines Schuhmachermeisters und berühmt als "Schöne Münchne-rin". Wegen einer weiteren Schönheit aus dieser Galerie, we-gen der berühmtberüchtigten Lola Montez, mußte Ludwig I. vorzei-tig auf den Thron verzichten (unten).

Folgende Doppelseite:
Der Blick vom Kaskadenbecken im Westen durch den Park auf das Schloß im Osten verrät, daß die Sommerresidenz Nymphen-burg von Anfang an auch als Lustgarten verstanden wurde. Der Ausbau des Parks zu einer der bedeutendsten Gartenanlagen in Deutschland erfolgte unter Kurfürst Max II. Emanuel, der für diese Aufgabe die französischen Gartenbauarchitekten Charles Carbonet und Dominique Girard verpflichtete.

Kaskade. Noch von Guillielmus de Groff stammt der Neptun, Herkules und Minerva, Aeolus und Flora sowie die beiden liegenden Flußgottheiten Donau und Isar sind dagegen ein Werk von Giuseppe Volpini.

Die Parkburgen von Max Emanuel

Nach dem Vorbild des Parks von Versailles hatte auch der Nymphenburger Park eine Querachse erhalten, und wie dort wurde zu ihrer Akzentuierung je ein Parkschlößchen errichtet. Wo es in Versailles die Menagerie und das Trianon de Porcelaine gab, entstanden in Nymphenburg zwischen 1716 und 1721 auf der Südseite der Mittelachse die Badenburg, auf der Nordseite die Pagodenburg, beide mit eigens auf sie hin konzipierten Gartenanlagen.

Begonnen wurde 1716 mit dem Bau der Pagodenburg, deren Grundriß Max Emanuel selbst festgelegt, deren architektonische Gestaltung jedoch Joseph Effner übernommen hatte. Zunächst sollte der Bau «Maison des Indes» heißen, erhielt seinen endgültigen Namen dann jedoch nach den in der Innendekoration zahlreich verwendeten chinesischen Götterfiguren, die damals Pagoden hießen.

Kern der Pagodenburg ist ein Achteck mit einem Durchmesser von acht Metern, das durch vier quadratische Anbauten zur Kreuzform erweitert wurde. Von außen ist der zweigeschossige Bau mit korinthischen Pilastern streng gegliedert, eine Strenge, die auch von den Rundbogen im Erd- und den Stichbogen im Obergeschoß nicht gemildert wird. Selbst die ursprünglich sparsame Stuckausstattung, die Guillielmus de Groff 1722 an der Fassade angebracht hatte, dürfte diese Strenge kaum aufgelockert haben. Erst die Erneuerung der Fassade unter François Cuvilliés d. Ä. milderte diese Strenge ab 1767 in geringem Maße.

Im Inneren entspricht die Aufteilung der beiden Geschosse ganz französischen Vorbildern. Im Erdgeschoß nimmt das Salettl den gesamten achteckigen Mittelraum ein, den die vier rechteckigen Nebenräume zusätzlich erweitern. Die beiden nördlichen und südlichen Vorräume sind dabei als Vestibül genutzt, der östliche enthält ein Kabinett, der westliche das Treppenhaus.

Die ganz in Weiß und Blau gehaltene ornamentale Deckenmalerei des Salettls ist den vier Erdteilen gewidmet und enthält auf Sockeln stehende Büsten mythologischer Figuren. Die Decken der Anbauten sind Bacchus und Venus gewidmet. Ausgeführt wurden die Malereien von 1717 bis 1719 durch den Hofmaler Johann Anton Gumpp. Die mit Band-, Ranken- und Gitterwerkstukkaturen verzierten Hohlkehlen dürften dagegen von Guillielmus de Groff stammen. Die Wandfelder zwischen den dominierenden Rundbogenfenstern sind ebenso wie das Treppenhaus mit holländischen Fayence-Kacheln verkleidet. Besonders der obere Teil der Treppe ist von ausgesuchter Schönheit, zeigt er doch gleich zwei Kachelgemälde mit französischen Gartenszenen.

Das Obergeschoß ist unter geschickter Ausnutzung des Grundrisses kleinräumiger gegliedert. Das Achteck ist hier in zwei längliche Sechsecke geteilt, die jeweils durch eine Nische nach Süden beziehungsweise Norden erweitert sind. Das südliche Sechseck wurde als Chinesischer Salon, das nördliche als Ruhezimmer konzipiert. Der Zwickel im Osten ergab das Chinesische Kabinett.

Der Chinesische Salon sollte ebenso wie das Chinesische Kabinett ostasiatische Kunst nach Nymphenburg holen. Die Holzvertäfelungen wurden deshalb in schwarzer und roter Lackmalerei ausgeführt, die Leisten dazwischen wurden als «Spalier von Papier, auf Indianische Art gemahlen» verstanden. Die Bemalung der Decken mit den Pagoden erfolgte durch Johann Anton Gumpp.

In starkem Kontrast zu beiden Chinesischen Räumen steht der Ruheraum auf der Nordseite. Er ist ein Gemeinschaftswerk von Joseph Effner, dem Hofkistler Johann Anton Pichler und dem Hofmaler Johann Anton Gumpp. Sie übernahmen darin die Formen des von der französischen Hofkunst entwickelten Régence, beschränkten sich bei der Vertäfelung ganz auf den Kontrast von Weiß und Gold und bespannten Wände und Möbel mit rotgrünem Genueser Samtbrokat. Insgesamt schufen sie so ein in sich äußerst stimmiges Gesamtkunstwerk.

Die Pagodenburg sollte unter anderem als Treffpunkt für das Mailspiel dienen. Das golfähnliche, aus Frankreich importierte Spiel wurde auf zwei langgestreckten, am Ende mit einem halbkreisförmigen Bogen miteinander verbundenen Bahnen gespielt. Diese Bahn befand sich auf der Rückseite der Pagodenburg, war von Alleen gesäumt und hatte in ihrem Bogen ein rundes Wasserbassin. Die Gartenanlage auf der Vorderseite der Pagodenburg hatte als Zentrum ein Wasserbassin in der Form des Grundrisses des Schlößchens. 13 Wassersprünge konnten bei Bedarf das Bild beleben.

Als südliches Gegenstück zur Pagodenburg entstand von 1718 bis 1721 die Badenburg, das kurfürstliche Badeschlößchen von Max II. Emanuel. Architekt war auch hier wieder Joseph Effner, der seinem Bauherrn mitten in den Park von Nymphenburg hinein ein modernes Gegenstück zu einem antiken Nymphäum setzte. Da Baden ohne entsprechende repräsentative Umgebung schlechterdings undenkbar war, geriet das Badehaus zu einem Badeschloß mit großem Bankettsaal, festlich dekorierten Ruheräumen und einem über zwei Geschosse reichenden, eigentlichen Baderaum.

Das anspruchsvolle Raumprogramm setzte Effner in einen raffinierten Grundriß um, indem er Bade- und Ruheräume in einen rechteckigen Haupttrakt unterbrachte, dem er auf der Nordseite einen rechteckigen Saalbau mit abgerundeten Ecken für den Festsaal anschloß. An der Nahtstelle zwischen den beiden Rechtecken konnten in den durch die Rundungen entstandenen Zwickeln je eine Wendeltreppe untergebracht werden.

Das größere Rechteck wurde in drei praktisch gleich große Teile aufgeteilt. Die beiden äußeren Teile wurden zweiachsig aufgebaut und springen auf der Südseite als Eckräume leicht vor, der Mittelraum dagegen wurde dreiachsig gestaltet und gegen die Eckräume etwas eingezogen. Der östliche Eckraum erhielt ein Kabinett, eine Garderobe und das kurfürstliche Schlafzimmer, der mittlere Raum diente als Vorzimmer und Aufenthaltsraum, der westliche Eckraum wurde über zwei Stockwerke gestaltet mit dem Wasserbecken im Keller. Das Obergeschoß des südlichen Traktes enthielt ein weiteres «fürstliches Appartement» und Räume für die Diener. Diese Etage wurde im letzten Krieg zerstört und im Innern nicht wieder hergestellt.

Auch von außen sind die von ihrer Funktion her schon so unterschiedlichen beiden Bauteile der Badenburg gut zu unterscheiden. Die Festlichkeit des zweigeschossigen, großen Bankettsaals kündigt sich von außen mit großzügigen Rundbogenfenstertüren und darüberliegenden querovalen Fenstern an. Der nüchternere Südtrakt dagegen zeigt klar seine Zweigeschossigkeit und beschränkt sich auf rechteckige Fenster. Einziger Schmuck der Südfassade sind schmale Risalite neben den Fenstern, die im dreiachsigen Mittelteil teilweise zweiachsig ausgebildet sind.

Die Innenausstattung des Festsaales ist weitgehend auf die Hauptfunktion des Bauwerkes und das übergreifende Thema «Wasser» abgestimmt. Die etwas schwerfällig geratene Stuckierung von Charles Claude Dubut bezieht sich mit ihren Fabeltieren, Wassergottheiten, Musikinstrumenten und Puttengruppen als Allegorien der Elemente ebenso auf den Gebäudezweck wie das Deckengemälde von Jacopo Amigoni mit der großzügigen Darstellung badender Nymphen. Die Auffahrt Apollos im Sonnenwagen symbolisiert dabei die Vertreibung nächtlichen Nebels und die Ankunft des Morgens. Das heute weitgehend erneuerte Deckenbild war übrigens die einzige Arbeit des sonst ausschließlich in Schleißheim beschäftigten Amigoni. Reichlich fremd wirken dagegen in dieser Umgebung die Marmorbüsten antiker Imperatoren, die ursprünglich wohl in das Antiquarium der Residenz gehört hatten.

Der prunkvoll ausgestattete, große Baderaum verdankt seine Wirkung hauptsächlich der zweigeschossigen Anlage, die die Aufteilung des Raumes in eine gekachelte untere und eine mit Stuckmarmor verkleidete obere Hälfte ermöglichte. Die umlaufende Galerie an der Nahtstelle beider Raumteile war vom kurfürstlichen Appartement aus unmittelbar zugänglich und bot Wasserscheuen zumindest das Vergnügen, weniger Wasserscheuen beim Baden zusehen zu können.

Die gesamten Wände zwischen Badebecken und Galerie sind mit holländischen Kacheln verkleidet, wobei jeweils unbemalte weiße mit bemalten blau-weißen abwechseln. Die Galerie auf Bodenhöhe des oberen Raumes wird von Büstenkonsolen mit freundlichen Mädchenköpfen getragen. Sie wurden von Charles Claude Dubut ebenso gestaltet wie die Stuckkonsole der Galerie selbst.

Der Gesellschaftsraum im Erdgeschoß der Pagodenburg wurde von 1717 bis 1719 vom Hofmaler Johann Anton Gumpp ausschließlich in Weiß und Blau ausgemalt. Die Wandfelder zwischen den dominierenden Rundbogenfenstern sind mit holländischen Fayence-Kacheln verkleidet.

Der Galerieraum wurde an den Wänden von Johann Georg Baader mit prächtigen Wandverkleidungen verziert. Dazu verwendete er schwarzen, rötlichen und achatfarbenen Stuckmarmor. Die heutigen Stukkaturen in der Hohlkehle entstanden im Zuge einer Renovierung 1736 durch Johann Baptist Zimmermann. Gegen den Baderaum hin ist die Galerie mit einem schmiedeeisernen Gitter des Hofschlossers Antoine Motté gesichert. Es enthält nicht nur mehrfach die Initialen Max Emanuels, sondern auch dessen Kurhut.

Noch einmal eine Anspielung auf «Baden» im weitesten Sinne bringt das Deckengemälde im großen Baderaum. Max Emanuel hatte es eigens bei Nicolas Bertin in Paris bestellt und auch die Themen für die mythologischen Szenen vorgegeben. So schleudert noch heute Herkules einen Felsen gegen die Wassernymphen, badet Diana, zeigt sich Leda mit dem Schwan und schwimmt Europa auf dem Stier über dem Hellespont.

Mit seiner Badenburg gelang es Kurfürst Max II. Emanuel zweifellos, seiner Verehrung der Antike und ihrem Wasserkult eine zeitgemäße Verwirklichung zu geben und gleichzeitig seine praktischen Erfahrungen aus türkischen Bädern in Budapest einzubringen. Bei aller Liebe zur Mythologie war er damit der erste bayerische Herrscher, der nicht nur von Nymphen und Badenixen träumte, sondern für sich selbst und seine engere Umgebung die praktische Möglichkeit für kalte und heiße Wannenbäder, für Schwitzbäder und für genüßliches Planschen im großen Becken schuf.

Als letztes Bauwerk begann Kurfürst Max Emanuel 1725 den Bau einer Eremitage. Als Standort wurde ein «verwildertes» Wäldchen auf der Rückseite des nördlichen großen Gartenparterres ausgewählt. Den Entwurf zu der der heiligen Magdalena geweihten Klause lieferte wieder Joseph Effner, der ein eingeschossiges Bauwerk mit rechteckigem Grundriß vorsah, es auf der Süd- und Nordseite durch halbrunde Konchen erweiterte und an beiden Ecken der Ostfassade mit kleinen Türmchen verzierte.

Ganz im Geist der Zeit wurde das Äußere als künstliche Ruine gestaltet. Das grobe Ziegelmauerwerk wurde nur teilweise verputzt, um mit den vorgetäuschten Schäden an die Vergänglichkeit alles Irdischen zu erinnern. Aus demselben Grund erhielt das Gebäude auch kein normales, sondern ein hinter Mauerresten verstecktes Flachdach, um den gewünschten Ruinencharakter zu verstärken. (Das heutige Dach wurde erst später eingebaut.)

1737 konnte denn auch Johann Jakob Michael Küchel feststellen: «Der abgelebte Churfürst hat eine Eremitage erbauen lassen, welche aussiehet als wöllte solche alle augenblick einfallen, ist aber wegen der kunst und schönheit also gerichtet; innen ist selbe mit einer Cappell zu ehren der Hln. Magdalenae und mit 4 wohn zimmern nebst einen Cabinet versehen, dessen ausziehrung von lauter Eichen und Nußbaumen holtz à la Capucine; unten in dießer Eremitage ist der Keller, Kuchen, Kuchenstuben und 3 Zimmer vor das Kuchengeschir, welches alles von glaß und Erden von allerley gattung; das gantze bäulein ist überhaupt arthlig.»

Das Innere der Magdalenenklause sollte der Erholung von höfischem Trubel, der Besinnung und dem Gebet dienen und ein einfaches Wohnen ermöglichen. Entsprechend ist das Innere in eine Kapelle mit Vorraum und vier anschließende Wohnräume aufgeteilt. Der Eingangs- und Kapellenvorraum ist ebenso wie die eigentliche Kapelle als gewölbte Grottenhalle gestaltet. Die Wände beider Räume sind mit Tuffsteinen und Stuck mit eingelegten Muscheln und gefärbten Kieselsteinen verkleidet. Die Kapellenkuppel wurde von Nikolaus Gottfried Stuber mit Szenen aus dem Leben Maria Magdalenas bemalt.

Die Westwand der Kapelle ziert ein Grottenbrunnen, den Giuseppe Volpini 1726 mit einer Stuckfigur «S. Maria Magdalene samt einen Crucufix, Todtenkopf und anderes» ausgestaltet hatte. Das aus Fels gehauene Brunnenbecken darunter enthielt «heilkräftiges» Wasser gegen Augenkrankheiten. Die Wände der Altarkonche im Süden sind ebenfalls ganz mit farbigen Steinen inkrustiert. Der mit Nuß- und Ahornintarsien gestaltete Holzaltar wurde vom Nymphenburger Hofkistler Johann Michael Höcker gefertigt. Leuchter und Kruzifix sind aus Zähnen des Narwals geschnitzt.

Die vier Wohnräume, bestehend aus Vorzimmer, Bibliothek, Speisesaal mit Schlafnische und Oratorium, sind der Bestimmung entsprechend karg ausgestattet und «à la Capucine» dekoriert. Einfach gebeizte Eichenholzvertäfelungen mit profilierten Füllungen bilden die Wandverkleidung. Hauptschmuck sind graphische Blätter mit Darstellungen der Passion Christi von Christoph Schwarz und die Eremitenfolge von Johann Sadeler.

Die Badenburg im Park von Schloß Nymphenburg entstand als Badeschlößchen für Kurfürst Max II. Emanuel nach Plänen von Joseph Effner in den Jahren 1718 bis 1721. Blick in den eigentlichen Baderaum.

Wohl kostbarstes Stück der gesamten Ausstattung ist ein ursprünglich aus Italien stammendes, teils geschnitztes, teils gemaltes und vergoldetes Tafelkreuz, das Kurfürst Max Emanuel als Beute aus den Türkenkriegen mit nach Hause brachte. Laut einer Aufstellung von 1758 ist es ein Kreuz, «welches in dem König Reich Ungarn gefunden, und von Ihro Churfürstlichen Durchlaucht in Bayern Maximiliano Emanuele glorwürdigsten Angedenkens anhero gebracht worden» ist.

Das Oratorium, der private Betraum des Kurfürsten, enthält als wesentlichen Schmuck Wachsbossierungen mit symbolischen Darstellungen der «Vier letzten Dinge»: Tod, Jüngstes Gericht, Hölle und Himmel.

Kurfürst Max Emanuel erlebte die Fertigstellung seiner Magdalenenklause nicht mehr. Ihre Vollendung war seinem Sohn, Kurfürst Carl Albrecht, vorbehalten, dessen Bruder Clemens August, seines Zeichens Erzbischof von Köln, dem Bau am 4. April 1724 den kirchlichen Segen gab.

Die Erweiterungsbauten von Carl Albrecht

Als Max II. Emanuels Sohn Carl Albrecht (1726–1745) seine Regierung antrat, setzte er das Bauprogramm seines Vaters nahtlos fort. In der Residenz in München entstanden unter der Leitung von François Cuvilliés die Reichen Zimmer und die Grüne Galerie, in Nymphenburg wurde zunächst die Magdalenenklause fertiggestellt. Der Park und damit die Westseite des Schlosses interessierte Carl VII. Albrecht allerdings weit weniger als seinen Vater. Sein Augenmerk galt der Ost- und damit der Stadtseite des Schlosses.

Jetzt wurde das große Rondell angelegt und die Planung für insgesamt zehn Pavillons als Randbebauung des Rondells begonnen. Joseph Effner lieferte wiederum die Pläne für diesen Cour d'honneur, den er geschickt als Park zu gestalten vermochte. Wie hervorragend dieser Teil Nymphenburgs auf die Zeitgenossen wirkte, verrät ein Bericht des St. Galler Stiftsbibliothekars Johann Nepomuk Hauntinger: «Der Anblick der Gebäude an diesem Orte ist außerordentlich prächtig; alle zusammengenommen gestalten ein ganz reguläres Amphitheater, welches ganz ausnehmend schön. In der Mitte dieses Amphitheaters herrscht der herrliche Palast weit über die anderen Gebäude hinaus, zu welchem man durch eine prachtvolle marmorne, mit Balustraden, Vasen und Löwen verzierte Stiege von zwei Seiten hinkommen kann. Um diesen Mittelpunkt ziehen sich auf beiden Seiten in Form eines Halbzirkels verschiedene Gebäude hin, welche man alle auf einmal zu Gesicht bekommt, und welche einander mit einer vollkommenen Symmetrie entsprechen.»

Von 1728 bis 1729 wurde der Nymphenburger Kanal gegen die Stadt hin verlängert. Er sollte die Achse der neu zu errichtenden Carlstadt werden. Von ihr wurden allerdings ganze 26 Häuser an den beiden Auffahrtsalleen entlang des neuen Kanals errichtet. Die Stadt selbst blieb ein schöner Traum.

Am Schloß konzentrierten sich die Bauarbeiten auf die Vollendung der Seitentrakte mit den Nebengebäuden. Im Norden konnten hier 1730 die Klosterfrauen von der Congregation de Nôtre-Dame einziehen, denen Joseph Effner bis 1739 ihre eigene, von Johann Baptist Zimmermann und Johann Baptist Straub gestaltete Kirche errichtete (nicht erhalten). Das Altarblatt für diese Kirche stiftete kein Geringerer als Clemens August, der Erzbischof von Köln, der es 1737 bei Giovanni Battista Tiepolo in Auftrag gab (heute in der Alten Pinakothek in München).

Kurfürst Carl Albrechts Hauptbauwerk jedoch sollte entgegen seinen eigentlichen Plänen doch wieder im Park von Nymphenburg entstehen. Dort ließ er ab 1734 für seine Gemahlin, Kurfürstin Maria Amalie, das Lust- und Jagdschlößchen Amalienburg errichten. Wie aus einer entsprechenden Eintragung in der «Lustgebäuderechnung» aus dem Jahre 1734 hervorgeht, wurde mit dem Bau François Cuvilliés beauftragt und auch gleich die Finanzierung geregelt: «Ihre Churfürstliche Durchlaucht haben mindlichen gnedigist anbefolchen, ein Neues Lusthaus, genant Amalienburg und einen Neuen Fasohngarten nebst einem Bruedthaus uf die von dero höchsten Persohn angegebene weis zuerpauen, zu deme endte hechst dieselbe hieryber die inspection dero Hofpaumaister Couvili ybertragen und aus dero geheimen

Cassa die gelter gegen hierumben ausgestelten hafftschein sonderbahr gnedigist ervolgen lassen.»

Bereits am 30. Oktober 1734 konnte der Rohbau fertiggestellt werden. Die Jagdplattform über der Kuppel diente bereits im folgenden Winter zu den bei Hofe so beliebten Fasanenjagden. So heißt es in einer zeitgenössischen Quelle für den 12. Februar 1735, man sei «abents auf amalienburg zum Fasanenschüessen gezogen». Der aufwendige Innenausbau zog sich dann allerdings bis 1739 hin.

Daß fünf Jahre an der Innenausstattung des doch relativ kleinen Schlößchens gearbeitet wurde, wird schnell verständlich, bedenkt man, wer hier alles unter der Oberleitung von François Cuvilliés gearbeitet hat. Als Stukkateur wirkte Johann Baptist Zimmermann, als Schnitzer Hofbildhauer Joachim Dietrich. Die Tapezierarbeiten erledigte der Bildhauer Jakob Gerstens, das Versilbern und Vergolden der Stukkaturen und des Schnitzwerks besorgte der Hofvergolder Lauro Bigarello. Die zarte, dekorative Bemalung schuf Pasqualin Moretti, die Ölgemälde stammen von George Desmarées und Peter Jakob Horemans. Die Marmorarbeiten lieferte Georg Dietsch, die kostbaren Spiegel schuf der «privilegierde Spigell-, auch glass- und Zierathschneyder» Georg Ludwig Fremel.

Sie alle zusammen schmückten ein Schlößchen mit gerade acht Räumen, die François Cuvilliés um einen kreisrunden, als Spiegelsaal gestalteten Kern angeordnet hatte. Auf der Süd- und Nordseite schloß Cuvilliés jeweils eine kleine Wohneinheit aus je einem größeren Raum im Anschluß an den Spiegelsaal und je einen kleineren Raum an den Ecken an. Nach Westen kamen als kleine Stummelflügel eine Hundekammer, die Retirade und die Küche dazu. Nach außen wurde so erreicht, daß der höhere mittlere Kuppelraum auf der Ostseite konvex vorspringt, während auf der Westseite durch die vorspringenden Flügel ein kleiner, eingeschwungener Ehrenhof angedeutet werden konnte. Die Attika zierten einst 16 von Johann Baptist Zimmermann entworfene Vasen. Derselbe Künstler schuf die Jagdgöttin Diana über dem Hauptportal.

Wo heute die Amalienburg eher unscheinbar im weiträumigen Landschaftsgarten liegt, gab es ursprünglich eine eigene, auf das Schlößchen bezogene Parkanlage. Gleich acht Wege führten sternförmig auf den frei stehenden Bau zu. Von Osten war dieser Zugang als großzügige Fontänenallee mit je acht Springbrunnen auf jeder Seite angelegt.

In der Amalienburg sind selbst die Nebenräume aufs kostbarste ausgestattet. Die Hunde erhielten in der Nordwestecke ein eigenes, vertäfeltes Zimmer mit eingebauten Kojen. Wände und Decken wurden nach Entwürfen von François Cuvilliés blau auf weißem Grund dekorativ mit Jagdszenen und Jagdtrophäen bemalt. Sogar die schmale Retirade mit der Kommode als Leibstuhl ist in der gleichen «indianischen Manier» bemalt. Kleinformatige Landschaftsbilder, Blumenstilleben und Tierstücke sollten den Aufenthalt selbst in diesem Räumchen so angenehm wie möglich machen.

Auch die Küche in der Nordwestecke des Schlößchens wurde in hervorragender Weise künstlerisch gestaltet. Der Vorliebe der Zeit entsprechend wurden sämtliche Wände mit kostbaren Fliesen verkleidet. Die Kaminwand etwa enthält in der Mitte drei Vasenbilder und seitlich Bilder mit chinesischen Szenen. Die Gliederung der Wand wurde mit manganfarbenen Kacheln erreicht, mit denen umrankte Säulen ausgebildet wurden. Sie stammen aus der Rotterdamer Manufaktur «De Bloempot». Die großartigen polychromen Vasenbilder dürfte die Delfter Manufaktur «De Roos» geliefert haben, während die chinesischen Motive aus der Delfter Manufaktur «De Grieksche A» stammen. Passend zu den Fliesen mit den chinesischen Motiven wurde die Decke mit weiß-blau gehaltenen Chinoiserien bemalt.

Die eigentlichen kurfürstlichen Appartements spiegeln in ihrer Ausstattung genau ihrer Rangfolge entsprechend ihre Funktion wider. Den niedersten Rang weisen die beiden Eckzimmer, das Blaue Kabinett (im Südosten) und das Fasanenzimmer (im Nordosten) aus. Als Vorstufen zum großen Spiegelsaal sind auch von der Dekoration her die beiden Vorzimmer, das Ruhezimmer im Süden und das Jagdzimmer im Norden aufwendiger gestaltet. Der absolute Höhepunkt von Cuvilliés raumgestalterischen Fähigkeiten wird schließlich im Spiegelsaal selbst erreicht.

Das Blaue Kabinett erhielt seinen Namen von dem blauen Seidendamast der Bespannungen und der blauen Grundierung der Vertäfelung. Hauptverzierung des Raumes sind die ver-

Die Amalienburg ließ Kurfürst Carl Albrecht für seine Gemahlin Maria Amalie als Jagdschlößchen bis 1739 von Francois Cuvilliés erbauen. Die graziöse Gruppe der Jagdgöttin Diana über dem Portal schuf Johann Baptist Zimmermann. die Jagdplattform über der Kuppel wurde zu den bei Hofe so beliebten Fasanenjagden benutzt.

silberten Stukkaturen der Decke sowie die Schnitzereien an Sockel, Türfeldern und Fensterläden. Das entsprechende Kabinett im Norden, das Fasanenzimmer, enthält ähnliche Schnitzereien und Stuckdekorationen, während die Wände ganz dekorativ mit Jagdtrophäen und Fasanen bemalt sind. Die in warmen Braun- und Rottönen gehaltene Bemalung erfolgte auf relativ grobes Leinen, mit dem dann die Wände bespannt wurden. Nach dieser Bemalung hieß das Zimmer ursprünglich «Indianisches Cabinett».

Das Ruhezimmer auf der Südseite des Spiegelsaales weist überreich mit Schnitzereien dekorierte Wände auf, die in eine mit üppigen Stukkaturen gestaltete Hohlkehle übergehen. Schnitzereien wie Stukkaturen sind versilbert, an den Wänden stehen sie auf zitronenfarbenem Grund («fond Citron»), in der Hohlkehle und an der Decke auf zartblauem Grund. Die Westwand mit der Ruhenische in der Mitte ist als Schauseite besonders reich gestaltet und mit Bildnissen des Kurfürsten Carl Albrecht und seiner Gemahlin Maria Amalie, beide von George Desmarées im Jagdkostüm und mit Hund dargestellt, akzentuiert.

Das Gesamtprogramm für die Schnitzereien und den Stuck ist im Ruhezimmer ganz auf die Jagd abgestimmt. Über der Bettnische verkörpern zwei weibliche Figuren die Jagd und die Poesie, ein Satyr in der Mitte sorgt mit dem Finger am Mund für Ruhe. Über den Supraporten und dem Wandpfeiler sind Putten beim Fisch- und Vogelfang sowie bei der Hirschjagd. Seitlich der Türen finden sich die die vier Elemente darstellenden Amoretten. Am reichsten verziert ist die Rückwand der Ruhenische, hier besucht der Adler Jupiter eine schlafende Nymphe. Eine weitere Anspielung auf die Liebe findet sich im Relief an der Treppenhaustür, wo Vulkan die Pfeile Amors schmiedet.

Das Gegenstück zum Ruhezimmer ist das Jagdzimmer auf der Nordseite des Spiegelsaals. Es ist als kleiner Gemäldesalon angelegt und ähnlich gestaltet wie die ebenfalls von François Cuvilliés geschaffene Grüne Galerie in der Münchener Residenz.

Die in zwei Reihen übereinander angeordneten Gemälde wurden von vornherein in die versilberte, auf strohfarbenen («couleur de Paille») Grund gesetzte Wanddekoration einbezogen. Während die Gemälde der unteren Reihe nach rein dekorativen Gesichtspunkten aus Werken verschiedener Maler zusammengestellt wurden, wurde die obere Reihe von Peter Jakob Horemans direkt für das Jagdzimmer gemalt. Auf sechs Gemälden sind Szenen mit höfischen Jagden und Festen dargestellt, in denen jeweils Kurfürst Carl Albrecht und seine Gemahlin im Mittelpunkt stehen. Die Gemälde sind so detailgenau gehalten, daß sich nicht weniger als gut 200 Einzelporträts aus der höfischen Gesellschaft nachweisen lassen.

Höhepunkt der Raumfolge in der Amalienburg ist der kreisrunde, mit einer Flachkuppel überwölbte Spiegelsaal. Wie seine Vorräume ist auch er mit versilberten Schnitzereien und Stukkaturen, diesmal auf gebrochenem Weiß und zartem Blau, dekoriert. Diese einzigartige Rocaille-Dekoration ersetzt gleichermaßen die klassischen Raumgestaltungselemente wie Säulen oder Pilaster und trägt zur optischen Auflösung der Wand bei. Die eigentliche Auflösung übernehmen dann die Fenster und fenstergroßen Spiegel, die mit ihrem Spiel von echtem und reflektiertem Licht die Raumgrenzen aufzuheben und den Park unter den künstlichen Himmel des Gewölbes hereinzuholen scheinen.

Das Bildprogramm der Verzierungen bezieht sich wieder auf die Jagd, die Liebe und die Lebenslust. Basierend auf einem üppigen Kranzgesims freuen sich Diana als Göttin der Jagd, Venus als Göttin der Liebe, Bacchus als Gott der Feste und Ceres als Göttin der Früchte ihres Daseins. Zusätzliche Attribute binden die vier allegorischen Figuren noch enger in das höfische Leben ein. Venus wird so auch zum Frühling und beherrscht die Instrumente der höfischen Kammermusik, Ceres wird zum Sommer und spielt die Instrumente bäuerlicher Tanzmusik, Bacchus symbolisiert den Herbst und trumpft mit den Instrumenten der Militärmusik auf, und Diana schließlich wird zum Winter und bekommt die Instrumente der höfisch-bukolischen Musik zugeordnet.

Insgesamt gelang François Cuvilliés mit der Amalienburg eines der kostbarsten Raumkunstwerke des europäischen Rokokos. Seine Leistung, jeden einzelnen Raum als in sich geschlossenes, eigenständiges Kunstwerk zu gestalten und ihn dennoch als das genau passende Mosaiksteinchen an der einzig richtigen Stelle in das Gesamtkonzept einzupassen, kann nicht genug gewürdigt werden. Im Bereich der bayerischen Kurfürsten- und Königsschlösser jedenfalls sollte das von Cuvilliés mit der Amalienburg Erreichte nicht mehr übertroffen werden.

Die Magdalenenklause ließ sich Max II. Emanuel ab 1725 von Joseph Effner als Eremitage in den Nymphenburger Park bauen. Ihre bewußt ruinöse Architektur sollte "das Ansehen von Dürftigkeit ankündigen". In die Klause wollte sich der Kurfürst am Ende seines Lebens zurückziehen, doch kam es nie dazu.

Die ersten zehn Jahre seiner Regierungszeit hatte Kurfürst Max III. Joseph (1745–1777) alle Hände voll damit zu tun, die Folgen des Österreichischen Erbfolgekriegs in den Griff zu bekommen. Weder für aufwendige Bau- noch für Renovierungsarbeiten war Geld vorhanden. Erst 1755 konnte der Kurfürst darangehen, den nicht mehr dem Zeitgeschmack entsprechenden Steinernen Saal des Nymphenburger Hauptschlosses erneuern und ihm seine heutige Gestalt geben zu lassen. Den Auftrag dazu übernahm der damals immerhin schon 75jährige Johann Baptist Zimmermann, der auch selbst alle Entwürfe lieferte.

Zur Vorbereitung der Arbeiten wurden im Sommer die alten Stuckverzierungen abgeschlagen und die Flächen für die Neubemalung und Stuckierung vorbereitet. Um nichts dem Zufall zu überlassen, wurde von den Hofkistlern eigens ein Modell des Großen Saals gefertigt, und Zimmermann selbst lieferte eine Ölskizze für das Deckengemälde (heute in der Städtischen Kunstsammlung Augsburg). Nach zähem Verhandeln, bei dem sich François Cuvilliés offensichtlich gut auf das Drücken der Kosten verstand, wurden Zimmermann 2800 Gulden für die Gewölbezone des Saals, 2400 Gulden für die Stuckierung und Bemalung der Saalwände sowie 1850 Gulden für die Ausstattung des Gartensaals und der Musikempore bewilligt. Die Vergoldung des Hauptgesimses und der Stuckdekorationen durch Lauro Bigarello schlug noch einmal mit 5000 Gulden zu Buche.

Dem greisen, mit allen Tricks der Raumgestaltung aber wohl vertrauten Meister Zimmermann gelang es, die eigentlich viel zu groß geratenen Dimensionen des Steinernen Saales dadurch in den Griff zu bekommen, daß er die Raumarchitektur geschickt durch die ausschließliche Verwendung von Weiß und Gold betonte und den für die Bemalung vorgesehenen Wandfeldern ein zartes Grün als Grundton gab. Gleichzeitig konnte er damit das vorgegebene Bildprogramm mit «Parklandschaft», «Ländliches Leben» und «Göttin Flora und ihre Nymphen» nahtlos und wie selbstverständlich aneinanderreihen.

Das riesige Deckenfresko ist geradezu als Geflecht von Allegorien angelegt. Gegen die Parkseite hin thront die Göttin Flora inmitten eines wundervollen Gartens und umgeben von zahlreichen Nymphen als Anspielung auf die Taufpatin und Namengeberin des Schlosses. Gegen die Stadtseite unterweisen Apoll und Minerva die Musen als Anspielung auf das Mäzenatentum von Kurfürst Max III. Joseph. In der Mitte als Krönung des Ganzen versinnbildlicht eine Versammlung der olympischen Götter die kurfürstliche Familie. Um den Sonnenwagen Apolls gruppieren sich die Venus und die Jagdgöttin Diana jeweils mit ihren Anhängern. An den Seitenwänden kommen zusätzlich noch auf der Südseite Kephalos und Prokris sowie auf der Nordseite Mars und Venus zu Ehren. Vervollständigt wird das Bildprogramm schließlich noch durch Stuckfiguren mit Darstellungen der zwölf Monate und der vier Elemente.

An der Decke des Gartensaales kommt noch einmal die Göttin Flora zu Ehren mit der Darstellung ihrer Entführung durch Zephir. Einem ganz anderen Thema ist dagegen die Decke der Musikempore gewidmet. Sie zeigt ein Thema, dem sehr viel später Ludwig II. im Park seines Schlosses Herrenchiemsee einen wunderschönen Brunnen widmen sollte: der Verwandlung der Bauern in Frösche durch Latona nach den Metamorphosen Ovids.

Neben dem Steinernen Saal ließ Kurfürst Max III. Joseph während seiner Regierungszeit zahlreiche weitere Räume in Nymphenburg umbauen, restaurieren oder neu gestalten. Nach dem Tod von Johann Baptist Zimmermann übernahmen dessen Doppelrolle als Stukkateur und Maler Franz Xaver Feichtmayr für den Stuck und Johann Georg Hörringer für die Malerei. Nach Entwürfen von François Cuvilliés brachten sie 1763 und 1764 die beiden Eckräume des Hauptschlosses in ihre heutige Form.

Das nördliche Kabinett erhielt dabei in den Ecken Rocaille-Kartuschen mit Putten als Allegorien auf die vier Jahreszeiten, das Gemälde zeigt Kurfürst Max III. Joseph an der Drechselbank mit dem Grafen von Salern. Im südlichen Eckkabinett enthalten die Ecken Rocaille-Kartuschen mit Putten als Allegorien auf die vier Elemente. Die Wände mit ihren großen Koromandellackplatten (Lackschnitt auf Tongrund) in der weißen Wandvertäfelung machen den Raum zum chinesischen Lackkabinett.

Nicht vernachlässigt wurden auch die Badenburg, die Pagodenburg und die Amalienburg.

Alle drei wurden «sowohl in- als auswendig mit allem Zubehör vollständig repariert und wiederum in dauerhaften Stand hergestellt». Pagodenburg und Amalienburg erhielten bei dieser Gelegenheit sogar neue Dächer. Umfangreiche Veränderungen im Park verrieten zwar nicht, aber kündigten doch immerhin an, daß das Ende der französischen Parkkultur unaufhaltsam herannahte. Bereits unter dem nächsten bayerischen Regenten sollte dieses Ende und die Umwandlung des Gartens in einen englischen Landschaftspark recht schnell Wirklichkeit werden.

Unter Kurfürst Karl Theodor (1777–1799) geschah im Schloß Nymphenburg nicht allzu viel. Außer einer Galerieverbreiterung und der Instandsetzung der Fassaden am Hauptgebäude beschränkte sich Karl Theodors Bautätigkeit auf die Errichtung einer Goldfasanerie, aus der 1781 eine Menagerie wurde, und die Einrichtung des Hirschgartens, einem Wildgehege, das die Münchner heute vor allem als Biergarten schätzen.

Als der kurpfälzische Hofgärtner Friedrich Ludwig von Sckell vom Kurfürsten nach München berufen wurde, um dort bei der Einrichtung des Englischen Gartens die Maßstäbe zu setzen, war damit die Zeit der französischen Parks auch für Nymphenburg endgültig vorbei. Nach und nach entstand ein englischer Landschaftspark, der dafür allerdings 1792 auch der Allgemeinheit zugänglich wurde.

Als Kurfürst Max IV. Joseph (1799 bis 1825, ab 1806 König Max I.) Regent wurde, rückte der Park von Nymphenburg in den Vordergrund des Interesses. 1801 wurde unter der Federführung von Friedrich Ludwig von Sckell ein Gesamtplan für die Umarbeitung der Parkanlagen erarbeitet und in den Folgejahren nach und nach verwirklicht. Begonnen wurde auf der Südhälfte, wobei der 1805 neu angelegte See bei der Badenburg ein neuer Schwerpunkt wurde. Sein Gegenstück erhielt er 1810 auf der Nordseite bei der Pagodenburg.

Die alten Wasserspiele und Brunnenanlagen wurden durch «natürliche» Quellen und Bäche ersetzt, und anstelle des Aufwandes für kostspielige Broderiebeete entstanden für den königlichen Liebhaber tropischer Pflanzen zwischen 1807 und 1820 drei Pflanzenhäuser nach englischem Vorbild. 1824, ein Jahr vor dem Tod des ersten bayerischen Königs, war der Nymphenburger Park weitgehend in der heutigen Form fertiggestellt.

Im Schloß selbst, dem Lieblingswohnsitz von König Max I., wurden von 1806 bis 1810 unter der Leitung von Karl Ludwig Puille umfangreiche Veränderungen vorgenommen. Im Erdgeschoß des ersten südlichen Pavillons wurden für den König «neue Zimmer» eingerichtet, darüber erhielt die Königin «neue Appartements». Parallel dazu wurde auch der erste nördliche Pavillon neu gestaltet.

In beiden Pavillons ging durch diese Baumaßnahme die kostbare Ausstattung des 18. Jahrhunderts verloren, stattdessen wurden die alten Mauern nun dem aufziehenden Klassizismus entsprechend zwar in einfacher Konzeption gestaltet, aber dennoch mit erlesenem Mobiliar neu ausgestattet. Die aus dieser Zeit heute noch erhaltenen Räume (Appartement der Königin) sind in ihrer Geschlossenheit denn auch ein gutes Beispiel für den damals immer noch andauernden Einfluß Frankreichs auf die Wohnkultur am bayerischen Hof.

Die letzte größere Baumaßnahme in Nymphenburg leitete Leo von Klenze, der das Äußere des Hauptschlosses 1826 im Auftrag von Ludwig I. nach den Vorstellungen des Klassizismus vereinfachte. Dabei verschwanden am Hauptgebäude neben einem wuchtigen, auf Konsolen sitzenden Kranzgesims auch die Giebel mit dem kurfürstlich-bayerischen Wappen. Danach wurde in Nymphenburg nichts Wesentliches mehr verändert.

Nymphenburg

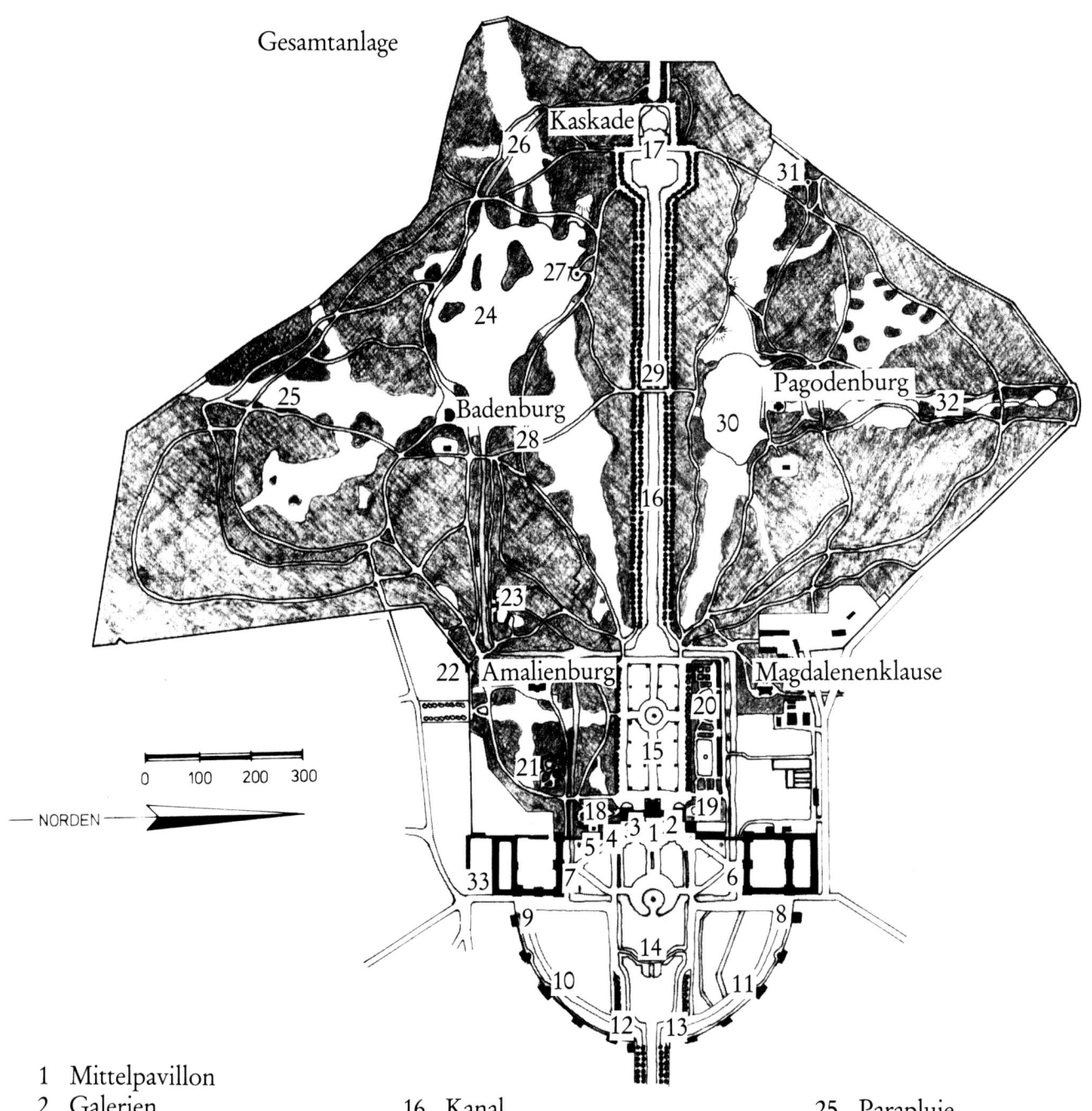

Gesamtanlage

1 Mittelpavillon	16 Kanal	25 Parapluie
2 Galerien	17 Große Kaskade	26 Wasserlauf
3 Innere Pavillons	18 Südlicher Kabinettsgarten	27 Monopteros
4 Äußere Pavillons	19 Nördlicher Kabinettsgarten	28 Gruppe des Pan
5 Verbindungsflügel	20 Gewächshäuser	29 Brücke
6 Orangeriebau	21 Gartenpavillon	30 Pagodenburger See
7 Marstallmuseum	22 Ehemalige Menagerie	31 Parapluie
8–13 Pavillons am Rondell	23 Sogenanntes «Dörfchen»	32 Pagodenburger Tal
14 Kanalkopf	24 Badenburger See	33 Schloßgaststätte
15 Großes Parterre		

Nymphenburg

Grundriß des Hauptschlosses, Ausschnitt

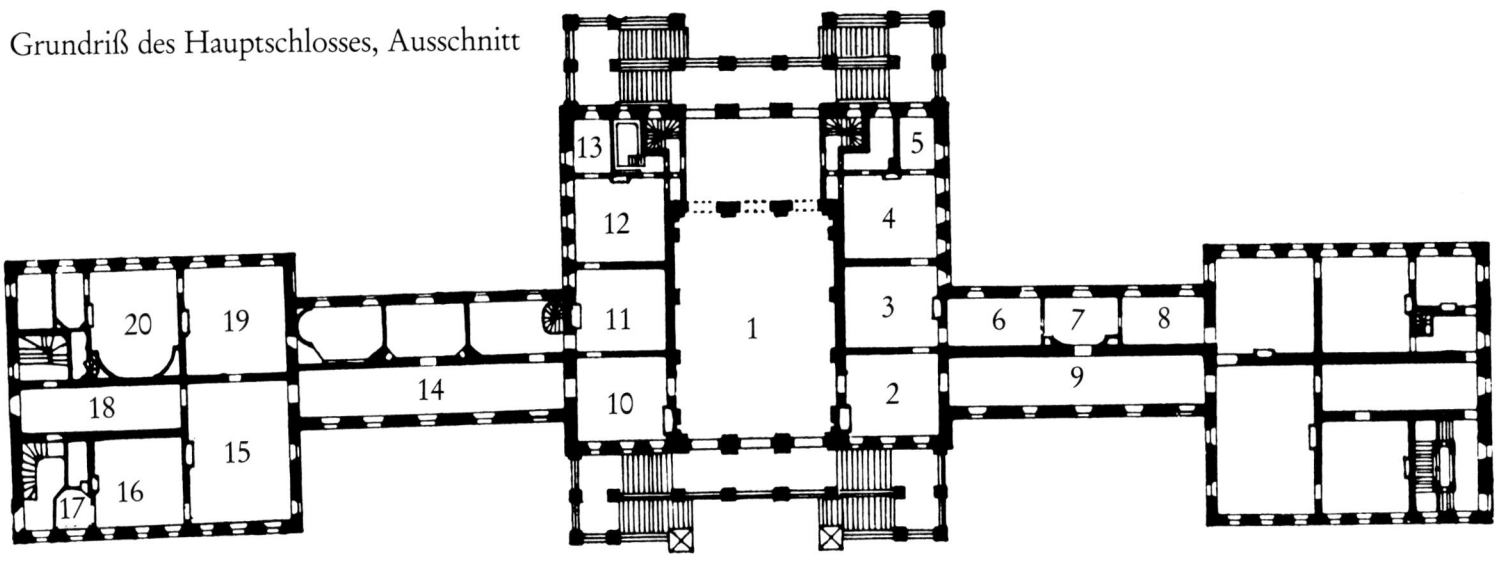

1 Steinerner Saal
2 Erstes Vorzimmer
3 Zweites Vorzimmer
4 Schlafzimmer
5 Nördliches Kabinett
6 Schönheitsgalerie Max Emanuels
7 Wappenzimmer
8 Karl-Theodor-Zimmer
9 Nördliche Galerie
10 Erstes Vorzimmer

11 Zweites Vorzimmer
12 Schlafzimmer
13 Chinesisches Lackkabinett
14 Südliche Galerie
15 Schönheitsgalerie Ludwig I.
16 Maserzimmer
17 Kabinctt
18 Kleine Galerie
19 Blauer Salon
20 Schlafzimmer

Folgende Doppelseite:
Als König Ludwig XIV. von Frankreich Kurfürst Max II. Emanuel nach dem Abfall Bayerns von Österreich die Kaiserwürde versprach, konnte es bei Max II. Emanuel beim Vergleich der "Statussymbole" nur noch die Wiener Kaiserresidenz Schönbrunn und den Pariser Louvre als Maßstab geben. Um ihnen Gleichwertiges entgegenzusetzen und für Königs- oder Kaiserwürden gewappnet zu sein, entstand das Neue Schloß in Schleißheim. Seine Architekten waren in der ersten Bauphase Enrico Zuccalli und in der zweiten, nach der Rückkehr Max Emanuels aus dem Exil, Joseph Effner. Vom letzterem stammt im wesentlichen die heutige Form der parkseitigen Fassade.

Die Traumresidenz Schleißheim

Das Alte Schloß

Die Moorlandschaft nördlich von München war bis weit ins vorige Jahrhundert hinein eine recht einsame Gegend. Hier hatten Orden und Bistümer ihre Schwaighöfe, nicht selten verbunden mit Kapellen und Eremitenklausen. Die Schwaige Schleißheim etwa gehörte zusammen mit einer Margaretenkapelle dem Freisinger Domkapitel.

Als Herzog Wilhelm V. (1579–1597) gegen Ende seiner Regierungszeit sich zur Weltentsagung berufen fühlte, kaufte er 1595 um Schleißheim herum gleich mehrere solcher Gutshöfe. Der Erwerb von Schleißheim selbst gelang ihm jedoch erst zwei Jahre später nach zähen Verhandlungen und gegen einen hohen Kaufpreis. Kaum war der Kauf besiegelt, begann in Schleißheim eine für einen zukünftigen Eremiten eigentlich recht rege Bautätigkeit. Insgesamt neun Kapellen wurden zur Erinnerung an die neun römischen Stationskirchen neu hergerichtet, ein Herrenhaus mit immerhin 44 Räumen entstand und einige Wasserspiele sorgten dafür, daß das Eremitendasein nicht zu langweilig wurde.

Inzwischen allerdings hatte der fromme Herzog zugunsten seines Sohnes Maximilian I. auf die Regentschaft verzichtet und verbrachte seine Zeit abwechselnd in der wilhelminischen Neuveste (der späteren Maxburg) und in Schleißheim, wo in seinem Wilhelmsbau «mehrertheils alles nur mit schwartzen tapetzereyen und auch mit nichts als mit geistlichen Tefeln herum geziert» war. Als Kanoniker gekleidet machte sich der fromme Herzog von hier aus auf die Andachtsgänge zu seinen Waldkapellen.

Bei aller Frömmigkeit versäumte es Herzog Wilhelm V. dennoch nicht, auch die Ökonomie in Schleißheim kräftig auszubauen. So wurde dort unter anderem ein Gestüt hinzugefügt, das den herzoglichen Marstall in München zu versorgen hatte. Bier und Käse aus Schleißheim hatten etwa denselben Stellenwert wie heute die gleichen Produkte vom «heiligen» Berg Andechs westlich von München. Wie hoch der wirtschaftliche Wert der Landwirtschaft in Schleißheim gewesen sein muß, läßt sich daran ablesen, daß 1616 Herzog Maximilian I. seinem Vater die Schleißheimer Landwirtschaft gegen eine Leibrente abhandelte. Immerhin bestand die Schwaige damals bereits aus zwei großzügig angelegten Wirtschaftshöfen, von denen der eine von der Moosach, der andere von der Würm durchflossen war.

Der Handel kam für Herzog Maximilian I. gerade zur rechten Zeit, gab er ihm doch die Möglichkeit, der wachsenden Bedeutung Bayerns (1623 erhielt Maximilian I. die Kurfürstenwürde) mit der Errichtung einer zweiten Residenz gerecht zu werden. Sie geriet allerdings keinesfalls so luxuriös wie die zeitgenössische Angabe eines Bestandes von 202 Räumen vermuten lassen könnte. Errichtet wurde vielmehr ein langgestrecktes, eingeschossiges Gebäude mit übergiebeltem Festsaal in der Mittelachse. Mit dem Bau begonnen wurde 1618 unter der Leitung von Heinrich Schön, der zu diesem Zeitpunkt bereits zehn Jahre lang für Maximilian I. den Ausbau der Münchener Residenz geleitet hatte. Wie dort übernahm auch in Schleißheim Peter Candid die Innenausstattung mit Stuck und Fresken. Fertig wurde er damit allerdings erst 1626.

Äußeres Charakteristikum des Schloßbaues von Maximilian I., dem heutigen Alten Schloß, ist der Zwerchbau in der Mitte des langgestreckten Baukörpers. Unter seinem Dach war einst der Festsaal untergebracht. Er hatte beiderseits Zugänge über zweiläufige, überdachte Freitreppen. Der Pfeilerportikus ist wie der Zwerchbau mit einem Dreiecksgiebel geschlossen.

Die Paradetreppe im Schleißheimer Neuen Schloß wurde von Joseph Effner entworfen. Ausgeführt wurden die kannelierten Pilaster mit Kompositkapitellen, die Trophäen über Türkenköpfen in den Arkadenscheiteln und die Famafiguren mit den kurbayerischen Wappen von Johann Baptist Zimmermann bis 1722. Die Treppenläufe aus Brixener Marmor wurden im 19. Jahrhundert gefertigt.

Die Mittelportale waren einst mit den Wappen Bayerns und Lothringens verziert. Die Fassadengestaltung mit flacher Putzrustika, der Aufteilung in Sockel- und Hauptgeschoß und der Trennung der Fensterachsen durch Pilaster und durch dorisches Gebälk folgte italienischen Vorbildern.

Auch das Innere, vor allem der große Festsaal mit seinem Tonnengewölbe, war mit Rustikaputz und Rahmenfeldern gegliedert. Die Fresken in den Feldern enthielten außer Wappen, Grotesken und bukolischen Szenen vor allem auch Allegorien auf die Tugenden und auf die Lebensfreude. Die Längswände des großen Saales enthielten auf beiden Seiten je einen mit Stuckmarmor verzierten und von zwei Türen flankierten Kamin. Sie vermittelten als Enfilade den Zugang von den sechs Vorräumen auf jeder Seite. Daß bei dieser Anordnung die Stein- und Trierzimmer der Residenz als Vorbild gedient hatten, ist nicht zu verkennen.

An den Südflügel des Schlosses reihte sich die schon im 19. Jahrhundert profanierte Wilhelmskapelle. Ihr dreijochiger Innenraum enthielt ein Tonnengewölbe mit eingeschnittenen Stichkappen für die oberen Rundfenster. Pilaster im Rustikaputz sorgten für die notwendige Gliederung. Der Stuck des Wessobrunners Isaak Pader folgte ganz dem Beispiel der Steinzimmer in der Residenz. 1944 wurde die Kapelle ebenso wie das gesamte Alte Schloß ein Opfer der Bomben. Vom Alten Schloß konnte bisher nur das Äußere wiederhergestellt werden, die Kapelle ist bis heute Ruine.

Bei aller Baufreude von Kurfürst Maximilian I. blieb Schleißheim dennoch, was es ursprünglich war: ein mustergültiges Hofgut mit einem Herrenhaus für mehr oder weniger kurze Besuche. Dies änderte sich auch unter Maximilians Sohn, Kurfürst Ferdinand Maria (1651–1679) kaum, auch wenn nun die Betonung mehr auf die Nutzung als Landsitz fiel. Die lebenslustige Gemahlin von Ferdinand Maria, Kurfürstin Adelaide von Savoyen, liebte fröhliche Jagden, die Musik und das Komödienspiel, alles Vorlieben, für die Schleißheim einen idealen Rahmen bieten konnte. Ferdinand Maria ließ deshalb eigene Wohnungen für seine Gemahlin und für sich selbst in eigens gebauten, polygonalen Erkern errichten und luxuriös mit Gold- und Silberprägung verziertem grünem Leder ausstatten. Das Schloß selbst aber blieb in seiner Substanz unangetastet. Der gigantische Ausbau von Schloß, Park und Kanalanlagen sollte erst unter seinem Sohn, Kurfürst Maximilian II. Emanuel (1679–1726) beginnen.

Das Schlößchen Lustheim

Als Kurfürst Max II. Emanuel von Bayern im Juni 1685 die Kaisertochter Maria Antonia von Österreich heiratete, sollte sie ein ähnliches Lustschlößchen bekommen, wie es zuvor schon seine Mutter anläßlich seiner eigenen Geburt mit Nymphenburg erhalten hatte. Als Bauplatz bot sich das riesige Gelände zwischen dem Alten Schloß in Schleißheim und der Renatuskapelle seines Urgroßvaters an.

Das neue «Gartenhaus» entstand zwar in der Linie eines Point de vue des Alten Schlosses, sollte aber eine gänzlich andere Rolle spielen. Nach den wohl 1684 fertiggestellten Plänen des Graubündner Baumeisters Enrico Zuccalli sollte Lustheim ein eigenes Schloßzentrum mit halbrunden, freistehenden Seitenflügeln, eigenem Gartenparterre und eigenem Kanalanschluß werden. Die seitlichen Pavillons von Lustheim sollten sogar trotz der Entfernung von immerhin 1300 Metern durch zwei Galerien mit dem geplanten Neuen Schloß verbunden werden. Dieser Teil der Planung scheiterte allerdings an den hohen Kosten.

Begonnen wurde mit den Bauarbeiten für Lustheim am 6. Mai 1684, als die alte Renatuskapelle von Herzog Wilhelm V. auf dem «Klösterlfelde» abgerissen wurde. Noch im selben Jahr muß der Rohbau für das Schlößchen selbst weitgehend unter Dach gekommen sein, denn bereits am 10. November 1684 begann Francesco Rosa mit seinen Fresken, an denen er dann rund vier Jahre arbeitete. Anfang 1690 war Lustheim immerhin so weit fertiggestellt, daß Max Emanuel am 9. Februar 1690 seinen Schwiegervater Kaiser Leopold I. und seine Gemahlin zu einem Galaempfang nach Lustheim laden konnte. Endgültig fertiggestellt jedoch wurde das eigentliche Schlößchen erst 1719 vom Stukkateur Francesco Marazzi.

Parallel zum Bau des Schlößchens arbeitete man an den im Halbkreis hinter Lustheim von Zuccalli vorgesehenen Zirkelbauten. Im Süden wurde ab 1685 in einem eigenen Pavillon an

Der Viktoriensaal im Schleißheimer Neuen Schloß gilt als einer der schönsten Innenräume des Barock. Von Charles Claude Dubut stammen die feinen Puttenreliefs in der Hohlkehle sowie die darüber angeordneten doppelten Herkuleshermen. Das Deckenfresko von Jacopo Amigoni zeigt den Empfang von Äneas durch Dido. Das so überaus prunkvoll gerahmte Bild in der Mitte über dem Kamin stammt ebenfalls von Amigoni und zeigt den jungen Max Emanuel, wie er eine türkische Gesandtschaft im Lager von Belgrad empfängt. Vollendet war der Viktoriensaal 1725.

einer neuen Renatuskapelle gebaut, im Osten entstand eine Orangerie. Um das Zentral-schlößchen herum wurde ein ringförmiger Kanal so angelegt, daß Lustheim gleichsam auf einer kreisförmigen, von Radialwegen erschlossenen Insel zu stehen kam.

In einer Zeit, die die Allegorien so liebte, entsprach Lustheim damit genau Cythera, der Insel der Glückseligkeit in der «Hypnerotomachia» von Polifilo. Auf diese Insel des Glücks und der Liebe gedachte sich Max Emanuel mit seiner Gemahlin stets dann zurückzuziehen, wenn die Füllhörner dieser Göttinnen besonders gefragt waren.

Das Schlößchen selbst errichtete Zuccalli als zweigeschossigen Bau in den Formen des italie-nischen Barock. Die dreiachsige Fassade stellte er zwischen zwei wuchtige, je vierachsige Risa-lite und gliederte sie durch korinthische Pilaster. Die Mittelachse ist durch das von Säulen ge-rahmte und von einem Sprenggiebel bekrönte Marmorportal akzentuiert. Über dem Mittel-bau thront ein geschlossenes Belvedere.

Unmittelbare Vorlage beim Entwurf von Schloß Lustheim dürfte die 1668 von Bernini ent-worfene Villa Rospigliosi in Lamporecchio gewesen sein. Außer der Grobgliederung mit dem stark zurückspringenden Mittelblock und den beiden vorspringenden Seitenblöcken übernahm Zuccalli im zurückspringenden Hauptbau auch noch die Verklammerung von Erd- und Obergeschoß mit gekoppelten, einen kräftigen Konsolfries mit Trophäenreliefs tragenden Kolossalpilastern. Auch die Gliederung der Seitenflügel mit Rahmenblenden und Lisenen sowie die abwechselnd segmentbogig und dreieckig verdachten Fenster sind unmittel-bare Übernahmen von italienischen Vorbildern.

Auch im Innern ist die italienische Dominanz nicht zu übersehen. Der über zwei Geschosse reichende Hauptsaal ist als «Salle à l'italienne» nach Grundrißvorbildern Andrea Palladios in der Querachse des Schlosses eingebaut und weist unmittelbare Zugänge zu den niedrigen Räu-men der Seitenappartements auf. Auf der Nordseite ging es in das Appartement der Kur-fürstin, auf der Südseite in das des Hausherrn. Entsprechend der Farbe der Wandbespannung aus Seidendamast hatte die Kurfürstin ein blaues und gelbes Appartement, der Hausherr ein grünes und rotes. In der Etage über den kurfürstlichen Appartements gab es auf jeder Seite vier «Cavaliers Zimmer».

Seinen besonderen Reiz erhält das Schlößchen Lustheim durch seine Fresken. Sie stellen den ersten großen Zyklus barocker Deckenmalerei in Bayern dar, füllen erstmals ganze Gewölbeflächen und sind die einzigen original erhaltenen Fresken aus dem Bauprogramm von Kurfürst Max II. Emanuel. Dank eines hervorragenden Erhaltungszustandes blieben den Fresken zudem Restaurierungen erspart, so daß der Besucher in Lustheim noch heute das sehen kann, was auch Bayerns Blauer Kurfürst einst tatsächlich sah.

Der Hauptauftragnehmer für das Lustheimer Freskenprogramm war Francesco Rosa, den Max Emanuel bereits 1679 aus Venedig mit einem Jahresgehalt von 1500 Gulden nach Mün-chen gelockt hatte und dem er am 19. Oktober 1684 den Auftrag gab, das «neue erpauendes Lusthaus zu Schleißheimb alla frescha zumahlen». Zuhilfe kamen Rosa Antonio Bernardi aus Bologna, der dem italienischen Barockmaler Pietro da Cortona bei der Gestaltung des Palaz-zo Barberini in Rom geholfen hatte, sowie der mit Enrico Zuccalli verschwägerte und eben-falls aus Graubünden stammende Giovanni Trubillio und schließlich der aus Innsbruck stam-mende Johann Anton Gumpp. Bei Gumpp schloß sich insofern der Kreis, denn er hatte bei Egid Schor gelernt, der seinerseits neun Jahre lang bis 1665 in Rom gearbeitet und dabei den Stil Pietro da Cortonas kennengelernt hatte.

Die Thematik des Lustheimer Freskenzyklus ist ausschließlich der Verherrlichung der Jagd-göttin Diana gewidmet. Vorbild für das Programm war einmal mehr die von Emanuel Te-sauro für das Turiner Jagdschloß Venaria Reale konzipierte und danach gedruckte Bildfolge zur Verherrlichung der Jagdgöttin. Max Emanuel folgte dabei dem Vorbild seiner Mutter, Henriette Adelaide von Savoyen, die ihrerseits bereits ein Diana-Programm von Tesauro zur Ausgestaltung ihres Lust- und Jagdschlosses Nymphenburg bezogen hatte.

Anders jedoch als in Nymphenburg ist das Diana-Programm in Lustheim als direkte Allego-rie auf die Kurfürstin Maria Antonia konzipiert. So ist die Erhebung der jugendlichen Diana zur Herrscherin über die Jagd durch Jupiter im großen Fresko des Hauptsaales in unmittelbarem Zusammenhang mit dem Ölporträt der Kurfürstin als Jägerin zu sehen. Die Diana im Fresko und die Jägerin im Ölporträt sind die zwei Seiten einer Medaille, die nicht

Die weiträumige Eingangshalle im Schleißheimer Neuen Schloß ist dreischiffig angelegt und mit Säulen aus rötlichem Tegernseer Marmor ausgestattet. Die Flach-kuppeln sind mit illusionistischer Malerei in Goldtönen gefüllt. Die Gurtbögen sind mit zartem, ver-goldetem Stuck geschmückt.

Folgende Doppelseite:
Das Paradeschlafzimmer der Kur-fürstin im Schleißheimer Neuen Schloß ist wie das ihres Gemahls durch Bettbalustrade, Wandpfeiler und Deckengurt geteilt. Im Vorraum hielten sich die Vor-nehmsten des Hofes bei der Ze-remonie des Aufstehens auf, den Alkoven hinter der Bettbalustrade durfte außer der Kurfürstin nur die Kammerzofe betreten. Die Wände des Schlafzimmers sind mit gelbem Damast bespannt, die Hohlkehle und der Deckengurt sind mit Stuck von Johann Bap-tist Zimmermann verziert. Das Deckenfresko von Jacopo Ami-goni stellt eine Allegorie auf den Sommer dar, die Groteskenmale-reien im Alkoven schuf Nikolaus Gottfried Stuber.

zuletzt die Hoffnungen Max Emanuels auf die mit der Heirat der Kaisertochter verbundenen Chancen auf die spanische Königskrone ausdrückt. In dieselbe Richtung weisen die in den Fresken immer wieder auftauchenden Allianzwappen Bayern-Österreich sowie die Monogramme des kurfürstlichen Paares. Insgesamt sind die Lustheimer Fresken damit gleichermaßen eine Apotheose auf das Herrscherpaar und auf die Allianz zwischen Bayern und Österreich.

Die kurfürstlichen Wasserstraßen

Als Statthalter in den Spanischen Niederlanden hatte Max II. Emanuel seine Vorliebe für Wasser, Kanäle und Schiffe entdeckt – Elemente, auf die er auch in seiner Münchner Residenz keinesfalls mehr verzichten wollte. Zustatten kam dabei dem Freund sanft schwankender Schiffsplanken, daß das von Würm und Isar nördlich von München eingefaßte und nur mühsam entwässerte Moorgebiet ein ideales Gelände zum Kanalbau nach holländischer Art bot. Da auch die Parkanlagen um das Schlößchen Lustheim herum nach dem Beispiel holländischer Gärten ein eigenes Kanalnetz bekommen sollten, blieb ohnehin nur das Anzapfen des nächstgelegenen Flusses, in diesem Fall der Isar.

Begonnen wurde mit dem Schleißheimer Kanal im März 1689 und zwar gleichzeitig in Lustheim und beim Aumeister an der Isar. Noch im Herbst desselben Jahres trafen sich die beiden Baugruppen in der Mitte und sorgten so für das nötige Wasser für Lustheim.

Daß Max Emanuel sehr viel Großzügigeres als nur die Wasserführung für den Park von Lustheim im Auge hatte, zeigte sich bereits im Folgejahr, als bei Karlsfeld auch die Würm angezapft wurde und bis 1691 über den Karlsfelder- oder Würmkanal auch Schleißheim direkten Kanalanschluß erhielt. Das von der Isar kommende Wasser wurde nun im Ring um Lustheim herumgeführt, erhielt zwei Kanäle hinüber nach Schleißheim und trifft dort auf das von Karlsfeld herüberkommende Würmwasser.

Die Wasserführung für die insgesamt rund 1,5 Kilometer lange Schleißheimer Parkanlage war damit zwar sichergestellt, fürstlichen Vergnügungsfahrten fehlte jedoch noch der eigentliche Anreiz. Ihn schuf Max Emanuel in den Jahren 1691 und 1692 mit dem Bau des schnurgeraden Verbindungskanals zwischen Schleißheim und Dachau. Zum einen erhielt Schleißheim über diesen Kanal auch noch Amperwasser, zum anderen gab es nun eine schiffbare Direktverbindung zwischen den beiden Schlössern in Schleißheim und Dachau.

Bereits am 5. September 1702 war es soweit, daß Kurfürst Max Emanuel an Bord eines von italienischen Gondolieren geruderten Prachtschiffes zum ersten Mal von Schleißheim nach Dachau fahren konnte. Wie solche Fahrten aussahen, erzählt Adalbert, Prinz von Bayern, in seinem Buch «Als die Residenz noch Residenz war» am Beispiel der Geburtstagsfeier für die Kurprinzessin Maria Amalie am 23. Oktober 1722: «Am nächsten Tag führte der Kurprinz (Carl Albrecht) seinem Vater (Max Emanuel) sein Regiment in Schleißheim vor und grüßte mit dem Sponton in der Hand. Anschließend fuhr man mit einem kleinen Prachtschiff, das mit dunkelrotem Damast ausgeschlagen und mit Teppichen verziert war, auf dem mittels zweier Schleusen angestauten Kanal in gerader Linie nach Dachau. Das Schiff war außen bemalt und mit kleinen Kanonen versehen. In Dachau wurde eine Pastorale aufgeführt, man übernachtete im Schloß, das am nächsten Morgen besichtigt wurde.»

Da das Kanalbauen so hervorragend funktionierte, suchte Max Emanuel nach einer Möglichkeit, seine drei Lustschlösser Schleißheim, Nymphenburg und Dachau so untereinander und alle zusammen mit der Residenz in München über Kanäle zu verbinden, daß jedes per Schiff erreichbar würde. 1701 wurde deshalb Nymphenburg mit der Würm zwischen Pasing und Blutenburg verbunden und 1702 Nymphenburg über den Nymphenburg-Biedersteiner-Kanal an die Georgenschwaige angeschlossen.

Da die Georgenschwaige genau auf der Verbindungslinie zwischen der Münchner Residenz und Schleißheim liegt, wäre nur noch dieser Kanal nötig gewesen, um den Traum des Blauen Kurfürsten zu erfüllen. 1702 wurde denn auch noch mit diesem «nouveau canal de Schleißheim» begonnen, allerdings ohne daß er je vollendet worden wäre. Heute mündet der Nymphenburg-Biedersteiner-Kanal in den Eisbach im Englischen Garten und damit in die Isar.

Die Verherrlichung von Kurfürst Max II. Emanuel als Türkenbezwinger findet ihren Höhepunkt im Gemälde von Jacopo Amigoni, auf dem der junge Kurfürst den türkischen Botschafter und Großkanzler von Konstantinopel, Maurpkordato, empfängt. Hinter dem Kurfürsten stehen bayerische Grafen.

Von dem auch «Türkengraben» genannten Verbindungskanal zwischen der Residenz und Schleißheim sind dagegen keine Spuren erhalten.

Das Neue Schloß

Zwanzig Jahre nach seinem Regierungsantritt verfügte Kurfürst II. Max Emanuel neben seiner hervorragend ausgebauten Stadtresidenz München über das riesige Lustschloß in Nymphenburg und über die gewaltige Parkanlage zwischen dem Alten Schloß in Schleißheim und dem von ihm selbst errichteten Schlößchen Lustheim. Daß all dies noch nicht genügte, läßt zwar Rückschlüsse auf den Tatendrang des Türkenbezwingers zu, erklärt aber bei weitem noch nicht seine Bauwut. Sie wird nur verständlich, wenn man berücksichtigt, daß sich Max Emanuel zunächst aufgrund des Bündnisvertrages mit Österreich Hoffnungen auf die spanische Königskrone machen konnte.

Als ihm nach dem Abfall Bayerns von Österreich der französische König Ludwig XIV. sogar die Kaiserwürde versprach, konnte es für Max Emanuel beim Vergleich der «Statussymbole» nur noch die Wiener Kaiserresidenz Schönbrunn und den Pariser Louvre als Maßstab geben. Wollte er ihnen Gleichwertiges entgegensetzen, um für Königs- oder Kaiserwürden gewappnet zu sein, konnte ihm in seinen Augen nur der Neubau eines entsprechend repräsentativen Riesenschlosses helfen.

Enrico Zuccalli, der Erbauer von Lustheim, erhielt deshalb 1692 den Auftrag, für den Park in Schleißheim eine dem Schloß Schönbrunn und dem Pariser Louvre gleichwertige Residenz zu entwerfen. Die von Zuccalli am 15. April 1693 vorgelegten Pläne sahen vor, das Alte Schloß von Max Emanuels Großvater abzubrechen und an dessen Stelle eine großzügige Dreiflügelanlage zu errichten. Inzwischen aber hatte Max Emanuel am 28. März 1692 die Statthalterschaft in den Spanischen Niederlanden übernommen, so daß von einem Baubeginn in Schleißheim zunächst keine Rede mehr sein konnte.

Die eigentliche Initialzündung zum Baubeginn des Neuen Schlosses in Schleißheim lieferte Ludwig XIV. mit seinem Wink auf die Kaiserwürde. Obwohl noch nicht einmal klar war, welcher Plan Zuccallis (Vierflügelanlage nach dem Vorbild des Louvre oder Dreiflügelanlage) ausgeführt werden sollte, wurde am 14. April 1701 von Max Emanuel der Grundstein mit einer silbernen Gedenkplatte gelegt und der Bau danach soweit wie möglich beschleunigt.

In Angriff genommen wurde zunächst unter der Leitung des Baumeisters Philipp Zwerger der riesige Ostflügel, das Corps de logis. Weil der Kurfürst auf höchste Eile drängte und vielleicht auch das benötigte Baumaterial über den Schleißheimer Kanal nicht schnell genug herangebracht werden konnte, wurde offensichtlich bei der Fundamentierung zu sehr gespart. Am 7. Juli 1702 hatte das jedenfalls zur Folge, daß die gesamte Ostmauer wegen zu schwacher Fundamentierung einstürzte.

Weil nicht sein kann, was nicht sein darf, wurde mit Zustimmung einer «Sachverständigenkommission» nach dem Einsturz keineswegs ein besseres Fundament gebaut, sondern lediglich die Mauer verstärkt. In der Folge mußte dafür ihre Höhe auf zwei Geschosse begrenzt und darüber eine Terrasse angelegt werden. Die eigenartige Stufung der parkseitigen Fassade war ursprünglich also keineswegs gewollt, sondern lediglich das Ergebnis technischer Zwänge.

Der Zwang zur Fassadenänderung konnte natürlich nicht ohne Auswirkungen bleiben. So wurde die große Pilastergliederung des elfachsigen Mittelteils auf den Boden heruntergesetzt und auch auf der Hofseite entsprechend umgestaltet. Gleichzeitig wurden die an den Hofecken nach dem Vorbild des Pariser Louvre vorgesehenen quadratischen Treppenhäuser vom Plan gestrichen und landeten schließlich als quadratische Wendeltreppen an den Schmalseiten des Vestibüls. Diese gesamte Umplanung lieferte ebenfalls noch Enrico Zuccalli.

Als der Verlierer von Höchstädt 1704 ins Exil mußte, war der riesige, 37achsige und 169 Meter lange Bau (ohne Galerien und Pavillons) noch nicht einmal unter Dach. Unter der Leitung von Johann Ludwig Crafft konnte gerade noch der Dachstuhl aufgesetzt und das Dach gedeckt werden, bevor die Bauarbeiten völlig eingestellt werden mußten. Erst 15 Jahre später und dann unter neuer Leitung sollten sie wieder aufgenommen werden.

Im Großen Saal des Schleißheimer Neuen Schlosses haben Jacopo Amigoni als Maler und Johann Baptist Zimmermann als Stukkateur zusammengearbeitet. Das große Fresko im Muldengewölbe zeigt den Kampf von Äneas und Turnus um die Hand der Königstochter Lavinia. Das monumentale Ölgemälde an der Stirnwand stammt von Joachim Franz Beich. Dargestellt ist der Entsatz von Wien, in dem der Kurfürst 1683 als Feldherr geglänzt hatte.

Als Kurfürst Max II. Emanuel 1715 aus dem Exil zurückkehrte, galt sein ganzes Augenmerk zunächst dem Weiterbau von Nymphenburg. Sein Architekt wurde nun Joseph Effner, jener Gärtnerssohn aus Dachau, den der Kurfürst in Paris hatte ausbilden lassen. Im Frühjahr 1719 machte Effner zunächst eine Bestandsaufnahme, «was über das von Ihro Churfürstlichen Durchlaucht zu bauen gnädigst resolvierende Corps de logis bey dem neuen Lust- und Residenz-Gebäu zu Schleißheimb, von den mittern Stock bis an die offene Steinerne Galerie, umb solche in den nachbeschriebenen Standt zu setzen, von Arbeit und Material-Unkosten ergehen möchte…»

Joseph Effner hatte für die Fertigstellung des Neuen Schlosses in Schleißheim ganz offensichtlich zwei Fliegen unter eine Klappe zu bringen. Zum einen sollte er den Rohbau möglichst kostengünstig fertigstellen, zum anderen sollte er aber auch die neuesten Strömungen in der Architektur berücksichtigen. Da vor allem das letztere eigentlich größere Eingriffe in die vorhandene Bausubstanz verlangt hätte, dürfte Effners Überarbeitung der alten Pläne Zuccallis ein recht mühsames Unterfangen gewesen sein.

Wohl aus Kostengründen reduzierte er Zuccallis Pläne für die riesige Dreiflügelanlage wieder auf den allererstn, damals ganz schnell verworfenen Plan einer Vierflügelanlage unter Einbeziehung des Alten Schlosses. Die großen Nord- und Südflügel Zuccallis reduzierte Effner auf lediglich ebenerdige, schlichte Arkadengänge, die ihre optische Wirkung alleine durch etwas großzügigere Torbauten jeweils in der Mitte erhalten sollten. Gegenüber den Plänen von Zuccalli bedeutete dies eine gewaltige Reduzierung der Bausubstanz und nicht zuletzt die Rettung des Alten Schlosses, das nach Zuccallis ursprünglicher Absicht der Spitzhacke hätte zum Opfer fallen sollen.

Die Umorientierung im Großen bedeutete natürlich auch eine Überarbeitung der ohnehin noch nicht fertiggestellten Fassade des Ostflügels. Weil sich ja nun keine Seitenflügel mehr anschließen sollten, erhielten die beiden Eckrisalite auf der Hofseite Segmentgiebel, über den Mittelrisalit wurde ein von Giuseppe Volpini 1721 mit dem kurfürstlichen Wappen verzierter Dreiecksgiebel errichtet. Statt des von Zuccalli vorgesehenen Übergriffs über fünf Achsen, ging er allerdings nur noch über drei. Leider war allen diesen Giebeln nur ein kurzes Leben beschieden, da sie später den puristischen Vorstellungen Leo von Klenzes widersprachen und deshalb im 19. Jahrhundert wieder weichen mußten.

Effners wichtigste Änderung auf der Gartenseite betraf die von Zuccalli für die fünf Mittelachsen des Erdgeschosses vorgesehenen hohen, offenen Rundbogenarkaden über eingestellten Säulen. Jetzt wurden für den gesamten Mittelrisalit unter Verzicht auf die Mezzaninfenster einheitliche Rundbogenfenster eingebaut. Beibehalten wurde dabei allerdings die schon von Zuccalli vorgesehene Scheinerweiterung der Fenster durch Schrägwände nach dem Beispiel der Fassade des Palazzo Barberini von Borromini. Vom Alten Schloß übernahm Effner für die Erdgeschoßfenster die segmentbogigen Verdachungen, die er im Mittelrisalit mit dreieckigen abwechselte.

Schnell stellte sich wohl heraus, daß selbst die Reduzierung Zuccallis großer Seitenflügel auf einfache Arkadengänge immer noch zu aufwendig gewesen wäre. Sie wurden deshalb überhaupt nicht mehr in Angriff genommen, die Arbeiten an den Verbindungsgalerien zwischen den südlichen und nördlichen Herkules- und Pallas-Pavillons blieben auf der Nordseite mit der Errichtung der Rückwand stecken. Erst Leo von Klenze vervollständigte die Arkade.

Effner war es damit nicht beschieden, den von Anfang an zu riesig dimensionierten Ostflügel des Neuen Schlosses in Schleißheim zu einer homogenen Gesamtanlage zu erweitern. Die Zeitumstände zwangen ihn vielmehr, sich auf die Oberflächengliederung des Äußeren und auf die Raumdekoration der Hauptraumfolge im Inneren des vorhandenen Rohbaus zu beschränken.

Mehr noch als wie bei der Fassadengestaltung war Effner im Inneren auf die Vorgaben Zuccallis angewiesen, da jeder Eingriff in die gegebenen Räumlichkeiten erheblichen Bau-, Zeit- und Geldaufwand erfordert hätte. Die Treppenanlage mit ihren symmetrischen drei Läufen war im Rohbau ebenso vorhanden wie der zweigeschossige Große Saal über dem Vestibül. Auch alle übrigen größeren Räume waren durch die fertigen Zwischenwände vorgegeben.

Von Zuccalli vorgegeben waren auch zwei Probleme im Inneren. Zum einen gab es durch

Das Audienzimmer im Schleißheimer Neuen Schloß glänzt mit ornamentalen Flachschnitzereien in der Sockelzone und dezentem Goldstuck in der Hohlkehle. Die Wände sind mit Brüsseler Wirkteppichen bespannt. Zu sehen ist links Pillage (Plünderung) und rechts eine Belagerungsszene mit Max II. Emanuel. Das Deckengemälde schuf wieder Jacopo Amigoni. Dargestellt ist, wie Odysseus Achill unter den Töchtern des Lycomedes entdeckt.

die vom zu schwachen Fundament erzwungene Zurückstufung der Gartenfassade zwischen dem Äußeren und dem Inneren einen Stilbruch in der Gliederung der Wände, der als gravierende Regelwidrigkeit empfunden wurde: außen verbindet die Pilastergliederung die beiden unteren Geschosse, im Inneren dagegen verklammert sie im Großen Saal die beiden Obergeschosse. Zum anderen wurde die Treppenanlage «à l'italienne» nicht mehr als zeitgemäß empfunden. So wurde zwar eine Umwandlung in zwei symmetrisch angeordnete «französische Treppen» erwogen und provisorisch geplant, verwirklicht aber wurde davon nichts, da zuviel vom Vorhandenen hätte abgerissen werden müssen.

Parallel zur Gestaltung des Äußeren nahm Effner ab 1719 die Dekoration des Inneren in Angriff. Begonnen wurde mit dem Treppenhaus, dessen Stuckierung Johann Baptist Zimmermann aus Wessobrunn übernahm und bis zur Hochzeit des Kurprinzen Carl Albrecht mit der Kaisertochter Maria Amalie am 5. Oktober 1722 fertigstellte. Unmittelbar daran schloß sich die Gestaltung des Großen oder Weißen Saales an. Auch hier stammten die Entwürfe wieder von Effner, den Stuck führte Johann Baptist Zimmermann aus. Für die Schmalseiten wurden dabei die schon zwischen 1702 und 1704 von Joachim Franz Beich gemalten großformatigen Schlachtenbilder verwendet. Die noch fehlende Deckenbemalung schuf nun Jacopo Amigoni. Sämtliche Holzschnitzereien lieferte die Werkstatt von Johann Adam Pichler, und Antoine Motté fertigte alle schmiedeeisernen Arbeiten.

Von nicht geringer Bedeutung wurde es schließlich für die Innendekoration des Neuen Schlosses in Schleißheim, daß ab 1724 François Cuvilliés nach einem Studienaufenthalt in Paris wieder beim Hofbauamt in München als «Dessinateur» arbeitete und unter der Oberaufsicht Effners Entwürfe für Detaildekorationen lieferte. Auch wenn die Zeit bis zum Tode Max Emanuels und dem damit verbundenen Ende der Bauarbeiten in Schleißheim auf knapp zwei Jahre begrenzt war, lassen sich doch vor allem in den Boiserien des Paradeschlafzimmers des Kurfürsten klar die Einflüsse Cuvilliés erkennen, und mit etwas Phantasie kann man durchaus hier schon ahnen, welche Meisterschaft Cuvilliés in den folgenden Jahrzehnten entwickeln sollte.

Max II. Emanuels Sohn, Kurfürst Carl Albrecht (1726–1745), träumte weder von Königs- noch von Kaiserwürden (obwohl er 1742 römischer Kaiser wurde) und sah deshalb auch keine Notwendigkeit, an der Traumresidenz seines Vaters weiterzubauen. Der verheerende Brand in der Münchner Residenz im Jahre 1729 zwang ihn darüber hinaus, sein Augenmerk ganz auf die Restaurierung seines Stammsitzes zu richten. Mit der Gestaltung der Ahnengalerie, der Reichen Zimmer und der Grünen Galerie war François Cuvilliés obendrein mehr als ausgelastet. Erst des Kaisers Nachfolger, Kurfürst Max III. Joseph (1745–1777) zeigte wieder geringes Interesse an Schleißheim. Er gab nun die Stuckdekoration im Billardsaal und die Dekoration des Speisesaals in Auftrag. 1776 lieferte der Münchner Baumeister Franz Anton Kirchgrabner sogar noch Pläne für eine durchgreifende Umgestaltung des Treppenhauses. Wie so oft in Schleißheim, blieben aber auch diese Pläne unausgeführt.

Nachdem es in Schleißheim lange still geblieben war, schenkte erst König Ludwig I. (1825–1848) dem Riesenbau wieder ein wenig Aufmerksamkeit. Leo von Klenze gab dem Treppenhaus die heutige Marmorbrüstung und «reinigte» im Sinne des Klassizismus die Westfassade von «vielen später hinzugesetzten schlechten Verzierungen». Mit unmißverständlichem Seitenhieb war damit die Fassadengestaltung Effners für zumindest dilettantisch erklärt worden. Klenze selbst bezog sich auf Zuccalli und versuchte dessen Fassadenpläne zu verwirklichen, kam aber über die Westfassade nicht hinaus.

Als im April 1945 die Bomben das Neue Schloß schwer beschädigten und umfangreiche Restaurierungsmaßnahmen notwendig machten, ergab sich auch die kunsthistorisch nicht uninteressante Frage, welcher Fassadengestaltung gefolgt werden sollte. Da sich niemand für eine barocke Fassade auf der einen und eine klassizistische auf der anderen erwärmen konnte, die barocke Effners jedoch wesentlich mehr Originalität besaß, entschied man sich schließlich für die originalgetreue Restaurierung beider Fassaden in der von Effner vorgegebenen Konzeption.

Heute präsentiert sich das Neue Schloß in Schleißheim nach umfangreichen Restaurierungsmaßnahmen wieder in seiner ganzen Schönheit und vermittelt dem Besucher eine Vorstellung davon, wie die Kaiserresidenz des Blauen Kurfürsten hätte aussehen sollen, wenn das mit dem Kaiserwerden nur geklappt hätte.

Die Leibungen der elf Fenstertüren in der Großen Galerie im Schleißheimer Neuen Schloß bemalte Johann Paul Waxschlunger mit Vögeln, Früchten und Seemotiven.

Der angestrebten Würde angepaßt ist bereits die Eingangshalle mit ihren acht Säulen aus rötlichem Tegernseer Marmor. Mit ihrer Hilfe ist der dreischiffige «Salle des colonnes» mit insgesamt 15 Flachkuppeln gegliedert. Ihre Gurtbögen stuckierte Giuseppe Volpini 1725, ihre Felder bemalte Joseph Anton Stuber 1723 mit in Goldtönen gehaltener, illusionistischer Malerei.

Nach Osten hin leitet die Eingangshalle mit fünf Rundbögen in die «Sala terrena» und damit zum Ostportal auf der Parkseite über. Giuseppe Volpini fertigte hier 1725 die etwas schwer wirkenden, aber virtuos gestalteten Stukkaturen mit Motiven des Meeres wie Fischen, Muschelgirlanden und Korallenzweigen. Die Nischen an den Schmalseiten sollte Guillielmus de Groff mit Brunnen füllen. Auch die Supraporten über den Ausgängen zu den Nebensälen sind durch Stuckreliefs mit Seemotiven verziert. Das von Pilastern getragene Tonnengewölbe wurde an den Schildbögen und Arkadenleibungen von Nikolaus Gottfried Stuber 1725 mit dekorativer Grisaille-Malerei geschmückt.

Das große Treppenhaus öffnet sich auf der Südseite des Mittelschiffs der Eingangshalle, steigt mit einem Lauf zum Mittelpodest und danach mit zwei Gegenläufen zum Obergeschoß. Interessant ist dabei, daß nur die Wanddekoration aus der eigentlichen Bauzeit stammt, die Marmorbrüstungen dagegen erst 1848, also rund 120 Jahre nach der Gestaltung der Wände von Leo von Klenze eingebaut wurden. Die Vorgaben für die Wandgestaltung lieferte Joseph Effner, der Johann Baptist Zimmermann im Werkvertrag vom 4. August 1720 verpflichtete, die «bey dem churfrtl: residenzgepeu Schleißheimb neu angefangene Haubt stiegen nach weisung der ihme Vorgezeichneten riss, unnd modell, mit aller stockhotor Arbeith auf das fleissigst aus zu ziehren».

Thematisch nimmt das Treppenhaus Bezug auf den Ruhm des Türkenbezwingers mit Trophäen über Türkenköpfen in den Arkadenscheiteln und mit dem Kuppelfresko von Cosmas Damian Asam im flachen Muldengewölbe der querovalen Laterne. Im ersten profanen Fresko des berühmten Kirchenmalers besucht Venus die Schmiede des Vulkans, der die Waffen für den Trojanischen Krieg schmiedet. Im Sommer 1721 war dieses Fresko fertiggestellt, denn Asam quittierte am 27. Juli dieses Jahres sein Honorar in Höhe von 600 Gulden.

Das überreich gestaltete, aber ganz in Weiß gehaltene Obergeschoß des Treppenhauses führt unmittelbar in den Großen oder Weißen Saal, den Hauptraum des Neuen Schlosses in Schleißheim. Trotz seines Namens ist dieser Saal keineswegs ganz in Weiß gehalten. Die Wirkung des auch hier üppigen Stucks wird vielmehr mit zarten Gelb- und feinen Rottönen noch zusätzlich gestützt. Kannelierte Pilaster auf leicht vorspringenden, geschweiften Postamenten gliedern den zweigeschossigen Raum, dessen Stuck wiederum Johann Baptist Zimmermann als stuckierten Trophäenschmuck schuf.

Seinen eigentlich farbigen Akzent erhält der Saal durch das riesige Deckenfresko von Jacopo Amigoni und die beiden großen Ölgemälde von Joachim Franz Beich. Beide greifen in mehr oder weniger allegorischer Form wiederum das Thema des Türkensieges auf. Amigoni zeigt in elegischer Breite den Kampf von Äneas und Turnus um die Hand der Königstochter Lavinia und bringt damit Heroisches nur in der Allegorie. Beich dagegen bringt in seinen beiden bereits 1702 in Auftrag gegebenen Gemälden an den Schmalseiten des Saales zwei Ruhmestaten des Kurfürsten im Türkenkrieg unmittelbar in Erinnerung. Zum einen wird der Entsatz von Wien im Jahre 1683 gezeigt, zum anderen die Niederlage der Türken bei Mohács im selben Jahr.

Die Nordseite des Großen Saals leitet über zum Viktoriensaal, der als Speisesaal diente und sicher nicht zu Unrecht zu den gelungensten barocken Innenräumen gezählt wird. Sein Thema ist die triumphale Heimkehr des Türkenbezwingers, die auf in die Wände eingelassenen Ölbildern und im Deckenfresko mehr oder weniger abgewandelt dargestellt ist. Die Wandverkleidung in perfekter Régence-Dekoration lieferte die Werkstatt von Johann Adam Pichler und bewies damit einmal mehr, wie dieser Meister auf der Höhe der Zeit war. Den Stuck schuf Charles Claude Dubut, dessen Meisterschaft hier am besten bei den Puttenreliefs der Hohlkehle zu sehen ist. Die doppelten Herkuleshermen sind ebenfalls ein Werk Dubuts. Das Deckenfresko, das wiederum Heroischem in der Allegorie gewidmet ist, zeigt die Begrüßung von Äneas durch Dido, weist damit wieder auf den Trojanischen Krieg hin und wurde von Jacopo Amigoni gemalt.

Die Große Galerie im Schleißheimer Neuen Schloß ist der erste Versuch eines bayerischen Regenten, der Spiegelgalerie in Versailles etwas Gleichwertiges zur Seite zu stellen. Wirklich gelingen sollte dies aber erst König Ludwig II. in Schloß Herrenchiemsee. Der mit 61 Meter Gesamtlänge riesige Raum ist mit einer durchgehenden Stuckhohlkehle gefaßt, deren vergoldetes, figürliches Flachrelief von Charles Claude Dubut gefertigt wurde. Die Groteskenmalereien der Decke folgen französischen Vorbildern, geschaffen wurden sie von Nikolaus Gottfried Stuber. Die auf Goldgrund gemalten farbigen Szenen und die eingestreuten Grisaillen dagegen malte Jacopo Amigoni.

Folgende Doppelseite:
Das Paradeschlafzimmer von Max II. Emanuel im Schleißheimer Neuen Schloß könnte von Francois Cuvilliés entworfen sein. Die reichen, ornamentalen Schnitzereien an Sockel- und Wandfeldern, an den Pilastern beim Alkoven und an der Bettbalustrade stammen von Johann Adam Pichler, die Hohlkehle stuckierte wiederum Johann Baptist Zimmermann. Das Deckenfresko im vorderen Teil des Schlafzimmers schuf Amigoni, die Groteskenmalerei über dem Alkoven Nikolaus Gottfried Stuber.

Ebenfalls von Amigoni stammt die sogenannte Audienztafel über dem Kamin des Viktoriensaals. Max Emanuel ist hier dargestellt wie er 1688 im Lager von Belgrad eine türkische Gesandtschaft empfängt. Ein ganzes Schlachtenszenario aus insgesamt neun Bildern schmückt die Wände. Gezeigt werden Szenen aus dem Türkenkrieg, wobei die Themen von der Eroberung der Festung Gran 1683 bis zur Erstürmung von Belgrad 1688 reichen. Alle neun Schlachtenbilder lieferte Joachim Franz Beich.

Dem Treppenhaus, dem Großen Saal und dem Viktoriensaal ist die Große Galerie östlich vorgelagert, die damit über die volle Breite des elfachsigen Mittelrisaliten reicht und sich gegen den Garten hin mit großen Fenstern und Türen öffnet. Mit ihrer Länge von 61 Metern ist sie der erste Versuch auf bayerischem Boden, dem Vorbild der Spiegelgalerie in Schloß Versailles nachzueifern.

An der Ausstattung der Galerie wirkten wieder die schon vom Großen Saal her bewährten Meister mit. Die Holzreliefs in den Füllungen über den Bogen an der Gartenseite und an den Supraporten lieferte die Werkstatt von Johann Adam Pichler, die Stuckhohlkehle füllte Charles Claude Dubut mit figürlichen und vergoldeten Flachreliefs nach dem Vorbild französischer Doppelkonsolen, und Nikolaus Gottfried Stuber bemalte die Decken mit Groteskenmalereien, während Jacopo Amigoni die auf Goldgrund gemalten, farbigen Szenen beisteuerte. Die Grotesken mit Vögeln, Früchten und Seemotiven in den Fensterleibungen steuerte schließlich Johann Paul Waxschlunger bei.

Die mit rotem Damast bespannten Wände der Galerie dienten von Anfang an der Präsentation der von Kurfürst Max Emanuel vor allem in den Niederlanden erworbenen Gemälde. Nicht von ungefähr wurde deshalb Schleißheim bereits in der zweiten Hälfte des 18. Jahrhunderts das Galerieschloß der Wittelsbacher, in dem sie ihre umfangreichen Gemäldebestände repräsentativ hängen konnten. Heute birgt die Galerie Werke aus dem Bestand der Bayerischen Staatsgemäldesammlung, die hier und in weiteren Räumen des Schlosses ihre Sammlung europäischer Barockmalerei zusammengefaßt hat.

Nach Süden schließt sich an die Große Galerie das Appartement des Kurfürsten an mit Vorzimmer, Audienzzimmer, Paradeschlafzimmer und Wohnzimmer. Dieses Rote Appartement wurde zwischen 1722 und 1726 ausgestattet und dokumentierte aufs genaueste das strenge Hofzeremoniell.

Einfachster Teil der Ausstattung des Vorzimmers ist seine Vertäfelung mit vergoldeten Zierleisten. Die ebenfalls vergoldeten Stukkaturen in der Hohlkehle dürften von Johann Baptist Zimmermann stammen. Im Deckenfresko griff Jacopo Amigoni mit dem Zweikampf von Achilles mit Hektor wiederum ein Thema aus dem Trojanischen Krieg auf. Nicht ohne Pikanterie sind die Gobelins an den Wänden. Sie zeigen Feldzugsszenen und wurden von Josse de Vos in Brüssel nach Entwürfen von Ludwig de Hondt gefertigt.

Daß Kurfürst Max II. Emanuel sie 1724 eigens für Schleißheim bestellte, wäre für sich alleine ebenso selbstverständlich wie die Tatsache, daß der Herzog von Marlborough 1712 beim selben Meister Teppiche bestellte, auf denen sein Sieg über Max Emanuel verherrlicht werden sollte. Daß Max Emanuel dann allerdings als «Schleißheimer Folge» noch einmal genau dieselben Teppiche mit lediglich anderen Porträtköpfen erhielt wie der Herzog von Marlborough, zeugt von einer nicht geringen Unverfrorenheit des Meisters. Immerhin lieferte er mit den Gobelins dem Unterlegenen die Jubelmotive des Siegers.

Das Audienzzimmer des Kurfürsten verrät schon in der mit ornamentalen Flachschnitzereien verzierten Vertäfelung den Stellenwert des Raums. Den vergoldeten Stuck der Hohlkehle fertigte wohl wiederum Johann Baptist Zimmermann, das Deckengemälde schuf Jacopo Amigoni mit dem Trojamotiv «Odysseus entdeckt Achilles unter den Töchtern des Lycomedes». Die Wände sind mit Gobelins aus Brüssel behängt, die Anfang der zwanziger Jahre des 18. Jahrhunderts bestellt worden waren.

Das Paradeschlafzimmer des Kurfürsten wird in seiner Ausstattung ganz der Bedeutung dieses im Hofzeremoniell wichtigsten Raumes gerecht. Sockel, Wandfelder, Pilaster und Bettbalustrade sind mit überreichen vergoldeten Ornamentschnitzereien verziert. Die Entwürfe dazu dürfte François Cuvilliés als erste wichtige Arbeit nach seinem Paris-Aufenthalt geliefert haben. Ausgeführt wurden die Schnitzereien von Johann Adam Pichler.

Das spätbarocke Paradebett mit rechteckigem Baldachin ist ganz mit Silberbrokat und

Hauptschmuck des ehemaligen Gardesaales und späteren Speisesaales im Schleißheimer Neuen Schloß ist das prächtige, 1772 fertiggestellte Deckenfresko von Christian Wink. In ihm ist die Landung von Odysseus bei der Nymphe Kalypso dargestellt. Gerahmt ist das Bild mit Allegorien des Handels und der Weinlese.

rotem Seidensamt verkleidet, die Ecken des Baldachins sind zudem noch mit Federbusch-ver-
zierten Vasenaufsätzen bestückt. Hohlkehle und Deckengurt über der Bettbalustrade sind
ebenfalls überreich mit vergoldetem Stuck verziert, den wieder Johann Baptist Zimmermann
geschaffen haben dürfte. Die Decke über dem Bettraum enthält Groteskenmalerei von Nikolaus Gottfried Stuber, die Decke über dem Raum vor der Bettbalustrade (von diesem Vorraum aus sahen die obersten Hofbeamten dem Kurfürsten beim Aufstehen zu) verzierte
Jacopo Amigoni mit der Darstellung des schlafenden Mars.

Mit exakt gleichen Grundrissen schließt sich auf der Nordseite der Großen Galerie das
Appartement der Kurfürstin an. Wieder reihen sich Vorzimmer, Audienzzimmer, Paradeschlafzimmer und Wohnzimmer aneinander, und auch die hier von 1722 bis 1726 beschäftigten Künstler und Handwerker waren weitgehend dieselben wie bei der Ausstattung des
Appartements des Kurfürsten. Lediglich die Grundfarben des Dekors (dort Weiß und Gold,
hier Silber und Blau) änderten sich, und die Themen für die Fresken wurden der Bewohnerin
angepaßt.

Bereits im Vorzimmer der Kurfürstin fällt die andere Thematik der Fresken ins Auge. Statt
kriegerischer Szenen aus dem Trojanischen Krieg malte Jacopo Amigoni hier Allegorien des
Friedens. Verschiedene italienische Maler füllten die Supraporten mit Allegorien auf die Cari-
tas, auf die Stärke, die sinnliche Liebe und auf die Keuschheit. Auch die Decke des Audienzzimmers schuf Jacopo Amigoni mit einer Allegorie auf die Einigkeit. Die Gemälde über den
Türen sind dem Spiel und dem Tanz gewidmet und würden von Balthasar Augustin Albrecht
geschaffen. Die Gobelins an den Wänden entstanden 1696 in Brüssel.

Das Paradeschlafzimmer der Kurfürstin ist ähnlich wie das des Kurfürsten durch eine Balustrade, Wandpfeiler und einen Deckengurt in den Alkoven und einen Vorraum optisch geteilt. Den Stuck in der Hohlkehle und am Deckengurt lieferte Johann Baptist Zimmermann,
das Deckenfresko im Vorraum mit einer allegorischen Darstellung des Sommers fertigte wiederum Jacopo Amigoni. Die Decke des Alkovenraumes schmückte Nikolaus Gottfried Stuber mit Groteskenmalerei. Das Paradebett selbst wurde ganz mit gelbem, mit Granatapfel-
muster und Silberstickereien verziertem Damast bezogen. Das Wohnzimmer der Kurfürstin
schließlich zeigt im Deckenfresko den Triumph der Tugend von Jacopo Amigoni, die Verzierungen der Hohlkehle mit figürlichen Flachreliefs dürften ein Werk von Charles Claude
Dubut sein.

Den einzigen durch alle drei Geschosse reichenden Raum ließ Max Emanuel in der Südwestecke als große, seinem Schutzpatron, dem heiligen Maximilian, gewidmete Kapelle einrichten. Die am 7. September 1724 geweihte Kapelle ist in ihren beiden unteren Geschossen
mit durchgehenden Pilastern gegliedert und zusammengefaßt. Die Trennungslinie zwischen
zweitem und drittem Geschoß ist mit einer reich stuckierten Hohlkehle mit Doppelpilastern
hervorgehoben. Das dritte Geschoß ist mit eigener, leichterer Pilastergliederung und durch-
laufend stuckierter Hohlkehle ausgestattet. Den Stuck beider Hohlkehlen sowie die Dekorationen über den Logenfenstern schuf Charles Claude Dubut nach Entwürfen von Joseph Effner.

Die einschiffige Kapelle ist mit einem Tonnengewölbe mit Stichkappen geschlossen, das
Cosmas Damian Asam für 800 Gulden bemalte. Im Zentrum des Freskos ist die Himmelfahrt
des heiligen Maximilian dargestellt, an den Rändern ist seine Verurteilung und seine Hinrich-
tung zu sehen. In der Lünette über der Altarwand ist der Heilige als Helfer und Tröster der
Kranken dargestellt, die Orgelempore zeigt schließlich die «Glorie des heiligen Maximilian»
(einem Schüler Asams zugeschrieben).

Auch der Altar geht auf einen Entwurf von Joseph Effner zurück. Von seiner Originalaus-
stattung ist heute noch der Tabernakel, der Schrein des heiligen Maximilian und das von
Stefano Conca gemalte Altarbild erhalten. Es zeigt den heiligen Maximilian zu Füßen der
Madonna.

Der äußere Rahmen des Schleißheimer Schloßparks war mit der Errichtung des Schlößchens Lustheim in seiner Länge bereits endgültig vorgegeben. Mit der Fortsetzung des halbrunden, östlichen Kanalabschlusses durch die beiden Seitenkanäle nach Westen hin zum Alten Schloß war auch die Breitenausdehnung zunächst für den Park und später dann auch für das Neue Schloß gegeben. Aus der Sicht der achtziger Jahre des 17. Jahrhunderts war der Mittelpunkt des geplanten Parks jedoch das Schlößchen Lustheim, der Park selbst sollte sich nach Westen hin zum Alten Schloß als Point de vue der Anlage entfalten.

Den Plan für diesen Park lieferte Enrico Zuccalli, der gleich von Anfang an die beiden Seitenkanäle als natürliche Begrenzung sah und einen eigenständigen Mittelkanal einplante. Die Gartenfläche selbst wollte Zuccalli in Rasenflächen und Wasserbassins aufteilen, die ihre Hauptgliederung von Fontänenalleen erhalten sollten. Den Übergang von Lustheim zum Park sollten Broderiebeete bilden, dem höfischen Treiben sollte ein Boskettgarten dienen. Zwischen 1688 und 1700 wurden für diesen Park mehrere Tausend Linden, Eiben, Eschen, Ahorne und Buchen gepflanzt. Fertiggestellt aber wurde Zuccallis Park nie.

Als Max II. Emanuel beschloß, Schleißheim zur weißblauen Kaiserresidenz auszubauen, bedeutete dies automatisch eine völlige Neuorientierung des Parks, der seinen Ausgangspunkt nun im Westen im Neuen Schloß und seinen Point de vue im Gartenschlößchen Lustheim im Osten erhielt. Im Rahmen der vorhandenen Kanäle (die Begrenzungskanäle waren 1696 fertiggestellt worden) mußte der Park deshalb völlig neu konzipiert werden.

Daß dies offensichtlich alles andere als einfach war, zeigen die Planungsversuche unterschiedlichster Architekten. So zeichnete 1701 Enrico Zuccalli selbst einen neuen Plan, dem offensichtlich das Bemühen zugrunde lag, vom Vorhandenen durch additive Reihung von Boskettquadraten möglichst viel zu erhalten. Max Emanuel scheint damit jedoch nicht sehr zufrieden gewesen zu sein, denn noch im gleichen Jahr legte der französische Architekt Charles Carbonet einen sehr viel großzügigeren Plan vor, nach dem das von Kanälen eingegrenzte, langgezogene Rechteck durch eigene Alleenachsen gegliedert und die Boskettzonen auf die Außenseiten der Grenzkanäle verlegt werden sollten. Weitere Parkpläne legten Claude Desgots, der Neffe des französischen Gartenarchitekten Le Nôtre, und der Hofarchitekt Ludwigs XIV., Robert de Cotte, vor. Ausgeführt aber wurde keiner dieser Vorschläge.

Den endgültigen Gartenplan lieferte schließlich Dominique Girard, der in Versailles als «Fontainier du Roy» gearbeitet hatte und seit 1715 Max Emanuel als Wasserbauingenieur vor allem im Park von Nymphenburg diente. Er griff sofort die alte Vorstellung Zuccallis vom großen Kanal als Mittelachse auf, plante eine großzügige Kaskade ein und sah eine Mittelpromenade mit zwei Reihen je sieben Meter hoch steigender Springbrunnen vor.

Noch aber waren sich Bauherr und Architekt keineswegs einig. Max Emanuel nämlich wollte auf die von ihm so heiß geliebte Mailbahn nicht verzichten, die immerhin die gesamte Distanz auf der Mittelachse zwischen beiden Schlössern einnahm. Noch 1722 lieferte Joachim Franz Beich dem Kurfürsten eine Ansichtsskizze, die zwar die Kaskade, statt des Mittelkanals aber die Spielbahn zeigt. Erst nach 1722 scheinen sich Bauherr und Architekt darauf geeinigt zu haben, den Parkgrundriß nicht über die beiden Seitenkanäle hinausreichen zu lassen und den Mittelkanal samt Kaskade in der heutigen Form zu bauen.

Wie stark Max Emanuel an seiner Sportbahn hing, sollte sich in den Folgejahren aber erst noch zeigen. Während Broderiebeete, Boskettgärten und Promenaden planmäßig gebaut wurden, stockte der Bau des Mittelkanals weiterhin. Zwar wurde die Kaskade bis 1727 nach Entwürfen Joseph Effners errichtet und die Mailbahn dafür um ein Drittel gekürzt, der Bau des Mittelkanals aber wurde immer noch nicht in Angriff genommen.

Wohl weil Max Emanuel seine Spielbahn, wenn auch in verkürzter Form zunächst behalten konnte, ließ er seinen Gestaltern bei der Ausstattung der Kaskade um so großzügiger freie Hand. Guillielmus de Groff goß so 1724 vier Gruppen auf Delphinen reitender Kinder aus Blei, Johann Georg Gött arbeitete von 1724 immerhin neun Jahre lang an den Marmorarbeiten und Giuseppe Volpini schuf vier Flußgöttinnen, die heute allerdings leider ebenso verschollen sind wie die Bleifiguren von de Groff.

Die zwiespältige Haltung Max II. Emanuels in Sachen Mittelkanal, dessen Notwendigkeit

Das Schlößchen Lustheim wurde von Kurfürst Max II. Emanuel im weitläufigen Park von Schleißheim errichtet, weil seine Gemahlin, die Kaisertochter Maria Antonia von Österreich, ein ähnliches Lustschlößchen bekommen sollte, wie es zuvor schon seine Mutter anläßlich seiner eigenen Geburt mit Nymphenburg erhalten hatte. Baubeginn war am 6. Mai 1684, 1690 war das Schlößchen soweit fertiggestellt, daß Max II. Emanuel seinen Schwiegervater, Kaiser Leopold I., und dessen Gemahlin zu einem Galaempfang nach Lustheim laden konnte.

er zwar einsah, dessen Verwirklichung er aber seiner Mailbahn zuliebe immer wieder verzögerte, sorgte dafür, daß der Mittelkanal zu seinen Lebzeiten überhaupt nicht mehr, sondern erst in der zweiten Hälfte des 18. Jahrhunderts fertiggestellt wurde.

König Ludwig I. schließlich ist es dann zu danken, daß der inzwischen verwilderte Park weitgehend nach den Plänen Girards wieder instandgesetzt und nicht zu einem sich selbst überlassenen Landschaftsgarten umgewandelt wurde. Nur dieser Weitsicht des zweiten bayerischen Königs ist es zu verdanken, daß sich der Schleißheimer Park zumindest in den Grundzügen entsprechend der Planung von 1722 erhalten hat und damit heute neben dem Park von Schloß Herrenhausen der einzige im Original erhaltene Park aus absolutistischer Zeit in Deutschland ist.

Folgende Doppelseite:
Blickt man vom oberen Point de vue der nördlichen Wasserteppe nach Süden auf das Schloß Linderhof hinunter, präsentiert sich das Schema der Parkanlage besonders gut. Zu dem dem Schloß im Süden gegenüber aufsteigenden "Linderbichl" führt eine symmetrische, mit Brunnen, Nischen und Statuen ausgestattete Flügeltreppe über drei Terrassen zu einem kleinen Rundtempel hinauf. Königin Marie Antoinette von Frankreich bewacht als überlebensgroße Steinbüste diese Treppenanlage. Den kleinen Rundtempel am Gipfel ziert eine lebensgroße Marmorfigur der Venus, der zwei Amoretten Gesellschaft leisten.

Neues Schloß Schleißheim

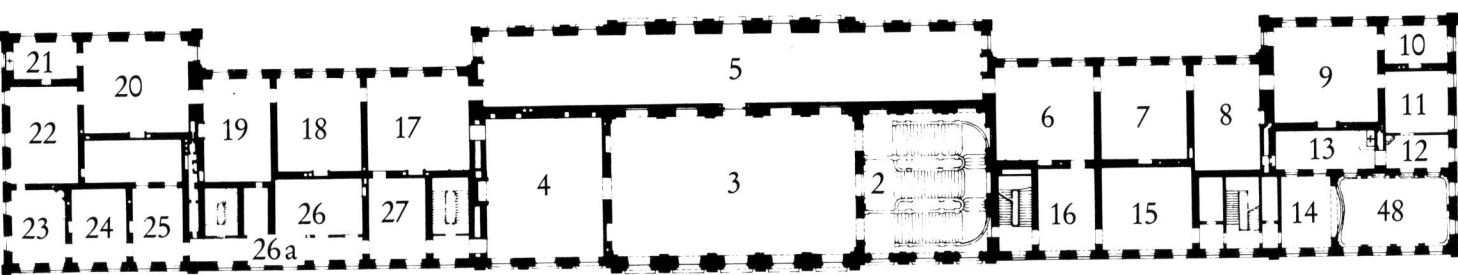

Hauptgeschoß

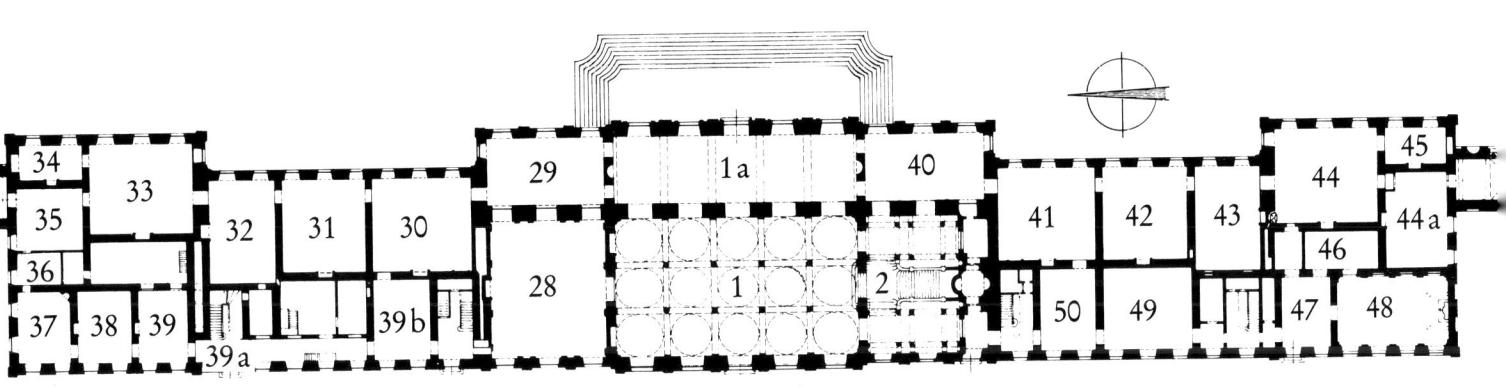

Erdgeschoß

1	Eingangshalle und Sala terrena (1a)	
2	Treppenhaus	
3	Großer Saal	
4	Viktoriensaal	
5	Große Galerie	
6	Vorzimmer des Kurfürsten	
7	Audienzzimmer des Kurfürsten	
8	Paradeschlafzimmer des Kurfürsten	
9	Wohnzimmer oder Großes Kabinett des Kurfürsten	
10	Rotes Kabinett oder Jagdzimmer	
11	Niederländisches Malerei-Kabinett	
12	Oratorium	
13	Oratorium mit Altar	
14	Große Empore der Maximilianskapelle	
15	Raum mit dem Schloßmodell	
16	Dokumentationsraum	
17	Vorzimmer der Kurfürstin	
18	Audienzzimmer der Kurfürstin	
19	Paradeschlafzimmer der Kurfürstin	
20	Wohnzimmer oder Großes Kabinett der Kurfürstin	
21	Kammerkapelle oder Obere Kapelle	
22–27	Galerieräume	
28	Speisesaal	
29	Nördliche Antecamera (Billard- oder Musiksaal)	
30–33	Galerieräume	
34	Stukkatur-Kabinett	
35	Drechselzimmer	
36–39	Galerieräume	
40	Südliche Antecamera	
41–44	Galerieräume	
45	Blaues Kabinett	
46	Sakristei	
47	Vorraum der Kapelle	
48	Große Kapelle oder Maximilianskapelle	
44a, 49–50	Nebenräume	

Das Märchenschloß Linderhof

Aus der Baugeschichte

Als Ludwig II. am 10. März 1864 als knapp Neunzehnjähriger überraschend den bayerischen Thron besteigen mußte, ahnte niemand, welches tragische Schicksal dem hochgewachsenen Jüngling mit den romantischen Augen und träumerischen Vorstellungen beschieden sein sollte. Er selbst jedenfalls machte sich mit Feuereifer und übersteigerten Idealvorstellungen in einer Zeit an das ungewohnte Regierungsgeschäft, in der seine Untertanen längst den Weg zur Demokratie suchten. Obwohl oder vielleicht gerade weil seine Epoche für einen König eigentlich keinen Platz mehr hatte, suchte er noch einmal die monarchische Idee in idealistischer Übersteigerung zu verkörpern.

Wie Rauhreif auf zarte Blüten mußte da wirken, was in den ersten drei Jahren seiner Regierungszeit auf den jungen Idealisten hereinbrach: 1865 mußte Richard Wagner, in dem Ludwig II. all seine Phantasiebilder verwirklicht sah, gegen seinen königlichen Willen München verlassen, ein Jahr später wurde Bayern zum Krieg gegen Preußen gezwungen, 1867 schließlich ging seine Verlobung mit der Herzogin Sophie in die Brüche, und die Münchner Bürger verhinderten den Bau des von Gottfried Semper im Auftrag des Königs geplanten Richard-Wagner-Festspielhauses auf dem Isarhochufer in München.

Vor allem das Scheitern des Festspielhausprojektes trug entscheidend mit dazu bei, daß Ludwig bei all seiner Baufreudigkeit nie mehr ein Projekt in München in Angriff nahm und seiner Hauptstadt mehr und mehr den Rücken kehrte. Statt dem Beispiel seiner Vorgänger zu folgen und in und für München zu bauen, suchte er nun die Einsamkeit der Bergwelt, um seine phantastischen Vorstellungen zu Bauplänen und Bauten werden zu lassen.

Hintergrund all seiner Pläne war seine Überzeugung, daß er wie Ludwig XIV. den Staat in seiner Person verkörpere. «L'état c'est moi» wurde ihm wie jenem zur unumstößlichen Devise und als Anagramm sogar zum Decknamen all seiner frühen Baupläne: «Meicost Ettal» stand auf sieben verschiedenen Entwürfen, die der Architekt Georg Dollmann 1868 und 1869 für das neu zu bauende Versailles des bayerischen Königs fertigte. Ettal stand dabei für das hintere Graswangtal, wo heute Schloß Linderhof steht. Erst 1870 wurde für Meicost Ettal der endgültige Standort auf der Insel Herrenwörth im Chiemsee gefunden.

Linderhof selbst, ein alter Zehenthof des Klosters Ettal, war in napoleonischer Zeit in den Besitz des bayerischen Militärfohlenhofes Schwaiganger bei Murnau gekommen, ein einzelnes Haus war noch im Besitz eines Johann Michael Gindhart. Dieses Haus gefiel Maximilian II., dem Vater von Ludwig II., so gut, daß er es um 1850 kaufte und von Friedrich Ziebland, dem Baumeister von Schloß Hohenschwangau, umbauen ließ. Ganz in unserem heutigen Sinne wurden aus Stall und Heustadel ein paar Zimmer, die dem König zur Unterkunft bei der Jagd dienen sollten. Aus dem Gindhart-Häuschen wurde so das Königshäuschen, in das der Kronprinz Ludwig 1860 zum ersten Mal mit seinem Vater kam.

Als nach dem Verwirrspiel mit den zahlreichen Plänen Dollmanns 1870 endgültig entschieden wurde, daß Meicost Ettal als bayerisches Versailles auf Herrenwörth im Chiemsee entstehen sollte, bekam Dollmann den Auftrag, für das Königshäuschen im Graswangtal einen kleinen Anbau zu entwerfen. Ludwig II. wollte sich damit einen Ort der Zurückgezogenheit schaffen, an dem er seinen Träumen nachhängen und der rauhen Gegenwart entfliehen konnte. Auch wenn er sich selbst vielleicht noch nicht als verzauberten Prinzen empfand, suchte er doch dafür bereits unbewußt den passenden Rahmen.

Schloß Linderhof war König Ludwigs II. Privatwohnsitz. Das Schloß entstand anstelle eines Jagdhauses von Ludwigs Vater. Der königliche Hofgartendirektor Carl von Effner hatte die schwierige Aufgabe zu lösen, den pretiösen Rokokobau mit der rauhen Umgebung aus Felsen und Steilhängen durch einen zum Geist des Schlosses passenden Garten in Einklang zu bringen. Effner löste die Aufgabe durch ein strenges, im Sinne der französischen Vorbilder angelegtes Gartenparterre. Vor die Eingangsseite im Süden wurde ein großes Wasserbassin mit einer rund 30 Meter hohen, aus einer vergoldeten Floragruppe schießenden Fontäne eingebaut. Auf der Nordseite wurde der relativ steile Hang durch den Einbau einer aus 30 Marmorstufen bestehenden Kaskade entschärft, die unmittelbar unterhalb des königlichen Schlafzimmers in einen Neptun-Brunnen mündet.

Als Vorgabe für den Anbau erhielt Dollmann eine Skizze des Oberstallmeisters Hornig. Darin war ein ovaler Salon, flankiert von zwei hufeisenförmigen Räumen vorgesehen. Der längliche Flügel sollte an die Nordostecke des Jagdhauses angebaut werden. Diesen Anbau errichtete Georg Dollmann in Anlehnung an das Bestehende als Holzständerbau über einem Mauersockel. Die rauhe Schale sollte dann allerdings (trotz des Krieges mit Frankreich) im Inneren in erlesenem, französischem Rokoko ausgestaltet werden.

Der halbfertige Anbau inspirierte den König bereits im folgenden Jahr dazu, diesen neuen Ostflügel durch ein spiegelbildliches Gegenstück im Westen zu ergänzen und beide durch ein großzügiges Schlafzimmer im Norden miteinander zu verbinden. Da Ludwig gleichzeitig fand, die Räume im gerade fertigen Nordostflügel seien zwar in der Proportion, nicht aber in der Größe richtig, blieb nichts anderes übrig, als das gerade Fertiggestellte wieder abzureißen.

Den erweiterten Neubau plante Georg Dollmann als U-förmig um einen Hof gelegenen Gebäudekomplex, dessen Zentrum das königliche Schlafzimmer im Norden wurde. Dieses Schlafzimmer wurde von Anfang an als größter Raum des Neubaus geplant und entspricht damit eindeutig Versailler Vorbild. Beibehalten wurde zunächst noch das alte Königshäuschen, das nun dem Ostflügel des Neubaus vorgelagert war. Beibehalten wurde auch noch die Holzständerbauweise trotz der noch verfeinerten Rokokoausstattung im Inneren.

Trotz der schon parallel betriebenen Bauarbeiten an Neuschwanstein, scheint Ludwig II. bereits geahnt zu haben, daß Linderhof mehr und mehr zu seinem Lebensmittelpunkt werden könnte. Allein schon deshalb konnte ihn der von Kompromissen gekennzeichnete Zustand von Linderhof nach der Fertigstellung des Erweiterungsbaus nicht zufriedenstellen. Weder paßten Alt- und Neubau zusammen, noch harmonierte das Äußere mit dem Inneren.

So dauerte es denn auch nicht einmal zwei Jahre, bis am 21. Januar 1874 der entscheidende Schritt für den weiteren Ausbau von Linderhof mit der Unterzeichnung der Abbruchgenehmigung für das alte Königshäuschen geschah. An seine Stelle wurde vor den dreiflügligen Neubau ein Eingangstrakt mit Vestibül und Treppenhaus im bisher offenen Hof gestellt, der im Obergeschoß den Spiegelsaal und zwei Gobelinzimmer erhielt. Gleichzeitig wurde das gesamte Bauwerk mit kunstvoll gegliederten Steinmauern ummantelt.

Weil Ludwig II. möglichst rasch in seine «königliche Villa» einziehen wollte, sollte der Bau mit allen Mitteln beschleunigt werden. Das allerdings war leichter gesagt als getan, denn die technischen Schwierigkeiten bei der Errichtung der Steinfassaden waren enorm. Zum einen endete die Eisenbahnlinie damals noch in Weilheim, so daß das gesamte Baumaterial von dort mühsam mit Pferdewagen in das abgelegene Hochtal gebracht werden mußte. Zum anderen war das Baugelände für den um das Schlößchen geplanten Park in dem engen Trogtal alles andere als «architekturfreundlich». Felsen und Steilhänge mußten erst mühsam mit Stützmauern und Substruktionen vorbereitet werden, bevor der mit der Gestaltung des Parks beauftragte Hofgartendirektor Carl von Effner mit seiner eigentlichen Arbeit beginnen konnte. Zum dritten bereitete es sicher nicht geringe Schwierigkeiten, die technischen Voraussetzungen für die vom König gewünschten, umfangreichen Wasserspiele im Stil der italienischen Renaissance zu schaffen. Trotz all dieser Schwierigkeiten konnte das Schloß bis 1878 vollendet werden.

Auch wenn ursprünglich das «Petit Trianon» im Versailler Park bei den Überlegungen des Königs Pate gestanden haben dürfte, war nun doch ein völlig eigenständiges, keinem Vorbild direkt verpflichtetes Schloß entstanden, dessen Raumaufteilung trotz des komplizierten Werdegangs wie aus einem Guß erscheint. Im Ostflügel ist das Speisezimmer von den beiden hufeisenförmigen Räumen, dem Blauen und dem Rosa Kabinett gerahmt, im Westtrakt entspricht dem das Gelbe und Lila Kabinett nördlich und südlich des Audienzzimmers. Den eigentlichen Höhepunkt aber brachte der zuletzt im Süden vorgebaute Trakt mit dem kostbar ausgestatteten Spiegelsaal zwischen den beiden Gobelinzimmern.

Die Ausstattung

Für die äußere Gestaltung und die Ausstattung im Inneren gab Ludwig II. seinem Architekten Georg Dollmann klare Vorgaben im Sinne des royalistischen Stils des Dix-huitième als

Die Fassadengestaltung auf der Südseite von Schloß Linderhof erhält ihren eigentlichen Sinn durch die Allegorien ihrer Figuren. Ihr ikonographisches Programm stellte Georg Dollmann nach genauen Angaben des Königs zusammen. Zu lesen ist das allegorische Programm von unten nach oben, wobei das von Genien gehaltene bayerische Wappen im Giebelfeld ein für allemal klarmacht, daß sich natürlich alles auf Bayern und seinen König bezieht. Die beiden Hauptfiguren sind die Viktoria in der großen Nische in der Mitte als Symbol für den ewigen Sieg von König und Nation sowie ein Atlas in der Spitze des Giebels als Symbol für den universalen Machtanspruch des bayerischen Königs.

äußeres Zeichen für seine Verehrung der Bourbonenkönige. Der bayerische Ludwig folgte damit dem Beispiel der jüngeren Bourbonen, die sich nur wenig früher als er selbst auf die handwerkliche Tradition der vorrevolutionären Zeit unter Ludwig XV. und Ludwig XVI. besannen, um mit dem Stil des Ancien régime ihr Streben nach einer politischen Restauration zu betonen. Dieses Neorokoko verbreitete sich ausgehend vom französischen Hof in Aristokratie und Großbürgertum und fand noch in den dreißiger Jahren des 19. Jahrhunderts in Wien sein zweites Zentrum.

In der Wiener Form des Neorokoko, die sich gegenüber ihrem französischen Vorbild zwar weniger anspruchsvoll gab, dafür aber eine elegantere Linienführung vorzuweisen hatte, fand Ludwig II. seinen Idealstil, mit dem er seine von der Restauration des Königtums geprägten Vorstellungen glaubte ausdrücken zu können. Diese Vorstellung allerdings war beim bayerischköniglichen Epigonen nicht aufgrund eigener Anschauung gewachsen, sondern war lediglich das Ergebnis eines eifrigen Studiums einschlägiger Kunstzeitschriften, zeitgenössischer Almanache und der Unterlagen, die eifrige Bedienstete über bestimmte Vorbilder in seinem Auftrag zusammentrugen. Immerhin jedoch sorgte das eifrige Quellenstudium dafür, daß Ludwig II. von jedem Detail seines Bauprogramms überraschend genaue Vorgaben entwickelte und ihre Entwicklung solange wiederholen ließ, bis sie seinen Vorstellungen wirklich entsprachen.

Außer auf die Pariser und Wiener Quellen konnte der König zudem auf die Vorbilder des üppigen bayerischen Rokoko in seiner unmittelbaren Umgebung zurückgreifen. Bei genauerem Hinsehen lassen sich deshalb ohne weiteres Einflüsse von Feichtmayr oder Zimmermann nachweisen, wobei ihre Ziermotive nun dem Zeitgeschmack entsprechend mit Palmetten und Blütengehängen durchsetzt wurden. Insgesamt wurde die Formgebung auf der Suche nach dem Prunkvollen und Prächtigen voluminöser und weitschweifender als die Vorbilder aus dem Jahrhundert davor. Im Endergebnis darf Ludwig II. jedoch für sich ohne weiteres in Anspruch nehmen, sein eigenes Neorokoko geschaffen zu haben.

Unermüdlicher Helfer bei diesem permanenten Schöpfungsvorgang war Georg Dollmann, der für die Gesamtgestaltung sowohl der Außenhaut aus Stein als auch der Ausstattung im Inneren verantwortlich war. Zur Seite standen ihm für Einzelentwürfe der Bühnenbildner Christian Jank und für Details der Direktor des Münchner Hoftheaters Franz Seitz. Jeder Entwurf aber, egal ob für die Gestaltung einer Wand, einer Decke oder eines Fußbodens, einer Plastik, eines Einbaus oder eines Ziergegenstandes, durfte erst nach ausdrücklicher Genehmigung durch den König gefertigt werden. Wie es bei solchen «Genehmigungen» zuging, illustriert ein Protokoll des Hofsekretärs Düfflipp vom 17. Oktober 1872, in dem es unter anderem heißt: «Daß die Genien über den Türen und am Plafond sowie die Bavaria im Arbeitszimmer weiß sind, sein von Hrn. Dollmann sehr geschmacklos, Majestät seien darüber sehr erstaunt und erzürnt und sollen obige gleich vergoldet werden.

Ebenso geschmacklos sei im Arbeitszimmer, daß der untere Theil desselben Goldverzierungen auf grünem Grunde habe, statt auf weißem; für solche Geschmacklosigkeiten existiere gar kein Ausdruck.

Die Genien ober den Thüren, die das Wappen halten, seien nicht stylgemäß und sollen besser modeliert sein, woran auch die Überwachung von Seite des Hrn. Dollmann gefehlt habe.

Sei die Bavaria auch abscheulich, weil dieselbe nicht so ist, wie sie auf dem ersten Plan gezeichnet, und wie dieselbe auch am Plafond im roten Empfangssalon in München ist, während sie hier den Arm ausgestreckt hat.

In dem früheren Esszimmer hier hat Majestät genau bestimmt, daß Venus mit Amor obern Kamin und Venus und Bacchus obers Fenster kommen sollen, was jetzt gerade das Gegentheil ist, dieß ärgert Majestät am allermeisten, weil dasselbe nicht mehr geändert werden kann.

Daß die Figuren an diesem Plafond plastische Füße haben, will Majestät auch nicht gefallen, auch die Genien sollen nicht plastisch gemacht sein, sondern nur an den Plafond gemalt werden.

Die Armlehnen des Arbeitsstuhls sollen mehr gebogen sein, wie es stylgemäß ist, wenn es noch geändert werden kann.

Herr Maler Zimmermann hat versprochen, daß er das neue Bild sogleich beginnen wird, und daß er in sechs Wochen dasselbe fertig haben wird. Jetzt verlange derselbe drei Monate

dafür. Euer Hochwohlgeboren möchten ihm daher diese Arbeit nehmen und einem anderen geben, der es in sechs Wochen, ohne zu überhudeln, gerade so schön macht.»

Vor diesem Hintergrund ist bereits die Gestaltung der Außenhaut von Schloß Linderhof ein Meisterstück ganz eigener Art. Georg Dollmann nämlich war hier durch die Vorgabe des Königs, das Äußere im Stil des Rokoko zu gestalten, vor die ungewöhnliche Aufgabe gestellt, Elemente eines ornamental-dekorativen Zierstils der Innenausstattung auf eine Fassadengestaltung zu übertragen. Der ungewöhnlichen Aufgabe entledigte sich der historisch durchaus gebildete Architekt mit der Anhäufung sämtlicher ihm bekannten Stilmittel des 18. Jahrhunderts. Anklänge an Ludwig XIV. sind deshalb ebenso nachweisbar wie solche an die Würzburger Residenz oder den Zwinger in Dresden.

Der zweigeschossige Bau ist durch die Gestaltung des Erdgeschosses als Sockelzone optisch nahezu ganz auf das Hauptgeschoß reduziert. Seine Südfassade ist durch geschoßhohe, gebänderte Pilaster und Säulen, hohe Fenster und halbhohe Figurennischen sowie eine Balustrade im oberen Abschluß gegliedert. Der kräftig vorspringende, dreiachsige Mittelrisalit ist von Doppelsäulen eingefaßt, die beiden äußeren Achsen enthalten rundbogige Fenstertüren, die mittlere Achse ist als Figurennische ausgebildet. Den von Atlanten getragenen Mittelrisalit ziert ein goldenes Balkongitter, das optisch seine Entsprechung in den ebenfalls vergoldeten Schmiedeeisengittern der drei Portale im Erdgeschoß findet. Die Betonung seiner besonderen Bedeutung erhält der Mittelrisalit durch ein Attikageschoß mit drei Ovalfenstern und einem überreich stuckierten Ziergiebel.

Die Seitenfassaden im Osten und im Westen sind entsprechend gegliedert, wobei allerdings das Sockelgeschoß durch das ansteigende Gelände noch mehr zurücktritt. Hauptelement ist im Hauptgeschoß jeweils ein polygonaler Risalit mit dem die ovalen Säle auf beiden Seiten herausdrängen. Daß sie aufgrund der Baugeschichte des Schlosses nicht in der Mitte der Fassaden liegen, wurde einfach dadurch aufgefangen, daß die Mittelachse der seitlichen Gartenparterre darauf abgestimmt wurden. Gegliedert ist jeder Risalit mit je zwei rechteckigen Türen, die auf kleine Balkone führen, und einer mittleren, von einem gesprengten Giebel überhöhten Nische in Muschelform.

Selbst die Nordfassade (und eigentlich die Rückseite) des Schlosses ist mit Pilastern und Figurennischen zwischen den Fenstern ähnlich gegliedert wie die Hauptfassade. Der ebenfalls mit drei Achsen stark vorspringende Mittelrisalit ist wieder durch ein Attikageschoß mit ovalen Blindfenstern und einem ebenfalls reich stuckierten Giebel überhöht.

Ihren eigentlichen Sinn erhält die gesamte Fassadengestaltung durch die Allegorien ihrer Figuren. Ihr ikonographisches Programm stellte Georg Dollmann nach genauen Angaben des Königs zusammen, geschaffen wurden die Figuren von den Bildhauern Franz Walker, Philipp Perron und Theobald Bechler.

Zu lesen ist das allegorische Programm von unten nach oben, wobei das von Genien gehaltene bayerische Wappen im Giebelfeld ein für allemal klar macht, daß sich natürlich alles auf Bayern und seinen König bezieht. In den Nischen der Südfassade erscheinen deshalb «Lehrstand», «Wehrstand», «Rechtspflege» und «Nährstand» als die Hauptsäulen des Landes. Den Giebel rahmen «Handel», «Wissenschaft» «Industrie» und «Ackerbau». Der kulturelle Bereich ist im Attikageschoß mit zwei Genien und zwei Puttenpaaren repräsentiert. Dargestellt sind die «Musik», «Dichtkunst», «Architektur» und «Plastik». Die beiden Hauptfiguren aber sind die Viktoria in der großen Nische in der Mitte der Hauptfassade als Symbol für den ewigen Sieg von König und Nation sowie ein Atlas mit einer gewaltigen Weltkugel in der Spitze des Giebels als Symbol für den universalen Machtanspruch des bayerischen Königs.

Auch an den übrigen Fassaden setzt sich das allegorische Programm fort. So vertreten im Westen die Musen Euterpe die Musik, Erato die Poesie und Apollo die Wissenschaften. Im Osten darf Aurora den neuen Tag begrüßen, dem Reichtum und Frieden den richtigen Schwung geben sollen. Im Norden schließlich sollen die Tugenden Großmut, Stärke, Beständigkeit und Gerechtigkeit den königlichen Tugenden zum Durchbruch verhelfen.

Welcher Geist im Hause herrscht, sollte dem durch eines der drei großen Südportale eintretenden Besucher bereits im Vestibül vorgeführt werden. Genau in seiner Mitte nämlich steht die bronzene Reiterstatuette mit einer verkleinerten Nachbildung des Standbildes von Ludwig XIV. Dieses Standbild hatte die Stadt Paris 1699 von François de Girardon gießen

Das Deckengemälde im Paradeschlafzimmer von Schloß Linderhof stammt vom Historienmaler August Spieß und stellt eine Apotheose auf Ludwig XIV. dar. Der mächtige Kristallglaslüster aus Wien sollte mit seinen 108 Kerzen den Raum angemessen festlich erhellen, doch erlebte Ludwig II. diesen Glanz nicht mehr. Eingebaut wurde er erst nach dem Tod des Königs.

und auf der Place Vendôme aufstellen lassen. Mit der Nachbildung des während der Revolution zerstörten Denkmals des Sonnenkönigs wollte Ludwig gleichermaßen dokumentieren, welchem Vorbild er nacheifere und wie er seine eigene Stellung sehe.

Die Wände des Vestibüls sind mit Säulen und Pilastern aus Adnether Rot-Scheck-Marmor bewußt einfach gestaltet, um die Wirkung der verhältnismäßig niedrigen Decke nicht zu beeinträchtigen. Ihre Stukkaturen nämlich sind wiederum Ludwig XIV. gewidmet und zeigen mit einem Sonnenhaupt im Strahlenkranz das Emblem des Sonnenkönigs. Zwei Putten zeigen die Devise der Bourbonen «NEC PLURIBUS IMPAR» (auch vielen gewachsen).

Das Vestibül geht über einen säulengerahmten Zugang zum Treppenhaus. Auch hier ist wieder Adnether Marmor für die Säulen und Pilaster verwendet. Die Wandverkleidung wurde aus Marmor aus der Gegend von Nizza gefertigt. Die Mitte nimmt auch hier wieder ein Symbol der Verehrung Ludwigs II. ein: eine Porzellanamphore aus der Manufaktur «Sèvres». Das angebliche Geschenk Napoleons III. ist mit einer Darstellung von «Esther und Ahasver» bemalt. Die Stirnseite des Vorraumes zieren zwei chinesische Cloisonné-Vasen mit überreicher Farbornamentik. Zwei gekrönte Löwenfiguren mit dem bayerischen Rautenwappen bewachen den eigentlichen Treppenbeginn.

Sogar die sich aus einem Mittellauf zweiflüglig entwickelnde Treppe ist nicht ohne französisches Vorbild. Als verkleinerter Nachbau entspricht sie vielmehr genau der Gesandtentreppe des Versailler Schlosses. Ihre Säulen und Pilaster sind wieder aus Adnether Marmor, die Stufen stammen aus Carrara. Belichtet wird die Treppe durch ein Glasdach, das den an sich schmalen Treppenschacht nicht nur gut beleuchtet, sondern auch die Vergoldung des schmiedeeisernen Gitters ins rechte Licht setzt. Nicht umsonst ließ deshalb Ludwig II. mit einem ähnlichen Oberlicht, nur in sehr viel größerem Maßstab, das Treppenhaus in Schloß Herrenchiemsee belichten.

Ähnlich wie das Vestibül ist auch das Treppenhaus bewußt einfach und streng gestaltet, um den Glanz der königlichen Gemächer um so überwältigender erscheinen zu lassen. Was immer geniale Dekorationskunst zu bieten hatte, findet sich denn auch im Hauptgeschoß des Schlosses, für dessen Ausstattung Georg Dollmann zwar verantwortlich zeichnete, dessen Entwürfe wohl aber weitgehend vom Hoftheaterdirektor Franz Seitz gekommen sein dürften.

Die virtuos gezeichneten Abwicklungen der Wände jeden Raumes jedenfalls dürften kaum der Feder Dollmanns entstammen. Ihre eigenwillige Originalität deutet eher auf den Erfahrungsschatz des Bühnenbildners und des Kostümentwerfers. Ebenso auf die Urheberschaft von Franz Seitz deutet die Tatsache hin, daß er bereits ab 1867 die Ausgestaltung der königlichen Privatgemächer in der Münchner Residenz geleitet hatte und ab 1870 auch für das Entwerfen der prunkvollen Kutschen und Schlitten des Königs zuständig war.

Zahlreiche Möbelentwürfe sowohl für Linderhof als auch für Herrenchiemsee tragen zudem seine Signatur, so daß allein schon aufgrund der Ähnlichkeit der Stilmerkmale zwischen Möbeln und Wanddekorationen die Urheberschaft des Theaterdirektors naheliegt. Alles spricht dafür, daß Dollmann zwischen König und Dekorateur eine Art Vermittlerrolle spielte und als leitender Architekt die zur Ausführung bestimmten Entwürfe durch seine Unterschrift für die Handwerker freigab.

Wie so vieles im Umkreis von Ludwig II. lag auch die Beschäftigung des Theaterdirektors als Raumdekorateur durchaus in der Tradition des Hauses. Schon das Schlößchen Hohenschwangau war ab 1833 nach den Entwürfen des Münchner Theatermalers Domenico Quaglio ausgebaut und ausgestaltet worden, so daß Ludwig nur dem väterlichen Beispiel zu folgen brauchte. Franz Seitz seinerseits schickte denn wieder die ihm unterstellten Theatermaler Christian Jank, Angelo Quaglio und Joseph de la Paix zur Ausführung seiner Entwürfe nach Linderhof.

Da es bei jedem einzelnen Raum in Schloß Linderhof darum ging, ein jeweils in sich geschlossenes Raumkunstwerk zu schaffen, war es nur von Vorteil, wenn die ausführenden Maler keine allzu ausgeprägte eigene Hand hatten. Die eingesetzten Bilder, die Bildnisse historischer Persönlichkeiten aus der Bourbonenzeit oder die auf Gobelinstoff gemalten Szenen hatten zum einen ihren genau vorgegebenen, dekorativen Stellenwert im Ganzen des jeweiligen Raumes, zum anderen waren nur so die präzisen Wünsche des Königs zu erfüllen, der

Das königliche Arbeitszimmer in Schloß Linderhof hieß ursprünglich "Chambre de Conseil" und wurde von Christian Jank 1870 entworfen. Die gesamte Ausstattung dieses Raumes muß als Symbol absolutistischen Machtanspruches verstanden werden. Deshalb steht der bis auf die Platte ganz vergoldete "Arbeitstisch" des Königs vor einem ebenfalls ganz vergoldeten Thronsessel. Beide werden überragt von einem majestätischen, hermelingefütterten Baldachin aus grünem, mit Goldstickereien verziertem Samt. Das zentrale Motiv der Rückwand des Baldachins ist das bayerische Wappen in feinster Nadelmalerei.

sich nicht scheute, ein Bild solange neu malen zu lassen, bis es in allen Details seinen Vorstellungen entsprach. Wer aber hätte dies besser gekonnt als ein flexibler Theatermaler?

Wie kaum ein Fürst des 18. Jahrhunderts empfand Ludwig II. die Räume seines Refugiums in Linderhof als ein einheitliches «Appartement». Die Abfolge der Raumformen und die jeden einzelnen Raum beherrschende Grundfarbe waren so aufeinander abgestimmt, daß sich zwar keine klassische Enfilade (dafür war das Schlößchen auch viel zu privat), aber doch eine bestimmte rhythmische Wirkung beim Durchschreiten ergab. Keinesfalls Zufall ist es dabei, daß das im Norden gelegene Schlafzimmer eindeutig der Hauptraum der Enfilade à la Ludwig II. ist.

Gleichgültig, ob man auf der Treppe den westlichen oder den östlichen Lauf benützt, ergibt sich stets der gleiche Raumrhythmus als Einstimmung auf den Hauptraum. Daß der Spiegelsaal im Süden als Gegenpol zum Schlafzimmer im Norden nicht nur kleiner im Grundriß, sondern auch weniger kostbar in der Ausstattung ausgefallen ist, verwundert beim Gedanken an den der Nacht zugewandten Bauherrn dann keineswegs mehr.

Heute führt der Weg den Besucher von Schloß Linderhof im Rundgang durch das Hauptgeschoß, wobei im westlichen Gobelinzimmer, dem Musikzimmer, begonnen wird. Es wurde in Anlehnung an die von Watteau so oft gemalten «Fêtes galantes» gestaltet und enthält deshalb in großen Wandbildern Gesellschafts- und Schäferszenen. Sie wurden (hier spürt man die Theatermaler) so auf grobe Leinwand gemalt, daß der Eindruck entsteht, es handle sich um echte Gobelins. Der schöne Schein wurde bewußt noch durch großzügig vergoldete Zierrahmen gefördert.

Gemalt hat diese «Gobelins» Heinrich von Pechmann. Seine Themen reichen vom «Blumenopfer vor dem Altar Amors» bis zu «Schäferinnen mit Dudelsackpfeifer». Die vergoldeten Schnitzereien an der Vertäfelung mit ihren bukolischen Emblemen schuf Philipp Perron ebenso wie die die Musik, die Malerei und die Geschichte verkörpernden Puttengruppen in den Supraporten. Das Deckengemälde ist ein Werk des Historienmalers Wilhelm Hauschild. Dargestellt ist Apollo, wie er die von Putten und Najaden begleitete Venus im Muschelwagen empfängt. Mit dieser Allegorie auf den Abend wird der westlichen Lage des Zimmers Rechnung getragen.

Seine Kennzeichnung als «Musikzimmer» verdankt der Raum einem Pianinio Aeolodikon, einem Instrument, das Klavier und Harmonium kombinieren soll. Hauptfunktion des Zwitters war jedoch nicht seine Benutzbarkeit als Musikinstrument, sondern sein dekorativer Nutzen. Seine aufwendige Gestaltung geht auf einen 1871 von Adolf Seder geschaffenen Entwurf zurück, gebaut wurde das Gehäuse mit seinen vergoldeten Schnitzereien, den Putten und einem Watteau nachempfundenen Gemälde von Philipp Perron.

Ebenfalls von Perron stammt die aus Carraramarmor gefertigte «Apotheose Ludwigs XIV. von Frankreich» auf dem Kamin. Ein Prachtstück für sich ist der lebensgroße Pfau aus bemaltem Sèvres-Porzellan, der exakt nach Ludwigs II. Vorgaben gefertigt wurde: «derselbe darf kein Rad schlagen, sondern muß den Schweif gerade nach rückwärts strecken. Die Farbe des Halses soll schön lapislazuli-blau sein. Seine Majestät denken sich diesen Pfau auf einer Stellage von vergoldeter Bronze stehend, die aus Blumen gebildet wird, etwa eineinhalb Fuß hoch.»

Auf der Nordseite des westlichen Gobelinzimmers folgt der erste der insgesamt vier kleinen, hufeisenförmigen Kabinette. Jedes von ihnen ist nach seiner Grundfarbe benannt. Das erste heißt Gelbes Kabinett, weil alle Sitzmöbel mit silberbestickter gelber Seide bespannt sind. Denselben Grundton haben die auf hellblauem Grund stehenden, geschnitzten Rocaillen der Vertäfelung und die Stukkaturen der Hohlkehle an der blaugrau gefaßten Decke. Die Stukkaturen zeigen in Tiergestalt Allegorien der vier Erdteile, der vier Elemente sowie Tierkreiszeichen. Vorbild für ihre Gestaltung war ein Salon im Schloß Rambouillet.

Da das Gelbe Kabinett insgesamt dem «Style Louis XV.» entsprechen sollte, mußten auch die Bilder darauf Bezug nehmen. Bernhard Fries malte deshalb über der Ausgangstür den Auszug der höfischen Gesellschaft auf die Venusinsel Cythera nach dem Vorbild eines ähnlichen Bildes von Watteau, und Albert Gräfle schuf die vier ovalen Pastellbilder für die Mitte der einzelnen Wandfelder mit Porträts wichtiger Persönlichkeiten des Pariser Hofes aus der Zeit des Rokoko. Dargestellt sind der Herzog Moritz von Sachsen, die Marquise von Créqui, der Herzog von Belle-Isle und die Herzogin von Egmont-Pignatelli. Wie sehr dem König diese

Das ganz in Weiß, Rot und Gold gehaltene Speisezimmer in Schloß Linderhof wurde bereits 1872 fertiggestellt. Die Entwürfe für die reich geschnitzten und vergoldeten Möbel lieferte Franz Seitz, die Decke entwarf Christian Jank.

Porträts am Herzen lagen, zeigt ein Auftrag, den er seinem Sekretär Düfflipp 1871 diktierte: «Bieten Sie alles auf, um ein Bild der Marquise de Créqui zu erhalten. Ich brauche nothwendig ein Pastellbild von ihr für den Linderhof, ich lese gegenwärtig ihre sehr interessanten siebenbändigen Memoiren.»

Wiederum im Norden des Gelben Kabinetts schließt sich das elliptische Audienzzimmer an, das ursprünglich «Chambre de Conseil» hieß und das Christian Jank 1870 entworfen hat. Seinen Namen allerdings erhielt der Raum nicht von seinem Gebrauch (eine Audienz wurde hier nie abgehalten), sondern vom Machtanspruch des Königs, der der Meinung war, zu den Symbolen seiner Macht gehöre auch ein Audienzzimmer. Tatsächlich benutzt aber wurde der Raum als Arbeitszimmer, auch wenn seine gesamte Ausstattung als Gesamtsymbol absolutistischen Machtanspruches verstanden werden muß.

Der prächtige, bis auf die Platte ganz vergoldete «Arbeitstisch» des Königs steht vor einem ebenfalls ganz vergoldeten Thronsessel. Beide zusammen werden überragt von einem majestätischen, hermelingefütterten Baldachin aus grünem, mit Goldstickereien verziertem Samt. Die Rückwand des Baldachins enthält als zentrales Motiv das bayerische Wappen in feinster Nadelmalerei. Eine Bavaria über dem Thronbaldachin und das bayerische, von Fama-Figuren gehaltene Wappen über beiden Türen sollen die Bedeutung des bayerischen Königtums unterstreichen.

Ebenfalls dem bayerischen Staat sind die wieder von Philipp Perron geschaffenen, vergoldeten Schnitzereien in der Vertäfelung gewidmet. Dargestellt sind «Wissenschaft und Kunst», «Handel und Gewerbe», «Weltliche Herrschaft» und «Geistliche Herrschaft». Die Darstellung der vier Jahreszeiten über den beiden Fenstern und den beiden Türen soll ihren immerwährenden Bestand heraufbeschwören.

Dem absolutistischen Königtum der Bourbonen dagegen sind einmal mehr die Lünettenbilder im Muldengewölbe gewidmet. Gemalt wurden sie von Ferdinand Knab, Joseph Watter und Reinhard Sebastian Zimmermann. Dargestellt sind das Schloß Versailles, ein «Souper Ludwigs XV. in Versailles», ein «Empfang der türkischen Gesandtschaft» und die «Hochzeit des Dauphin in der Schloßkapelle zu Versailles». Die beiden Kamine aus Carrara-Marmor zieren Reiterstatuetten von Ludwig XIV. und Ludwig XV., beides Werke, die Adolph Halbreiter in vergoldetem Bronzeguß nach Pariser Vorbildern schuf.

Nördlich des Audienzzimmers schließt sich als symmetrisches Gegenstück zum Gelben Kabinett das 1871 von Christian Jank entworfene Lila Kabinett an. Seinen Namen erhielt es vom lila Grundton der Seidenbespannungen der Panneaux. Die vergoldeten Stukkaturen der Hohlkehle enthalten Kartuschen mit Figuren der Götter Jupiter, Flora, Mars und Apollo. Die Embleme dazwischen versinnbildlichen die Astronomie, den Ackerbau, Krieg und Frieden, die bildende Kunst und die Dichtung.

Das Gemälde über der Eingangstür schuf Bernhard Fries. Es zeigt die Versailler Hofgesellschaft im Garten. Die vier ovalen Pastellbildnisse auf den seidenbespannten Panneaux sind ebenfalls wieder Gestalten des französischen Hofes gewidmet. Dargestellt sind die Herzogin Marie Anne von Châteauroux, König Ludwig XV. von Frankreich, die Marquise de Pompadour und Herzog Etienne François de Choiseul-Stainville. Die Kleidung der Madame de Pompadour ließ Ludwig durch seinen Sekretär Düfflipp wiederum exakt vorschreiben. Der hatte dafür zu sorgen, daß der Maler «das Kleid der Fräulein Ziegler aus dem Stück Narziß als Muster bekommt und daß es genau auf dem Bild so ausgeführt wird».

Vom Lila Kabinett aus betritt man den größten und wichtigsten Raum von Schloß Linderhof, das königliche Schlafzimmer auf dessen Westseite. Es diente Ludwig II. als seine eigentliche absolutistische Repräsentationsbühne, um die herum der gesamte Rest des Schlosses als Staffage zu dienen hatte. Die Ausstattung des in den Vorstellungen des Königs so überaus wichtigen Raumes war 1871 in Angriff genommen worden. Georg Dollmann lieferte dafür die Entwürfe der Wanddekoration, Christian Jank die der Hohlkehle und Franz Seitz die der Panneaux und des Prunkbettes. Der Theatermaler Angelo Quaglio faßte all das in eine kolorierte Gesamtansicht, zu der Christian Jank schließlich noch den Entwurf für das Deckenbild lieferte.

Nicht einmal ein Jahr später jedoch genügte all das nicht mehr. Der König fand, seine Selbstdarstellungsbühne sei in ihren Proportionen nicht angemessen und ließ deshalb durch

Das mit unendlich verspieltem Stuck gerahmte Deckengemälde im Speisezimmer von Schloß Linderhof schufen Eduard Schwoiser und August von Heckel. Zu sehen sind Venus und Bacchus, Flora, Amor und Psyche sowie Venus mit Amor. Daß die Deckenmalerei nach barockem Vorbild immer wieder in plastische Darstellung übergeht, hat Ludwig II. übrigens stets geärgert.

Julius Hofmann, den Nachfolger Georg Dollmanns, das Schlafzimmer auf der Nordseite um eine Achse verlängern. Hofmann seinerseits beauftragte den Architekten Eugen Drollinger mit der Gestaltung der Innenausstattung. Ab 1884 wurde sie nach dem Vorbild des Schlafzimmers der Reichen Zimmer in der Münchner Residenz in Angriff genommen. Das Prunkschlafzimmer wurde damit der einzige Raum in Linderhof, in dem nicht der Stil Ludwigs XV., sondern der Régence-Stil nachgeahmt wurde.

Der alles beherrschende Einrichtungsgegenstand ist natürlich das große, goldene Prunkbett, dessen Bezüge in des Königs Lieblingsfarbe Blau gehalten sind. Die mit Amoretten verzierte Rückwand des Bettes zeigt als zentrales Motiv das Emblem des französischen Sonnenkönigs und erinnert damit einmal mehr an das leuchtende Vorbild des bayerischen Sonnenkönigs. Der Bettbaldachin selbst aber zeigt dann doch das bayerische Wappen mit posaunenblasenden Genien, womit Bayern im Rang noch über dem großen französischen Vorbild gesehen wird.

An die Funktion des Raumes als Bühne für das vom französischen Sonnenkönig eingeführte Zeremoniell des «Lever» und «Coucher» erinnern die beiden Supraportengemälde, das eine («Lever») stammt von Julius Benczur, das andere («Coucher») malte Karl Otto. Wie im Schlafzimmer der Reichen Zimmer der Residenz ist der Bettalkoven vom Rest des Raumes durch eine geschnitzte und vergoldete Balustrade abgetrennt, von der Ludwig II. selbst sagte, sie markiere eine «nie zu durchschreitende und unverletzliche» Trennungslinie.

Das Deckengemälde über dem Alkoven zeigt als Allegorie auf den Morgen Apoll mit dem Sonnenwagen, gemalt hat es Ludwig Lesker. Das Deckengemälde im Hauptraum schuf der Historienmaler August Spieß mit einer Apotheose auf Ludwig XIV. Dem Thema Schlafzimmer dagegen sind die Szenen im Stuck der Hohlkehle gewidmet. Er enthält die mythologischen Liebespaare Meleagros und Atalante, Amor und Psyche und Diana und Endymion.

Ein mächtiger Kristallglaslüster aus Wien sollte mit seinen 108 Kerzen den Raum angemessen festlich erhellen, doch erlebte Ludwig II. diesen Glanz nicht mehr. Als Ludwig II. am Abend des 13. Juni 1886 vor dem Schlößchen Berg seinen Tod im Starnberger See fand, waren die Arbeiten an seinem Paradeschlafzimmer noch in vollem Gang. Weil Linderhof bereits am 1. August 1886 zur allgemeinen Besichtigung freigegeben wurde, entschloß man sich im folgenden Jahr, das Schlafzimmer in großen Zügen planmäßig zu vollenden, um den Besuchern wenigstens einen Eindruck davon zu vermitteln, «was seitens des Höchstseligen Königs geplant war».

An der Ostseite des Schlafzimmers beginnt nun in umgekehrter Reihenfolge die gleiche Raumfolge wie zuvor auf der Westseite. Erster Raum ist das dritte hufeisenförmige Kabinett, das Rosa Kabinett. Der mit rosafarbener Seide bespannte Raum diente dem König als Ankleidezimmer und wurde bereits 1873 fertiggestellt. Auch hier finden sich wieder vier Pastellbildnisse von Persönlichkeiten des französischen Hofes. Die Gemälde von Albert Gräfle zeigen die Herzogin Beatrice de Choiseul-Stainville, den französischen Kanzler Augustin de Maupeau, die Gräfin Jeanne Marie Dubarry (sie verehrte der König ähnlich wie die Pompadour) und den Herzog Caesar Gabriel de Choiseul. Das Deckengemälde mit spielenden und blumentragenden Amoretten geht auf einen Entwurf von Christian Jank zurück.

Das anschließende, in Weiß, Rot und Gold gehaltene Speisezimmer mit seinem schon beinahe weltberühmten «Tischlein-deck-Dich» wurde bereits 1872 fertiggestellt. Der reich geschnitzte und vergoldete Speisetisch steht auf einer versenkbaren, in den Boden genau eingepaßten Plattform, die mit einem Hubgestänge ins Erdgeschoß heruntergeholt werden kann. Dort wurde für den König der Tisch gedeckt und das Ganze wieder nach oben gehoben, damit Ludwig nach französischen Vorbildern aus dem 18. Jahrhundert ungestört von Dienerschaft allein speisen konnte. Dies tat der einsame König zwar immer, doch erhielt der Tisch nicht selten zwei oder mehrere Gedecke. Der König soll sich dann mit imaginären Gästen aus der in den Kabinetten verewigten französischen Hofgesellschaft im Selbstgespräch unterhalten haben.

Die Entwürfe für die reich geschnitzten und vergoldeten Möbel des Speisezimmers lieferte Franz Seitz, der vielarmige Porzellanlüster über dem «Tischlein-deck-Dich» stammt aus Meißen. Die gesamte übrige Raumdekoration ist ganz auf den Verwendungszweck des Raumes abgestimmt. So stellen die von Philipp Perron geschaffenen, in Weiß und Gold gehaltenen Schnitzereien der Vertäfelung den Gartenbau, die Jagd, die Fischerei und die Landwirt-

Das östliche Gobelinzimmer in Schloß Linderhof hat wie sein westliches Gegenstück eigentlich einen falschen Namen. Statt kostbarer Gobelins ziert lediglich bemalte Leinwand als Gobelinimitation die Wände. Die mythologischen Darstellungen in diesem Zimmer schuf Heinrich von Pechmann, abgebildet ist die Szene "Europa auf dem Stier".

schaft dar. Die gleichen Themen kehren in den vollplastischen, vergoldeten Puttengruppen an der Decke wieder, für die Christian Jank die Entwürfe geliefert und Theobald Bechler die Ausführung übernommen hatte. Dargestellt sind die Getreide- und die Weinernte, die Blumenzucht, der Gartenbau, die Jagd und der Fischfang. Die stuckgerahmten Deckengemälde von Eduard Schwoiser und August von Heckel zeigen Venus und Bacchus, Flora, Amor und Psyche sowie Venus mit Amor. Daß die Deckenmalerei nach barockem Vorbild immer wieder in plastische Darstellung übergeht, hat Ludwig übrigens stets geärgert.

Im Süden schließt sich an das Speisezimmer das Blaue Kabinett an, in dem einmal mehr das Thema Musik anklingt. So stellen die Stukkaturen an der Hohlkehle von Theobald Bechler Embleme der Musik dar, das Deckengemälde von Ludwig Gebhardt zeigt musizierende Amoretten. Auch in diesem letzten der vier Kabinette gibt es wieder vier Pastellgemälde in vergoldeten Schnitzrahmen. Auch diese vier stammen von Albert Gräfle, dargestellt sind die Gräfin Julie von Molly-Nesle, der Herzog Louis François Armand Duplessis, die Gräfin Pauline Felicité von Ventimille und Germain Chanvelin.

Den Eckraum im Südosten bildet das östliche Gobelinzimmer, das exakte Gegenstück zum westlichen Gobelinzimmer in der Südwestecke. Analog zu seinem Pendant zeigt das Deckengemälde von Wilhelm Hauschild hier die Allegorie des Morgens mit Apollo und Aurora. Die Gobelinimitationen in den vergoldeten Rahmen zeigen allerdings nicht wie dort Schäferidyllen, sondern mythologische Darstellungen. Die von Heinrich von Pechmann gemalten Szenen zeigen «Diana und Endymion», «Boreas raubt Oreithyia», «Triumphzug des Bacchus» und «Europa auf dem Stier». Die Puttengruppen über den Türen sind Allegorien auf die Bildhauerei, die Architektur und die Astronomie.

Die beiden Gobelinzimmer rahmen den südlichen Hauptraum von Linderhof, den Spiegelsaal. Den Entwurf für seine Ausstattung erarbeiteten Georg Dollmann und der Theatermaler Joseph de la Paix 1874 gemeinsam. Auf ausdrücklichen Wunsch des Königs wurde das Spiegelkabinett in den Reichen Zimmern der Münchner Residenz zum Vorbild genommen und nach Ludwigs Vorstellungen ins Prunkvolle gesteigert. Dabei sollten «die Tapeten d. h. der blaue moirée antique mit schönen Rococoverzierungen eingefaßt werden».

Im Ergebnis allerdings wurden alle Panneaux durch Spiegel ersetzt und damit ins Phantastische gesteigert, was im Jahrhundert zuvor in Bamberg, Würzburg oder München angelegt worden war. Weil die Spiegel die rahmende Vertäfelung auf das absolute Minimum zurückdrängen, verschwindet die natürliche Raumgrenze und ermöglicht die Vortäuschung einer endlosen, mit reich vergoldetem Schnitzwerk überladenen Raumflucht. Die Schnitzereien der schmalen Vertäfelungen und den Stuck der Decke schuf Philipp Perron. Die vergoldete Stuckhohlkehle ist mit vollplastischen Puttengruppen und Kartuschen mit mythologischen Szenen aus «Amor und Psyche» gefüllt. Das Deckengemälde von Eduard Schwoiser zeigt die «Geburt der Venus», das Deckenbild in der verspiegelten Nische enthält das «Urteil Paris». Gemalt hat es Franz Widnmann.

Zur Einrichtung gehört unter anderem ein geschnitzter und vergoldeter Konsoltisch, dessen Platte aus einer Einlegearbeit mit Lapislazuli, Amethystquarz und Chalzedon besteht. Glaubt man einem Bericht von Georg Dollmann, dann haben an dieser Platte «in florentiner und römischer Mosaik» 15 Arbeiter eineinhalb Jahre gearbeitet und bewegen sich die Kosten hierfür zwischen der Summe von 25000 und 35000 Gulden. Die Platte enthält das von Genien gehaltene und in Glasmosaik ausgeführte bayerische Wappen.

Der Park und seine Bauten

Ludwig II. wäre nicht Bayerns Märchenkönig gewesen, hätte er für seine «Privatresidenz» Linderhof nicht ganz konkrete Vorstellungen von einem dazu passenden Park gehabt. Wie so oft bei anderen Gelegenheiten, störte es auch hier den König wenig, daß die tatsächlichen Gegebenheiten seinen Plänen diametral entgegenstanden. Für Linderhof bedeutete dies zum einen, daß der im engen und rauhen Hochtal der Alpen gelegene preziöse Rokokobau alles andere als im Einklang mit seiner Umgebung war. Zum anderen war das Gelände selbst mit

Der maurische Kiosk im Park von Schloß Linderhof stand 1867 als offizieller Beitrag Preußens auf der Pariser Weltausstellung. Neun Jahre später gelang es König Ludwig II., den mit Zinkgußplatten verkleideten Holzständerbau, mit seiner vergoldeten Mittelkuppel und seinen vier minarettartigen Ecktürmchen, zu erwerben und im Wald oberhalb von Schloß Linderhof aufbauen zu lassen.

seinen Felsen- und Steilhängen eigentlich denkbar ungeeignet für die Anlage eines zum Geist des Schlosses passenden Gartens.

Zuhilfe kam dem König und seinem grünen Architekten Carl von Effner (seit 1868 königlicher Hofgartendirektor) die gerade aufgekommene Theorie des «architektonischen Landschaftsgartens». Darin heißt es etwa: «Soweit der Einfluß des Wohngebäudes reicht, soweit verlangt der Garten geradlinige Anordnung, Rasenflächen von regelmäßiger Gestalt, gerade Hecken, gemauerte Bassins, Canäle, Fontänen, Terrassen, Balustraden, Stiegen, Werke der Sculptur, selbstverständlich alles in Einklang mit den gegebenen Größenverhältnissen der Architektur und des Raumes. Je größer die Entfernung von Schloß und Villa wird, je mehr hat man ein Recht, die regelmäßige Anlage in die unregelmäßige (immer aber kunstvolle), die Bassins in Teiche und Seen, die Hecken in Gebüsch, die Bäume in Gruppen und Wald, die Rasen- und Blumenbeete in Wiesenflächen übergehen und alles Gemäuer und alle Sculptur nach und nach verschwinden zu lassen.» (Jakob Falke)

Genau nach diesem «Rezept» gelang es Effner mit der geschickten Komposition unterschiedlichster Elemente eine Verbindung zwischen dem im Geiste des französischen Rokoko gebauten Schloß und der Urwüchsigkeit der natürlichen Umgebung herzustellen. Daß es ihm dabei nicht nur gelang, den Hauptwunsch des Königs nach Wasserspielen «à l'italienne» zu erfüllen, sondern diese auch noch als Bindeglied zwischen den barocken Parterregärten am Schloß und dem englischen Landschaftsgarten als Übergang zum freien Hochgebirgswald einzubringen, unterstreicht das besondere Geschick Effners.

Mittelpunkt des über 50 Hektar großen Parks ist das Achsenkreuz des Schlosses. Seine Ost-West-Achse bildet die Mittellinie für je ein streng im Sinne der französischen Vorbilder angelegtes Gartenparterre. Beide sind mit Hainbuchenspalieren, regelmäßigen Rasenflächen, Teppichbeeten und Buchspyramiden gegliedert. Das westliche Parterre ziert in der Mitte ein vierpaßförmiges Bassin mit einer vergoldeten Fama. Eine überlebensgroße Terracottabüste von Ludwig XIV. wacht über diesen Teil des Gartens, während auf der Ostseite eine Steinbüste Ludwigs XVI. diese Aufgabe übernommen hat.

Das größte Parterre liegt im Süden vor der Eingangsseite des Schlosses. Sein Zentrum ist ein großes Wasserbassin mit einer rund 30 Meter hoch aus einer vergoldeten Floragruppe schießenden Fontäne. Die Schmalseiten zieren mythologische und allegorische Steinskulpturen und Terracottavasen.

Zu dem dem Schloß im Süden gegenüber aufsteigenden «Linderbichl» führt eine symmetrische, mit Brunnen, Nischen und Statuen ausgestattete Flügeltreppe über drei Terrassen zu einem kleinen, als Point de vue der ganzen Anlage angelegten Rundtempel hinauf. Königin Maria Antoinette von Frankreich bewacht als überlebensgroße Steinbüste diese Treppenanlage. Den kleinen Rundtempel am Gipfel ziert eine lebensgroße Marmorfigur der Venus, der zwei Amoretten Gesellschaft leisten.

Die ansonsten streng eingehaltene Symmetrie der großen Treppenanlage wird an ihrem rechten Fuß von einer gewaltigen Linde gestört, die Ludwig II. offensichtlich so wichtig war, daß sie nicht weichen mußte, sondern sogar in ganz besonderer Form in den Garten einbezogen wurde. In ihrer Krone ließ der König eine Plattform einbauen, zu der eine bequeme Treppe hinaufführte und wo der König manchmal zu frühstücken pflegte oder Gäste empfing. Ob dabei ein Stück verlorener Jugend nachgeholt wurde?

Auf der Nordseite des Schlosses war das Gelände besonders schwierig zu bewältigen, begann dort doch unmittelbar der Berg zum «Hennenkopf» anzusteigen. Effner löste das Problem durch den Einbau einer aus 30 Marmorstufen bestehenden Kaskade, die unmittelbar unterhalb des königlichen Schlafzimmers in einen Neptunbrunnen mündete. Den oberen Point de vue der Wassertreppe bildet ein Holzpavillon, den unteren eine aus Blumen geformte Bourbonen-Lilie. Auch die Neptungruppe im unteren Brunnen wurde nach Versailler Vorbild gestaltet.

Der eigentliche Reiz der Parkanlagen um Linderhof besteht darin, daß es Effner gelungen ist, die barocken Gartenparterres, die Terrassenanlagen im Stil der Renaissance und den romantischen Ansatz eines englischen Gartens so stimmig miteinander in Einklang zu bringen, daß nirgends Brüche spürbar sind, und der Übergang zum freien Hochgebirgswald tatsächlich als «natürlich» empfunden wird. Die besondere Beziehung Ludwigs II. zu Bäumen

Die Innenausstattung des maurischen Kiosks war Ludwig II. bei weitem zu karg. Georg Dollmann hatte deshalb einen weißen Marmorbrunnen mit architektonischem Aufbau aus Zinkguß, einen großen Glaslüster mit 32 farbigen Lampen und einen luxuriösen Pfauenthron zu entwerfen. Brunnen, Glaslüster und neue Farbfenster wurden in München hergestellt, die aus emailliertem Bronzeguß gefertigten drei Pfauen mit ihren prunkvollen Federrädern kamen aus Paris.

Folgende Doppelseite:
Die Venusgrotte im Park von Schloß Linderhof sollte nach der Vorstellung von Ludwig II. zum einen das Innere von Richard Wagners Hörselberg wiedergeben, zum anderen an die Blaue Grotte von Capri erinnern. Deshalb erhielt die Linderhofer Venusgrotte neben einer 10 Meter hohen Hauptgrotte auch noch zwei kleinere Nebengrotten sowie einen unterirdisch erleuchteten See, in den sich ein Wasserfall ergießt. Die Wände wurden als künstliche Tropfsteinhöhle gestaltet, die in unterschiedliche Farben getaucht werden konnten. 24 Bogenlampen, ein "Regenbogenprojektionsapparat" sowie eine Wellenmaschine sorgten dafür, daß sich die richtige Stimmung einstellte, wenn sich der König in seinem mit vergoldeten Schnitzereien überreich verzierten Muschelthron auf dem See herumrudern ließ.

(er pflegte sie zu grüßen und vor manchen verneigte er sich) sorgte darüber hinaus dafür, daß der englische Teil des Parks heute mit prächtigen Solitärbaumgruppen aus mächtigen Eichen, Ahornen und Blutbuchen glänzen kann.

Der weitläufige Park bot Ludwig II. auch die Möglichkeit, ganz private Wunsch- und Traumvorstellungen Wirklichkeit werden zu lassen. Eine dieser Traumvorstellungen hatte sich schon sehr früh an einer Szenenanweisung zum «Tannhäuser» von Richard Wagner entzündet. Dort heißt es für den ersten Akt: «Weite Grotte, welche sich im Hintergrunde durch eine Biegung nach rechts wie unabsehbar dahinzieht. Im fernsten sichtbaren Hintergrunde dehnt sich ein bläulicher See aus. Im äußersten Vordergrunde liegt Venus auf einem Lager ausgestreckt, vor ihr halb kniend Tannhäuser, das Haupt in ihrem Schoße. Die ganze Grotte ist durch rosiges Licht erleuchtet.»

Zunächst wollte Ludwig diese Venusgrotte in dem ohnehin Richard Wagner geweihten Schloß Neuschwanstein einbauen lassen, doch scheiterte dies an technischen Schwierigkeiten. Am 15. Dezember 1875 wurde deshalb entschieden, die Grotte als künstliche Höhle im Park von Schloß Linderhof zu bauen. Den Rohbau aus Ziegelsteinen hatte Georg Dollmann zu errichten, die Innengestaltung übernahm der «Landschaftsplastiker» August Dirigl. Er führte bereits im April 1876 dem König das Modell dessen vor, was er im Linderhofer Ziegelkeller aus Leinwand und Zement zu gestalten gedachte. Bei dieser Gelegenheit bestimmte der König, daß «viel Cristall verwendet werden (solle), damit es recht glitzert» und daß die Grotte am 25. August 1877 zu seinem 32. Geburtstag fertig sein müsse.

Da die Höhle nicht nur das Innere von Richard Wagners Hörselberg wiedergeben, sondern auch noch an die Blaue Grotte von Capri erinnern sollte, erhielt die Linderhofer Venusgrotte neben einer zehn Meter hohen Hauptgrotte auch noch zwei kleinere Nebengrotten sowie einen unterirdischen erleuchteten See, in den sich ein Wasserfall ergießt. Die Wände wurden als künstliche Tropfsteinhöhle gestaltet, die in unterschiedliche Farben getaucht werden konnten.

Um all diese Wünsche erfüllen zu können, waren umfangreiche technische Vorkehrungen notwendig. Am einfachsten zu verwirklichen war noch die bauliche Konstruktion aus Pfeilern, Gewölbegurten und Eisenverstrebungen, aus denen Felsen und Tropfsteine durch reichliche Verwendung von Leinwand und Zement wurden. Schon schwieriger war es, die elektrische Beleuchtung sicherzustellen, für die Werner von Siemens 24 seiner gerade konstruierten Dynamomaschinen lieferte. Mit dem von ihnen erzeugten Strom konnten 24 Bogenlampen, ein «Regenbogenprojektionsapparat» sowie eine Wellenmaschine betrieben werden. Die vom Auftraggeber geforderten wechselnden Lichteffekte ergaben sich durch rotierende farbige Glasscheiben. Kaum weniger aufwendig war es, die vom König geforderte, gleichmäßige Raumtemperatur von 20° Celsius sicherzustellen. Nicht weniger als sieben, von Dienern beheizte Öfen waren dafür notwendig.

Die Innenausstattung der Venusgrotte wurde durch August von Heckel und Franz Seitz vervollständigt. Von Heckel stammt das Monumentalgemälde mit der Venusszene des «Tannhäuser», Franz Seitz entwarf den Korallenleuchter, mehrere Korallenstühle, einen zwei Meter hohen Muschelthron und einen aus Eichen- und Lindenholz gebauten, mit vergoldeten Schnitzereien überreich verzierten Muschelkahn, mit dem sich der König auf dem See herumrudern ließ.

Wie das Programm eines königlichen Grottenbesuches aussah, schilderte Luise von Kobell: «Zuerst fütterte der Monarch zwei aus ihrem gewöhnlichen Domizil, dem Schloßbassin, herbeigeschaffte Schwäne, danach bestieg er mit einem Lakai einen vergoldeten und versilberten Kahn in Form einer Muschel und ließ sich auf dem durch einen unterseeischen Apparat bewegten Wasser herumrudern. Unterdessen hatten sich der Reihe nach die fünf farbigen Beleuchtungen abzulösen, jeder waren zehn Minuten zugemessen, damit der König den Anblick genügend genießen konnte. Phantastisch schimmerten Wellen, Felsenriffe, Schwäne, Rosen, das Muschelfahrzeug und der dahingleitende Märchenkönig.»

Noch fremder als die Venusgrotte mutet einen heutigen Besucher zunächst der maurische Kiosk an. Vor gut hundert Jahren jedoch gab es sogar in den Häusern wohlhabender Bürger türkisch und maurisch gestaltete Rauch- und Herrenzimmer. Orientalisch gestaltete Gaststätten waren ebenso an der Tagesordnung wie türkische Bäder. Ludwig selbst hatte sich be-

Mittelpunkt des westlichen Gartenparterres von Schloß Linderhof ist die vergoldete Figur der Fama. Sie steht in der Mitte eines vierpaßförmigen Bassins. Den Übergang zum Landschaftsgarten bildet ein beschnittenes Hainbuchenspalier.

reits 1870 auf dem Schachen, fünf Gehstunden oberhalb von Garmisch-Partenkirchen, eine große Berghütte nur dafür errichten lassen, um dort in absoluter Abgeschiedenheit die Pracht eines türkischen Saales genießen zu können.

Als der türkische Saal auf dem Schachen eingerichtet wurde, war es bereits drei Jahre her, daß Ludwig II. auf der Pariser Weltausstellung 1867 einen maurischen Kiosk bestaunte, den der Architekt Karl von Diebitsch als offiziellen Beitrag Preußens (!) gestaltet hatte. Schon damals wollte Ludwig den Kiosk kaufen, wurde jedoch von seinem realistischeren Großvater daran gehindert.

An Ludwigs Stelle kaufte der Eisenbahnkönig Bethel Henry Strousberg den Kiosk und ließ ihn auf seinem böhmischen Gut Sbirow aufbauen. Neun Jahre später jedoch hatte sich das Blatt gewendet, aus dem Eisenbahnkönig war ein von Rußland nach Deutschland abgeschobener Bankrotteur geworden, und im Mai 1876 konnte deshalb Ludwig II. seinen heißgeliebten maurischen Kiosk doch noch von einem Gläubiger des Eisenbahnkönigs, von der Allgemeinen Österreichischen Bodencreditbank in Wien, zum Preis von 10 000 österreichischen Gulden erwerben.

Per Eisenbahn kamen die Einzelteile des Kiosks von Böhmen nach Weilheim und von dort per Pferdefuhrwerk nach Linderhof. Inzwischen war dort ein Fundament vorbereitet worden, so daß der mit Zinkgußplatten verkleidete Holzständerbau mit seiner vergoldeten Mittelkuppel und seinen vier minarettartigen Ecktürmchen sofort aufgebaut werden konnte. Die vom bankrotten Eisenbahnkönig miterworbene Innenausstattung war dem bayerischen Märchenkönig jedoch bei weitem zu wenig prachtvoll. Georg Dollmann hatte deshalb umgehend einen weißen Marmorbrunnen mit einem architektonischen Aufbau in Zinkguß, einen großen Glaslüster mit 32 farbigen Lampen und einen luxuriösen Pfauenthron zu entwerfen. Während Brunnen, Glaslüster und die neuen farbigen Fenster aus Münchner Werkstätten kamen, entstanden die aus emailliertem Bronzeguß gefertigten drei Pfauen mit ihren überwältigenden Federrädern nach einem Entwurf von Franz Seitz bei Le Blanc-Granger in Paris.

Ende 1877 war alles vollendet, so daß sich der König in türkischer Tracht auf seinen Thron setzen konnte, «während der Tross seiner Dienerschaft als Moslems verkleidet, auf Teppichen und Kissen herumlagerte, Tabak rauchend und Mokka schlürfend, wie der königliche Herr befohlen hatte».

Kein anderer Platz in ganz Bayern bot Ludwig II. so ideale Möglichkeiten, einzelnen Lieblingsideen Gestalt zu geben. In der Westhälfte des weitläufigen Parks von Linderhof gab es so noch ein marokkanisches Haus, einen Hubertuspavillon, eine Hundinghütte und die Einsiedelei des Gurnemanz. Sie alle sind heute verschwunden.

Darüber hinaus gab es eine ganze Reihe mehr oder weniger ernsthafter Bauprojekte. Statt des in München gescheiterten Projekts eines Festspielhauses für Richard Wagner sollte dort, wo heute südlich von Linderhof der Monopteros steht, ab 1873 ein Privattheater für den König errichtet werden. Nach dem Vorbild des Cuvilliéstheaters in der Münchner Residenz sollte es als intimes Rokokotheater mit nur einem Rang und einer überaus prächtigen Königsloge für die von Ludwig II. so geliebten Separatvorstellungen errichtet werden. Erst 1878 wurde das Projekt wegen Geldmangels aufgegeben.

Noch 1885 hatte Julius Hofmann als Nachfolger Georg Dollmanns den Entwurf für ein byzantinisches Schloß für Linderhof abzuliefern. Damit kam Ludwig II. noch einmal auf alte Pläne aus dem Jahre 1869 zurück, als für Linderhof schon einmal ein byzantinisches Schloß geplant war. Aus Geldmangel ist aus all dem Gott sei Dank nichts geworden, so daß sich der Besucher bis heute vom intimen Glanz des Rokokoschlößchens Linderhof faszinieren lassen kann.

Folgende Doppelseite:
Der landschaftlich schönste Blick auf die Gesamtanlage von Schloß Neuschwanstein bietet sich von der luftigen Marienbrücke über die Pöllatschlucht. Auf steilem Fels und vor dem Hintergrund des Forggensees scheint das Schloß geradezu zwischen Himmel und Edde zu schweben, bekommen der Palas, der südliche Treppenturm und der Erkerbalkon des Schlafzimmers erst die richtige Märchendimension.

Schloß Linderhof

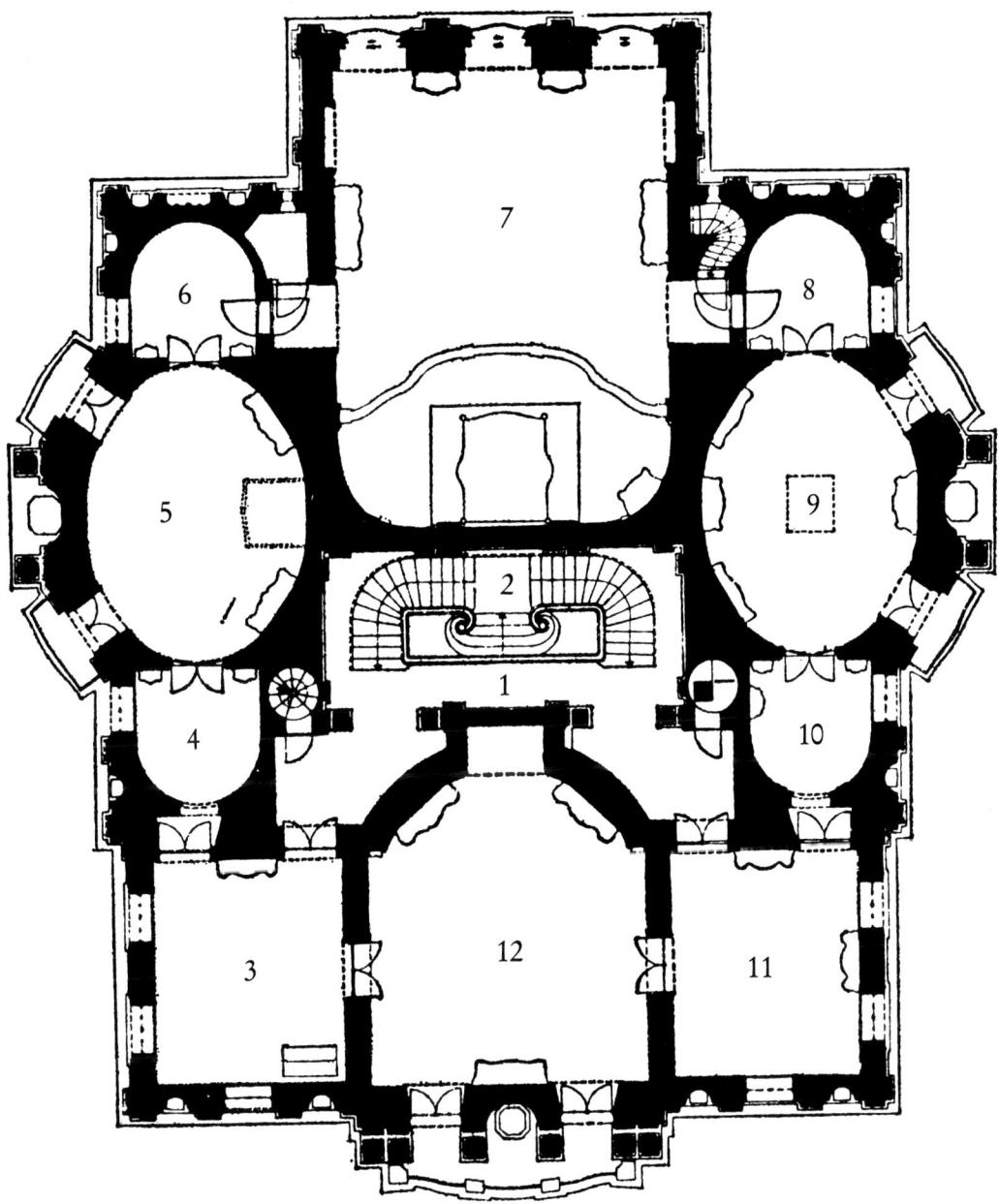

Grundriß des Hauptgeschosses

1 Vestibül
2 Treppenhaus
3 Westliches Gobelinzimmer
4 Gelbes Kabinett
5 Audienzzimmer
6 Lila Kabinett

7 Schlafzimmer
8 Rosa Kabinett
9 Speisezimmer
10 Blaues Kabinett
11 Östliches Gobelinzimmer
12 Spiegelsaal

Die Ritterburg Neuschwanstein

Aus der Baugeschichte

Sagt man Schwan, denkt jeder Bayer automatisch an König Ludwig II. – und läßt dabei genauso automatisch außer acht, daß das Schwanenmotiv bereits bei Ludwigs Vater, Maximilian II., eine kaum weniger wichtige Rolle gespielt hatte. Max II., wie ihn die Bayern allgemein nur nennen, war schon 1829 in der Nähe von Füssen auf die Burgruine Schwanstein gestoßen. Ihre Reste lagen malerisch im Wald über dem Alpsee und hatten einst den Lehensträgern von Welfen und Staufern, den mächtigen Herren von Schwangau, als Heimat gedient. Bereits 1820 war die Ruine auf Abbruch feilgeboten worden, doch selbst dafür wollte sie niemand haben. Erst 1832 erwarb der König die Ruine, um sich als erster bayerischer Monarch eine Sommerresidenz in den Bergen zu schaffen.

Auch wenn Ludwigs Vater mit seinen romantischen Vorstellungen bereits etwas spät dran war, paßte das königliche Bauprojekt doch nahtlos in die spätromantischen Vorstellungen der Zeit. Genauso «stimmig» war es dann auch, daß die Entwürfe für den Ausbau der Ruine nicht von einem Architekten, sondern vom königlichen Zeichenlehrer und Theaterdekorateur Domenico Quaglio gefertigt wurden.

Im Jahre 1836 konnte Max II. seine Traumburg beziehen, die er als ein «Denkmal seiner Liebe sowohl für die Kunst als für die vaterländische Geschichte» ansah. Vor diesem Hintergrund wurde die Burg nun in Hohenschwangau umgetauft – ein früher Hinweis auf die später auf den Sohn übergegangene Vorliebe zum Schwanenmotiv. Es taucht denn auch immer wieder in den nach Skizzen von Moritz von Schwind gefertigten Wandgemälden im Inneren des Schlosses auf. Maximilian selbst ließ sich 1841 von Lorenzo Quaglio in Öl malen, wie er gekleidet in altdeutsche Tracht vom Boot aus die Schwäne des Alpsees füttert. Oder andersherum gesagt: bereits der Vater des Märchenkönigs sah sich in Personalunion als Ritter von Schwangau und Schwanenritter Lohengrin. Nur folgerichtig ist da, daß die Geschichte Lohengrins in den Fresken des Schwanenrittersaals festgehalten ist und eine Szene sogar in Hohenschwangau selbst spielt.

Zusammen mit seinen Eltern war der junge Ludwig II. von Kind an häufig auf Hohenschwangau. Nach dem Tod seines Vaters im Jahre 1864 wurde es sein Lieblingssitz, von dem er als Jüngling schon als dem «Paradies der Erde» schwärmte, «das ich mit meinen Idealen bevölkere und dadurch glücklich bin». Dieses Glück allerdings verleidete ihm seine Mutter, Königin Marie Friederike, die offensichtlich wenig von den Schwärmereien ihres Sohnes hielt. Der allerdings wußte sich bei aller Träumerei zu helfen, indem er sein «eigenes» Schloß in Angriff nahm.

Die Wandgemälde auf der väterlichen Burg hatten zudem dafür gesorgt, daß der junge Kronprinz Ludwig schon früh mit der Lohengrin-Sage vertraut war. Völlig heimisch wurde der junge Romantiker in diesem Stoff, als er am 2. Februar 1861 eine Aufführung der Münchner Hofoper von Wagners «Lohengrin» besuchen durfte. Richard Wagner gewann damals seinen wohl glühendsten Verehrer, der unmittelbar nach seinem frühen Regierungsantritt nichts Wichtigeres zu tun hatte, als den Komponisten an seinen Hof holen zu lassen. Vom 11. bis 18. November 1865 war Wagner dann Gast auf Hohenschwangau, eine Woche, die Ludwig II. anschließend «Hohenschwangaus Wonnetage» nennen sollte.

Zum feierlichen Ausklang des Besuchs ließ Ludwig einen Festabend arrangieren, zu dem es in der Chronik von Hohenschwangau heißt: «Am 21. November abends fand prachtvolles

Die Ostansicht von Schloß Neuschwanstein zeigt, daß die Burg beinahe wie eine tatsächlich wehrhafte Feste angelegt ist. So kommt der Besucher durch den Torbau erst in einen unteren Hof. Er ist im Osten durch die eigentliche Torverbauung, im Norden durch einen Verbindungsbau und den ersten viereckigen Treppenturm und im Westen durch eine mächtige, apsidenförmige Futtermauer eingegrenzt. Erst über eine Freitreppe erreicht man den oberen Hof, der im Norden vom zweigeschossigen Verbindungsbau mit dem dreistöckigen Ritterhaus in der Mitte, im Süden vom nachträglich errichteten Kemenatenbau und im Westen von der hochragenden Giebelfassade des Palas eingefaßt ist.

Feuerwerk statt, von Herrn Theatermaschinisten Penkmayr trefflich arrangiert. Nach dem Feuerwerk wurde diese Szene der Ankunft des Schwanenritters aus Wagners Lohengrin auf dem Alpsee dargestellt. Ein großer, kunstreich nach der Natur gebildeter Schwan zog einen Kahn mit Lohengrin (Flügeladjudant Fürst Paul von Thurn und Taxis) über den Alpsee; der Schwanenritter mit Kahn und Schwan war mittels eines elektrischen Lichtes prachtvoll beleuchtet. Während dieses Vorgangs spielte die Musik die betreffenden Piècen aus Lohengrin. Am nächstfolgenden Abende wurde diese Szene auf allerhöchsten Befehl seiner Majestät wiederholt.»

Auch der erste Besuch von Wagners «Tannhäuser» am 22. Dezember 1861 hatte den Kronprinzen so aufgewühlt, daß er in der Folge den Jahrestag dieses Ereignisses wie einen Festtag beging. Die Wartburg als Schauplatz dieser Oper kennenzulernen, war fortan Ludwigs sehnlichster Wunsch. Als für 1867 eine Neuinszenierung des «Tannhäuser» in Vorbereitung war, reiste Ludwig deshalb auf Anregung Richard Wagners zusammen mit seinem Bruder Otto am 31. Mai 1867 inkognito nach Eisenach, um endlich den Schauplatz des sagenhaften Sängerkrieges selbst kennenlernen zu können.

Der Zufall wollte es, daß die Wiederherstellung der Wartburg als «nationales Denkmal» gerade abgeschlossen war und so ein besonders verlockendes Bild von der Glanzzeit des thüringischen Hofes unter Landgraf Herrmann bot. Der hatte einst den berühmten Sängerwettstreit ausgerufen, den Wagner dann thematisierte und dem Ludwig nachspüren wollte.

Die Besichtigung der Wartburg allerdings verlief anders als sich dies der Burghauptmann vielleicht vorgestellt hätte, Ludwig II. nämlich bat ihn, «es möge ihm vergönnt sein, ganz allein und durch Verschluß der Türen vor jeder Störung gesichert, in den geweihten Räumen zu verweilen. So brachte er längere Zeit im Sängersaal und den anstoßenden Gemächern völlig sich selbst überlassen zu. Am nächsten Morgen bestiegen die Gäste den Hörselberg und besichtigten die von Wagners Tannhäuser als Wohnsitz der Venus verherrlichte Grotte.»

Der Besuch auf der Wartburg stachelte offensichtlich Ludwigs Phantasie und Ehrgeiz gewaltig an. Aus der Vorstellung eines Sängersaals in seinen bayerischen Bergen scheint bald der Traum für eine Burg Tannhäusers und Lohengrins gewachsen zu sein, ihre Verwirklichung scheint ihm um so dringlicher geworden zu sein, je mehr ihm die Mutter den Aufenthalt auf Hohenschwangau verdarb und ihm bewußt wurde, daß die seit langem angestrebte Weihestätte für Richard Wagner nach wie vor fehlte.

Am 13. Mai 1868 jedenfalls schrieb Ludwig II. an Richard Wagner: «Ich habe die Absicht, die alte Burgruine Hohenschwangau bei der Pöllatschlucht neu aufbauen zu lassen im echten Styl der alten deutschen Ritterburgen und muß Ihnen gestehen, daß ich mich sehr darauf freue, dort einst (in drei Jahren) zu hausen; mehrere Gastzimmer von wo man eine herrliche Aussicht genießt auf den hehren Säuling, die Gebirge Tyrols und weithin in die Ebene sollen wohnlich und anheimelnd dort eingerichtet werden; Sie kennen ihn, den angebeteten Gast, den ich dort beherbergen möchte; der Punkt ist einer der schönsten, die zu finden sind, heilig und unnahbar, ein würdiger Tempel für den göttlichen Freund, durch den einzig Heil und wahrer Segen der Welt erblühte. Auch Reminiscenzen aus Tannhäuser (Sängersaal mit Aussicht auf die Burg im Hintergrunde), und Lohengrin (Burghof, offener Gang, Weg zur Kapelle), werden Sie dort finden, in jeder Beziehung schöner und wohnlicher wird diese Burg werden als das untere Hohenschwangau, das jährlich von der Prosa meiner Mutter entweiht wird; Sie werden sich rächen die entweihten Götter und oben weilen bei Uns auf steiler Höh', umweht von Himmelsluft.»

Am Anfang der Planung nach der Rückkehr von der Wartburg hatte sich Ludwig II. jedoch noch nicht für einen Bauplatz entschieden. Am 26. April 1868 diktierte der König seinem Hofsekretär Düfflipp: «Die alte Burg zu Hohenschwangau soll im altdeutschen Stil aufgebaut werden.» Zum damaligen Zeitpunkt war also noch daran gedacht, den Sängersaal in Hohenschwangau einzubauen. Erst im Laufe der folgenden Monate verschob sich das Interesse hin zur «Restauration der alten Burgruine», womit Ruinenreste auf der «Jugend», einer bewaldeten Höhe östlich von Hohenschwangau, gemeint waren. Ein Rest dieser Ruine war schon von Max II. als «Sylphenturm» zu einem Aussichtspavillon ausgebaut worden, auch die Marienbrücke, nach Ludwigs Mutter benannt, war schon von ihm über die Pöllatschlucht errichtet worden. Ludwig liebte die Romantik dieses Ortes von Kind an und erkannte bald dessen hervorragende Eignung für seine Burgpläne.

Die Westfassade von Schloß Neuschwanstein verrät den Einfluß der Wartburg am besten. Wie dort findet sich auch hier ein doppelstöckiger Balkonerker. Er sollte oben als Söller des Thronsaales, unten als Balkon für den nicht ausgebauten, maurischen Saal dienen. Die hoch in den Himmel ragende Giebelfassade ist auf beiden Seiten mit kleinen Ecktürmchen eingefaßt, auf dem First steht eine alles bekrönende Ritterfigur. Der hinter dem Dach aufragende Turm ist der 65 Meter hohe Haupttreppenturm des Schlosses.

Mit der Planung wurden der Hofbaudirektor Eduard Riedel und der Theatermaler Christian Jank beauftragt. Riedel hatte schon für Ludwigs Großvater und natürlich für seinen Vater gebaut. Er war in der Lage, im Sinne des Historismus jeden gewünschten Stil zu Papier zu bringen. Christian Jank war der geborene Dekorateur. Von 1864 bis 1868 schuf er im Volkstheater am Gärtnerplatz die Kulissen, ab 1868 war er am königlichen Hoftheater als Spezialist für Wagner-Inszenierungen unentbehrlich geworden. Beide zusammen hatten dem jungen Ludwig II. bereits seine Wohnung und den legendären Wintergarten mit all seiner Exotik in der Münchner Residenz gestaltet. Beide zusammen wurden nun auf die Wartburg geschickt, um an Ort und Stelle die richtige Inspiration für das neue Großprojekt zu bekommen. Parallel dazu ließ der königliche Bauherr Anschauungsmaterial über Burgen in halb Europa zusammentragen, studierte die schon von seinem Vater in Auftrag gegebene Materialsammlung zu deutschen Burgen und verlor sich in den Sagen des Mittelalters.

Aus der noch sehr allgemeinen Vorgabe an die Planer, eine Burg «im alt-deutschen Style, nicht symmetrisch, sondern durch Mannigfaltigkeit pittoresk» zu entwerfen, wurde im Laufe des Sommers zunächst eine noch ganz im Sinne der Romanik verstandene kleine Ritterburg und dann im Herbst der Plan für einen riesigen Neubau mit Torbau, Kemenate, Ritterhaus, Palas und Bergfried, zu dem sich Ludwig II. ausdrücklich die Romanik als Stilrichtung ausbat, damit der Bau so würde, «wie die Alten ihre Burgen gebaut hätten».

Die Romanik mußte es sein, weil Ludwig mit ihr die glanzvolle Zeit der Staufer und den fast überirdischen Glanz des byzantinischen Reiches verband. Nicht umsonst nannte der Historismus die Romanik auch «byzantinischen Rundbogenstil», und es war alles andere als ein Zufall, daß Ludwig zur gleichen Zeit für Linderhof ein byzantinisches Schloß planen ließ.

Wie fest Ludwig II. bei aller Träumerei dennoch mit beiden Beinen auf dem Boden seiner Gegenwart stand, zeigt dagegen ein Zitat aus einem Brief vom 21. November 1871, wo er seinen Sekretär schreiben ließ: «Nach dem allerhöchsten Willen seiner Majestät des Königs soll das neue Schloß im romanischen Style gebaut werden. Da wir nun gegenwärtig 1871 schreiben, so sind wir über jene Zeitperiode, welche den romanischen Styl entstehen ließ, um Jahrhunderte hinausgerückt und es kann doch wohl kein Zweifel darüber bestehen, daß die inzwischen gemachten Errungenschaften im Gebiete der Kunst und Wissenschaft uns auch bei dem unternommenen Bau zugute kommen müssen. – Ich will damit durchaus nicht gemeint haben, daß wir uns im Style selbst Änderungen erlauben dürften, welche dessen Charakter beeinträchtigen würden, aber ebensowenig möchte ich zugeben, daß wir uns ganz in die alte Zeit zurückversetzen und auf Erfahrungen verzichten sollen, welche sicherlich schon damals verwerthet worden wären, wenn sie bestanden hätten.»

Noch während die Planung auf Hochtouren lief, wurde im Herbst 1868 die alte Ruine Vorderhohenschwangau gesprengt, der Bauplatz auf acht Meter tieferem Niveau planiert und eine provisorische Fahrstraße angelegt. Im Februar 1868 schließlich wurde unter der Leitung Eduard Riedels mit dem Bau des zweistöckigen, von zwei Rundtürmen flankierten Torgebäudes begonnen. Allein dieser Bau zog sich bis 1873 hin.

Ab 1873 ging die Bauleitung an Georg Dollmann über, der zu dieser Zeit bereits eifrig an Schloß Linderhof baute. Er hatte die Pläne Riedels und die Entwürfe Janks zu übernehmen und damit auch die undankbare Aufgabe, dort im Neorokoko und hier in der Neoromanik königliche Träume Wirklichkeit werden zu lassen. Für die Neue Burg Hohenschwangau (erst nach dem Tode Ludwigs II. erhielt der Bau den Namen Neuschwanstein) hieß dies vor allem eine Reduzierung der teilweise ins Phantastische gehenden Einzelvorstellungen von Christian Jank. Offensichtlich spürte der König selbst, daß hier ein zu verspieltes Element am Werke war. Immer wieder ordnete deshalb Ludwig die Vereinfachung von Details an, da er sein ritterliches Schloß «immer strenger, immer romanischer, immer hoheitsvoller und immer mehr ans Sakrale gemahnend ausgeführt wissen wollte».

Bis in die Mitte des Jahres 1871 ging dieser permanente Planungsprozeß, danach wurde nichts Grundlegendes mehr geändert. Um so schwieriger war dafür die Ausführung, da gleichzeitig auch noch an Linderhof und ab 1878 auch noch an Schloß Herrenchiemsee gebaut wurde. Daß bei der Größenordnung aller drei Projekte die Finanzierung selbst für königliche Kassen Schwierigkeiten bereitete, ist nicht weiter verwunderlich. So konnte der fünfstöckige Palas erst 1880 im Rohbau fertiggestellt, 1881 überdacht und erst 1886 äußerlich vollendet werden.

Das Ritterhaus und der Verbindungsbau zum Torbau entstanden erst in den Jahren 1882 bis 1886, beim Tod des Königs war gerade ihr Rohbau fertiggestellt. Die Kemenate und der Bergfried mit der darin vorgesehenen Burgkapelle wurden zu Lebzeiten Ludwigs II. noch teilweise fundamentiert, die Kemenate selbst wurde nach dem Tod des Königs bis 1892 nach den vorhandenen Plänen fertiggestellt. Der Bergfried dagegen blieb bis heute unausgeführt.

Die Bauleitung lag ab 1880 teilweise, ab 1884 ganz bei Julius Hofmann, der den zum Hofoberbaurat beförderten, aber von der unmittelbaren Bauleitung abgelösten Dollmann ersetzte. Der tiefere Grund für den Wechsel bei der Bauleitung dürfte gewesen sein, daß Hofmann weit besser als Dollmann auf die Wünsche des Königs einzugehen verstand. Er hatte vielfältige Erfahrungen unter anderem mit Schloßbauten für Erzherzog Maximilian und lieferte Ludwig II. praktisch die gesamte «romanische» Innendekoration von Neuschwanstein. Lediglich das Schlafzimmer und die anschließende Kapelle wurden von Peter Herwegen in «spätgotischem» Stil entworfen.

Um bei der Planung Fehler zu vermeiden, ließ sich Ludwig vom Literaturhistoriker und Spezialisten für mittelalterliche Ikonographie, Dr. Hyazinth Holland, beraten. Schließlich sollte die Burg zwar ein «Tempel» für Richard Wagner und die Themen für die Ausschmükkung der Burg deshalb ausschließlich aus dem Opernprogramm des Komponisten entnommen werden, doch scheint der König auf die Regieanweisungen des Meisters wenig Vertrauen verschwendet zu haben. Immerhin ordnete Ludwig schon 1879 an: «Die Bilder in der neuen Burg sollen nach der Sage und nicht nach der wagnerischen Angabe gemacht werden.» In diesem Sinne lieferte Holland seine Vorschläge und fertigte Hofmann seine Pläne. Insgesamt scheint dies so gut funktioniert zu haben, daß Hofmann 1884 die Leitung sämtlicher königlicher Bauvorhaben übertragen erhielt. Nach des Königs Tod wurde Hofmann von der bayerischen Regierung denn sogar der Auftrag erteilt, Neuschwanstein so fertigzustellen, daß zumindest das Äußere fertig erscheint. Bis 1892 arbeitete der Architekt an dieser Aufgabe.

Julius Hofmann erreichte es immerhin, daß der heutige Besucher von Neuschwanstein zunächst an ein vollendetes Schloß glaubt. Ob man von der obersten Serpentine der Zufahrtsstraße aus auf die Nordfront, vom Eingang auf die Ostfront, vom Weg zur Marienbrücke auf die Westfront oder von der Marienbrücke selbst auf die Südfront blickt, stets zeigt sich die Anlage im makellosen Weiß der Verkleidung aus Kalksteinquadern. Nichts erinnert mehr an den komplizierten Planungsvorgang, nichts deutet auf Unvollständigkeit hin. Dies vor allem ist die in den sechs Jahren bis 1892 vollbrachte Leistung von Hofmann, denn beim Tod des Königs war Neuschwanstein noch eine weitgehend eingerüstete Baustelle.

Dem von Norden den Wald heraufsteigenden Besucher verrät die langgestreckte Fassade die tatsächliche Ausdehnung der Anlage. Von links nach rechts reihen sich vom nördlichen Eckturm des Torbaus über den unteren Verbindungsbau, den gar nicht so schlanken Viereckturm, den oberen Verbindungsbau, das Ritterhaus mit seinem eigenen Treppenturm, die Nordfront des östlichen Palasteiles, einen weiteren rechteckigen Treppenturm, den alles dominierenden achteckigen und 65 Meter hohen Haupttreppenturm bis zur Nordfront des Thronsaales die Hauptelemente der von Ost nach West sehr langgezogenen Anlage aneinander. Erst wenn man zum Eingang auf der Ostseite mit dem zweigeschossigen, von Zinnen bekrönten Torbau mit seinen runden Ecktürmen kommt, erkennt man, wie schmal die Gesamtanlage ist und daß ihre Hauptelemente von Ost nach West aneinander gereiht sind.

Wandert man in Richtung Marienbrücke auf die Westseite des Schlosses, wird der Einfluß der Wartburg so richtig sichtbar. Der doppelstöckige Balkonerker dient oben als Söller des Thronsaals, unten sollte er den Balkon für den nicht ausgebauten Maurischen Saal ergeben. Die hoch in den Himmel ragende Giebelfassade ist auf beiden Seiten mit kleinen Ecktürmchen eingefaßt, auf dem First steht eine alles bekrönende Ritterfigur.

Der landschaftlich schönste Blick auf die Gesamtanlage bietet sich von der luftigen Marienbrücke über der Pöllatschlucht. Auf steilem Fels und vor dem Hintergrund des Forggensees scheint das Schloß geradezu zwischen Himmel und Erde zu schweben, bekommen der Palas, der südliche Treppenturm und der Erkerbalkon des Schlafzimmers erst die richtige Märchendimension.

Folgende Doppelseite:
Ausgangspunkt aller Überlegungen zur Gestaltung des Thronsaales in Neuschwanstein war der Erlösungsgedanke, zusätzlich überhöht durch die Idee des Königtums von Gottesgnaden. Beide Vorstellungen miteinander in Einklang zu bringen und als Anspruch manifest werden zu lassen, war Ludwig II. jedes Mittel recht. Die Idealvorstellung vom Gral, das Innere der Münchner Allerheiligen Hofkirche und das der Hagia Sophia in Konstantinopel sollten in einem zweigeschossigen Prunkraum vereint werden, damit der sich nach Erlösung sehnende König sein von ihm noch hochgehaltenes Gottesgnadentum zum Ausdruck bringen konnte. Seite 151 zeigt die Thronapsis (der Thron selbst wurde nicht mehr fertiggestellt). In der Wölbung sitzt Christus als höchster Gesetzgeber auf dem Regenbogen zum Zeichen, daß er über Himmel und Erde gebietet. Zu seinen Füßen knien die hl. Maria und Johannes d. Täufer als Fürbitter für das Menschengeschlecht. Zwischen Thron und Himmel stehen sechs heiliggesprochene Könige, welche durch Erfüllung und Überwachung der göttlichen Gesetze als Vorbilder unter Palmen des Friedens glänzen. Gegenüber vom Thron sind der hl. Michael als Sieger über das geistig Böse und der hl. Georg als Überwinder der physisch bösen Gewalten (Seite 150) abgebildet.

Wie bei einer tatsächlich wehrhaften Burg kommt der Besucher durch den Torbau erst in einen unteren Hof. Er ist im Osten durch die eigentliche Torverbauung, im Norden durch einen Verbindungsbau und den ersten viereckigen Treppenturm und im Westen durch eine mächtige, apsidenförmige Futtermauer eingegrenzt. Ihre Eckpunkte sind mit Strebepfeilern zusätzlich verstärkt, da die Mauern als Grundmauer für den Chor der geplanten Schloß-kapelle im Erdgeschoß des nicht mehr begonnenen Bergfrieds dienen sollten. Die Hoffassade der Mauerverkleidung des Torbaus besteht teils aus weißem Hohenschwangauer Kalkstein, teils aus gelbem Rhät-Sandstein aus der Gegend von Bayreuth.

Beinahe wie Hohn klingt die Inschrift am Portal des Wächterzimmers um das Relief eines Hundes herum: «Bei Tag und Nacht die Treue wacht», bedenkt man, daß sich im ersten Stock dieses Torbaus im Juni 1886 die Regierungskommission versammelte, die Ludwig II. bekannt-geben sollte, er sei für verrückt erklärt, entmündigt und müsse in die Internierungshaft nach Schloß Berg gebracht werden. Im zweiten Geschoß des Torbaus, dort wo der Mittelbalkon mit seinen Säulenarkaden die Fassade auflockert, waren einst für den König einige Räume provisorisch hergerichtet, damit er sich während des Baus des Palas auf Neuschwanstein auf-halten konnte.

Über eine Freitreppe erreicht man um die polygonal vorspringende Grundmauer der ge-planten Schloßkapelle herum den oberen Hof. Er ist im Norden eingefaßt vom zweigeschos-sigen Verbindungsbau mit dem dreistöckigen Ritterhaus in der Mitte, im Süden vom nach-träglich errichteten Kemenatenbau und im Westen von der hochragenden Giebelfassade des Palas.

Sechs Etagen, Rundbogenfenster in Blendbogen, zwei achtseitige Ecktürmchen als Ein-fassung und ein in Kupfer getriebener Löwe als Giebelbekrönung – so präsentiert sich die aufgrund ihrer Höhe überschlank wirkende östliche Giebelfassade des Palas. Ihr einziger, sofort ins Auge fallender Schmuck ist ein zum Sängersaal gehörender Balkon im vierten Obergeschoß. Er ist von zwei Fresken von Wilhelm Hauschild eingefaßt, die den heiligen Georg und die Patrona Bavariae darstellen.

Der wesentlich kleinere, nur dreigeschossige Bau auf der Südseite ist der in den sechs Jahren nach dem Tod des Königs fertiggestellte Kemenatenbau. Seine Hauptgliederungselemente sind Lisenen und ein ausgeprägter Mittelrisalit mit Portal und darüberliegendem Balkon. Von dem in den Plänen von 1885 enthaltenen Fassadenschmuck aus ornamentaler Plastik und Statuen weiblicher Heiliger wurde allerdings nichts mehr ausgeführt. Gleiches gilt für den zweigeschossigen Verbindungsbau und dem darin integrierten Ritterhaus auf der Nordseite. Sein einziger Fassadenschmuck ist die Zusammenfassung der Doppelfenster im Obergeschoß durch Blendbogen. Das von Christian Jank bereits 1870 entworfene plastische Dekor für die Fassade wurde nicht ausgeführt.

Die Ausstattung

Wie weit der Weg vom Traum zur Realisierung sein kann, zeigte schon die Baugeschichte von Neuschwanstein. Beinahe noch verstärkt gilt gleiches für die Innenausstattung. So gab es etwa bereits 1868 von Christian Jank entworfene Ansichten des Sängersaals, obschon bei ihrer Prä-sentation mit dem Bau des Schlosses überhaupt noch nicht begonnen war. Überspitzt ließe sich sogar formulieren, Ludwig II. habe zweigleisig vom Inneren einerseits und vom Äußeren andererseits geträumt. Das beide Linien schließlich zu einem stimmigen Ganzen wurden, ist sicher eines der verschiedenen beim Bau der drei Ludwig-Schlösser eingetretenen Wunder.

Auch für die Ausgestaltung der königlichen Wohnung ließe sich ein ähnliches Beispiel geben. Obwohl Ludwig dafür nur Themen aus dem Umkreis der Wagner-Opern vorgesehen hatte, versäumte er es dennoch nicht, seine Träume auch in anderer Richtung schweifen zu lassen. So gibt es ein undatiertes Projekt für die Ausstattung dieser Räume mit Themen aus Dramen von Schiller. «Don Carlos», «Maria Stuart» und einige andere Dramen wären in je einem Raum abgehandelt worden, «Wilhelm Tell» sollte bezeichnenderweise das Schlafzim-mer des Königs schmücken. Alles zusammen einer der Träume, von denen nur Schaum blieb.

Wesentlich realistischer war der königliche Bauherr bei der Auswahl seiner ausführenden

Das Bildprogramm des königli-chen Wohnzimmers auf Schloß Neuschwanstein ist ganz dem Schwanenmotiv und der Lohen-grin-Sage gewidmet. Mit den als Schnitzerei, Malerei oder Sticke-rei allgegenwärtigen Schwänen wurde in Ludwigs Vorstellungen die besondere Bedeutung Neu-schwansteins und zugleich die Lohengrins hervorgehoben. Die Ankunft Lohengrins in Antwerpen schuf August von Heckel nach genauesten Anweisungen des Kö-nigs.

Handwerker. Nachdem er in Julius Hofmann seinen kongenialen Raumdekorateur gefunden hatte, ging es im weiteren nur noch darum, «tüchtige und fleißige Maler» zu finden, die vor allem zwei Bedingungen zu erfüllen hatten. Zum einen durften sie keine eigenwilligen Künstlerpersönlichkeiten sein, denn das jeweils auszuführende Programm wurde ihnen haarklein vorgeschrieben. Zum anderen sollten sie wie der König selbst «die mittelalterliche Poesie und die Requisiten der Alten» studiert haben und so die daraus resultierenden Vorschriften des Königs als sachgemäß akzeptieren.

Fündig wurde Ludwig II. im Schülerkreis des Münchner Akademieprofessors für Historienmalerei, Philipp von Foltz. Zu seinen Schülern gehörten August Spieß, der schon in Schloß Berg gearbeitet hatte, Joseph Aigner, Ferdinand Piloty und Wilhelm Hauschild. Lediglich Eduard Ille (auch er hatte bereits in Berg gearbeitet) war ein Schüler von Moritz von Schwind. Sie alle bezeichneten sich selbst als Handwerker und akzeptierten nicht nur die exakten Vorgaben des Auftraggebers, sondern auch dessen ständige Kritik und die häufigen Änderungswünsche.

Dank rücksichtslos gesetzter Termine und härtester Arbeit aller Beteiligten erreichte es Ludwig, daß die Gemälde seiner Wohnung zu Weihnachten 1881 vollendet wurden. Stolz berichtete er seinem Idol Richard Wagner von diesem Ereignis: «Von den Wänden meiner Wohngemächer leuchten in recht gelungener Ausführung Bilder jener mir durch Ihre Verherrlichung so ans Herz gewachsenen Sagen herab: Tannhäuser, Lohengrin, ein Zyklus aus Tristan und Isolde, Walther von der Vogelweide, Scenen aus Hans Sachsens Leben sind dort zu schauen, Bilder aus der alten, durch Sie neu verklärten Nibelungensage werden folgen.»

Die bis zum Tode des Königs einigermaßen fertiggestellten Räume von Neuschwanstein liegen im dritten und vierten Obergeschoß des Palas. Sie umfassen im dritten Obergeschoß auf der Ostseite die königlichen Wohnräume und auf der Westseite den in das vierte Obergeschoß hinaufreichenden großen Thronsaal. Über den Wohnräumen des Königs erstreckt sich in voller Länge im vierten Obergeschoß der Sängersaal mit Ostbalkon gegen den oberen Hof.

Die Wohnräume im dritten Stock bieten in Grundriß, Anordnung und Ausstattung eine eigenartige Mischung aus strenger Enfilade à la Versailles und einer mit allem Luxus und nach persönlichem Geschmack ausgestatteten, großbürgerlichen Privatwohnung. Der sonst so gerne träumende König war auch hier wieder einmal durchaus realistisch und auf der Höhe der Theorien seiner Zeit, hatte doch Jakob Falke gerade erst 1868 geschrieben: «Wenn wir bedenken, welche Bedeutung Haus und Wohnung für unser Leben haben, wenn wir bedenken, wie sehr ihre Schönheit unsere Lebensfreude zu erhöhen vermag, ja da schon die Mitwirkung an der Herstellung dieser Schönheit uns zum Vergnügen werden kann, weil sie obgleich nur in Wahl und Urteil bestehend, dennoch ein künstlerisches, von künstlerischer Freudigkeit begleitetes Schaffen ist. Sollten wir darum nicht um so mehr diesen Mikrokosmos unserer Wohnung zu schmücken zu trachten, als er ja gewöhnlich die einzige kleine Welt ist, in der wir Herr und Gebieter sind.»

Als König der Bayern hätte Ludwig II. natürlich nicht nur über seine «einzige kleine Welt» seiner Schlösser Herr und Gebieter sein können, doch entfaltete er nur dort seine wahre Leidenschaft. Statt an der Gestaltung eines modernen Bayern mitzuarbeiten, zog er sich auf die Dekoration seiner unmittelbaren Umgebung im Sinne des Historismus zurück. Die «Gewänder» von Renaissance, Barock und Rokoko spielten dabei ebenso eine Rolle wie der Stil der Stauferzeit, von Ludwig verstanden als Ausflug in eine «byzantinische» Romanik. Daß all dies auch im bürgerlichen Sinne als Verschönerung der eigenen Umwelt verstanden wurde, ist ein weiteres der vielen Wunder im Umfeld des Phänomens «Ludwig».

Die in Neuschwanstein fertiggestellten Räume gliedern sich wie selbstverständlich in die königlichen Wohnräume im dritten Obergeschoß des Palas, den über zwei Stockwerke reichenden Thronsaal (drittes und viertes Obergeschoß) und den Sängersaal im vierten Obergeschoß. Wohnräume und darüberliegender Sängersaal nehmen den Ostteil, der Thronsaal den Westteil des Palas ein. Zwischen Thronsaal und Wohnräume beziehungsweise Sängersaal ist eine spitzwinklige Vorhalle geschoben, da der gesamte Palas auf dem gekrümmten Bergrücken nicht in einer durchgehenden Achse errichtet werden konnte.

Die Vorhalle zwischen den Wohnräumen des Königs und dem Thronsaal ist mit einem mit

Das königliche Speisezimmer auf Schloß Neuschwanstein wurde von Ferdinand Piloty mit Szenen aus der Zeit des Landgrafen Hermann von Thüringen und aus dem Leben der Minnesänger auf der Wartburg ausgemalt. Hinter dem Leuchter ist links der Sängerkrieg auf der Wartburg zu sehen und rechts, wie der Zauberer Klingsor Heinrich von Ofterdingen auf die Wartburg bringt.

farbigen Ornamenten verzierten Kreuzrippengewölbe ausgestattet, dessen Kapitelle mit Tiermotiven und Ritterköpfen verziert sind. Die Portale zur Wohnung und zum Thronsaal sind aus Untersberger Marmor, sämtliche Skulpturen wurden von Philipp Perron geschaffen.

Die Bogenfelder der Wände sind Szenen aus der der Siegfried-Sage des mittelhochdeutschen Nibelungenliedes entsprechenden Sigurd-Sage der Edda gewidmet. In ihr erhielten die beiden Brüder Fafnir und Regin von ihrem Vater einen gewaltigen, aber von den Göttern verfluchten Goldschatz. Dieses «Nibelungenhortes» bemächtigt sich zunächst Fafnir und bewacht ihn als vielköpfiger Lindwurm. Ihn zu besiegen, schmiedet Regin das Schwert Gram und gibt dem jungen König Sigurd den Auftrag, damit Fafnir zu erschlagen. Sigurd aber erkennt seine Chance und erschlägt auch Regin, um in den alleinigen Besitz des Schatzes zu gelangen. Der Walküre Brynhild gelingt es darauf, sich von Sigurd Treue schwören zu lassen – ein Schwur, den er nur allzu schnell vergessen wird. Gudrun, der Tochter des Frankenkönigs, nämlich gelingt es mit einem Zaubertrank, Sigurd einzufangen und zu heiraten. Darüber hinaus wird Sigurd sogar noch gezwungen, Gudruns Bruder Gunnar zu helfen, Brynhild für sich zu gewinnen. Zur Sühne der Brynhild angetanen Schmach wird Sigurd von Guttorm getötet, Brynhild stürzt sich ins Schwert, und Sigurd und Brynhild werden zusammen verbrannt.

Auf Neuschwanstein beginnt die Sigurd-Saga an der rechten Wand mit der Prophezeihung Gripyns, der Sigurd sein Schicksal weissagt. Die nächsten Szenen sind das Schmieden des Schwertes, Sigurds Sieg über Fafnir, der Ritt zu Brynhild durch das Feuer und die Überreichung des Zaubertranks durch Gudrun. Die linke Wand zeigt Sigurds Tod, das Warten Gudruns auf Sigurds Rückkehr und die Verhöhnung Gunnars durch Brynhild. Die Eingangswand schließlich enthält noch Szenen der Klage Gudruns an der Leiche Sigurds und die Verbrennung Sigurds und Brynhilds.

Die Nordhälfte der Wohnräume beginnt mit einem einfach ausgestatteten Adjutantenzimmer, das mit Säulen aus grauem Untersberger Marmor unterteilt ist. Sämtliche Möbel, die Türen und die Vertäfelung sowie die Kassettendecke bestehen aus schwerem Eichenholz.

Nach Osten schließt sich das königliche Arbeitszimmer an, auch es ist durch Säulen unterteilt, hat Möbel und Vertäfelungen aus Eichenholz und einen Lüster aus vergoldetem Messing. Die Wandbilder sind ähnlich wie die in den zwei südlichen Kabinetten in Schloß Linderhof auf Gobelinstoff gemalt. In leuchtenden Farben stellte Joseph Aigner Szenen aus der Tannhäuser-Sage dar. Ihr zufolge war der Minnesänger von Frau Venus in ihren Zauberberg gelockt worden. Zur Rettung seiner Seele machte Tannhäuser eine Wallfahrt nach Rom, doch zog es der Sänger schließlich vor, in den Venusberg zurückzukehren.

Die wichtigsten Szenen aus dieser Sage zieren die Wände des Arbeitszimmers. Auf der Eingangswand zieht Tannhäuser auf die Wartburg, begegnet er dem Landgrafen und landet im Venusberg in einer Grotte bei Frau Venus, die wie eine Märchenprinzessin mit langem, blondem Haarmantel auf einem reich drapierten Felsen thront. Auf der Rückwand ist Tannhäuser als Büßer bei Papst Urban IV., die Ausgangswand zeigt den Sängerkrieg auf der Wartburg und die Fensterwand die Landgräfin Elisabeth.

Auf das Arbeitszimmer folgt ziemlich unvermittelt die Kleinausgabe einer künstlichen Grotte. Was August Dirigl im Park von Linderhof groß dimensioniert im Boden bauen durfte, konnte er hier zwar nur in kleinem Rahmen verwirklichen, doch war dem König die räumliche Vorstellung vom Inneren des Hörselbergs so wichtig, daß er auch in seiner Wohnung in Neuschwanstein nicht darauf verzichten wollte. Die Nachbildung einer Tropfsteinhöhle enthielt ursprünglich einen kleinen Wasserfall, der ebenso wie die gesamte Höhle in unterschiedliche Farben getaucht werden konnte. Ein verglaster Balkon auf der Nordseite der Grotte diente darüber hinaus noch als Wintergarten. Seine Wände sind illusionistisch bemalt, der Schalenbrunnen war eigentlich für den nicht mehr fertiggestellten Maurischen Saal bestimmt.

Den nordöstlichen Eckraum bildet das königliche Wohnzimmer, das durch eine Nische und einen Erker einen bewußt unregelmäßigen Grundriß bekommen hat. Gewidmet ist die Ausgestaltung des Wohnzimmers dem Schwanenmotiv und der Lohengrin-Sage. Mit den als Schnitzerei, Malerei oder Stickerei allgegenwärtigen Schwänen wurde in Ludwigs Vorstellungen die besondere Bedeutung Neuschwansteins und zugleich die Lohengrins hervorgehoben.

Sechs Etagen, Rundbogenfenster in Blendbogen, zwei achtseitige Ecktürmchen als Einfassung und ein in Kupfer getriebener Löwe als Giebelbekrönung - so präsentiert sich die aufgrund ihrer Höhe überschlank wirkende, östliche Giebelfassade des Palas von Schloß Neuschwanstein. Ihr einziger, sofort ins Auge fallender Schmuck ist ein zum Sängersaal gehörender Balkon im vierten Obergeschoß. Er ist von zwei Fresken von Wilhelm Hauschild eingefaßt, die den hl. Georg und die Patrona Bavariae darstellen.

Der Sagenheld aus dem Gralskreis und Sohn Parzivals kam bekanntlich auf Geheiß von König Artus der bedrängten Herzogin Elsa von Brabant in einem von einem Schwan gezogenen Schiff zu Hilfe. Als sie schließlich die verbotene Frage nach seiner Herkunft stellte, mußte Lohengrin sie nach glücklicher Ehe wieder verlassen. Lohengrin = Ludwig – es darf spekuliert werden ...

August von Heckel und Wilhelm Hauschild schufen die pastellfarbenen Wandgemälde mit den Einzelszenen aus der Lohengrin-Sage, wobei zu dem von Heckel geschaffenen, querformatigen Bild über dem Kachelofen mit der «Ankunft Lohengrins in Antwerpen» genaue Anweisungen des Königs überliefert sind. Demnach wurde bestimmt: «S. M. wünschen, daß in dieser neuen Skizze das Schiff weiter entfernt vom Ufer ist, dann, daß die Kopfstellung Lohengrins nicht so schief ist, auch soll die Kette vom Schiff an den Schwan nicht aus Rosen sondern Gold sein, und soll die Burg im mittelalterlichen Styl gehalten sein.»

Außer «Lohengrins Ankunft in Antwerpen» auf der Nordwand zeigt die Fensterwand «Elsas Gang zum Münster» und die Ausgangswand das «Gralswunder». Der Alkoven ist mit Elsas Frage, Lohengrins Landung, Elsas Klage, der Verwandlung des Schwans, dem Zweikampf mit Telramund, der Messe vor dem Zweikampf, dem Einzug zum Zweikampf und Lohengrins Hochzeit mit Elsa ausgeschmückt.

Ein ganz besonderes Stück der Ausstattung ist der nach einem Vorbild auf der Wartburg angefertigte, dreiteilige Schrank. Seine Rundbogentüren wurden von Ferdinand Piloty auf Goldgrund gemalt. Die linke zeigt «Gottfried von Straßburg mit Dame und Mönch», darüber «Tristan und Isolde». Auf der mittleren sieht man, wie Wolfram von Eschenbach seine Parzival-Dichtung dem Landgrafen von Thüringen überreicht. Die von zwei Engeln gehaltene Gralsschale darüber soll das Ideal absoluter Reinheit, tiefsten Glaubens und überirdischer Kraft und Macht versinnbildlichen. Die rechte Türe schließlich ist dem sagenhaften blinden Dichter des Nibelungenliedes mit Bischof Pilgrim und einem Schreiber gewidmet. Das Bild darüber zeigt den «Traum Krimhilds».

Die Südostecke des Palas nimmt das Ankleidezimmer ein. Es enthält den gleichen Erker wie das Wohnzimmer und ist mit seinen Wandgemälden dem Dichter Walther von der Vogelweide und dem Sänger Hans Sachs gewidmet. Ausgemalt wurde der Raum von Eduard Ille, einem Schüler Moritz von Schwinds.

Auf der Eingangsseite ist zu sehen, wie die Vögel Walther von der Vogelweide das Singen lehren und wie Walther am Hof Herzog Welfs sein Lied zum Lob deutscher Sitte singt. Über dem Fenster begeistert Walther die deutschen Fürsten für den Kreuzzug und über der Ofenwand ist der Dichter auf der Wanderschaft. Daneben singt Hans Sachs ein Lied, während Dürer, Peter Vischer und Pirkheimer zuhören. Mittelpunkt der Ausgangswand ist Walthers Gedicht «Unter den Linden». Der Erker schließlich ist ganz Hans Sachs gewidmet. Zu sehen ist, wie der Sänger einem Jüngeren die Meisterkette überreicht, wie er sich im Kreis seiner Freunde bewegt und wie er in seiner Studierstube fleißig ist.

Südlich des Ankleidezimmers schließt sich die kleine, wie ein größerer Erker angeklebte Hauskapelle an. Ihre Ausstattung wurde zwar von Julius Hofmann entworfen, nahezu die gesamte Ausführung aber stammt von Wilhelm Hauschild. Sämtliche Motive der Wandbilder, der Glasfenster und das Mittelbild des Flügelaltars beziehen sich auf den Namenspatron von Ludwig II., König Ludwig IX., den Heiligen, von Frankreich. Er ziert den Mittelschrein des Flügelaltars ebenso wie ein Glasgemälde und eines der Wandbilder, wo er die Kreuzzugsfahne erhält. Auf einem zweiten Wandbild ist der Tod des Sohnes Tristan von Ludwig, dem Heiligen, zu sehen.

Westlich an Ankleidezimmer und Hauskapelle schließt sich das königliche Schlafzimmer an. Es ist nicht nur im Gegensatz zu den übrigen Räumen als einziges in neugotischen Formen gehalten, sondern auch wie alle Schlafzimmer des Königs besonders reich ausgestattet. Den Entwurf dazu hatte Peter Herwegen bereits 1869 abgeliefert, ohne daß bei der Ausführung 1881 Wesentliches geändert wurde.

Leitmotiv der Schlafzimmerdekoration ist der «Tristan» von Gottfried von Straßburg. Die von August Spieß gemalten Bilder zeigen an der Eingangswand «Tristans Abschied von Isolde» und «Tristan in Erwartung Isoldes». Die Fensterwand enthält «Isoldes Ankunft mit Kurwenal» und auf der Ausgangswand ist zu sehen, wie Tristan Isolde den Liebestrank reicht

Der Sängersaal auf Schloß Neuschwanstein entstand in Anlehnung an den bis 1867 wiederhergestellten Festsaal auf der Wartburg. Den Entwurf für das Neuschwansteiner Gegenstück lieferte Julius Hofmann 1883. Der gesamte Saal ist mit einer zur Dachform hochgezogenen, mit den Tierkreiszeichen verzierten hölzernen Kassettendecke überspannt. Die westliche Stirnseite enthält eine hinter Säulenarkaden eingebaute Sängerlaube. Ihre Rückwand ist wie in einer Bühnendekoration mit einer sich in der Tiefe verlierenden Waldlandschaft ausgemalt. Die Wandbilder des Saales sind mit Szenen aus der "Parzival"-Dichtung geschmückt und damit dem Sagenhelden gewidmet, dem König Ludwigs höchste Verehrung und Liebe galt.

GAHMVRETS·EINZVG·IN·DIE·
MOHRENSTADT·PATELAMVNT.

und wie beide im Tod vereint sind. Die Rückwand schließlich zeigt «Tristan und Isolde im Garten der Burg Kornwall».

Besonders üppig ausgefallen sind im Schlafzimmer die Holzschnitzereien. Eichenholzvertäfelungen und Möbel wurden nach Detailzeichnungen von Julius Hofmann in der Münchner Werkstatt von Anton Pössenbacher geschnitzt. Nicht weniger als 14 Holzschnitzer arbeiteten viereinhalb Jahre lang nur für diesen Raum. Sie lieferten außer der kostbaren Vertäfelung einen hohen, überdachten Lesestuhl, der auch als Bischofsthron dienen könnte, einen Waschtisch mit Baldachinaufsatz und ein prächtiges Prunkbett mit fein verzierten Fialen am Baldachin.

An das Schlafzimmer schließt sich im Westen als letzter der Privaträume das Speisezimmer an. Es wurde von Ferdinand Piloty mit Szenen aus der Zeit des Landgrafen Hermann von Thüringen und aus dem Leben der Minnesänger auf der Wartburg ausgemalt. Zu sehen sind an der Ausgangswand, wie Landgraf Hermann fahrende Sänger beschenkt und wie er Heinrich von Veldeke seine wiedergefundene Dichtung Äneide zurückgibt. Die Rückwand zeigt den Zauberer Klingsor und den Sängerkrieg auf der Wartburg. Die Eingangswand verrät, wie Klingsor Heinrich von Ofterdingen auf die Wartburg bringt und wie der Landgraf Wolfram von Eschenbach beauftragt, das Gedicht «Willehalm» zu übersetzen. Zwischen den Szenen sind außerdem noch Gottfried von Straßburg, Wolfram von Eschenbach und Reinmar von Zweter zu sehen.

Die Fensterwand gibt ein besonderes Beispiel dafür, wie sorgfältig Piloty mit den mittelalterlichen Kostümen in seinen Gemälden umging. Bezogen auf die Szene zwischen den beiden Fenstern, in der fahrende Sänger am Hof des Landgrafen aufspielen, beschrieb Louise von Kobell diese Sorgfalt: «Im bunten Wechsel trägt einer ein Wams aus Goldbrokat, ein anderer ein grünes Unter- und ein veilchenblaues Oberkleid, da sieht man ein juwelenverziertes Barett, dort ein Blumenkränzlein, einen Federschmuck auf dem Helm, von der Mode zugespitzte Schnabelschuhe und den Handschuh, der an oder in der Hand, oder auf der Kopfbedeckung einen ganzen Codex von Bestimmungen über Courtoisie und Schwärmerei, Ehrerbietung und Unterwürfigkeit enthielt.»

Die gleiche Autorin stellte auch fest, daß das Speisezimmer «mit seinen schimmernden Platten und Aufsätzen, Schalen und Leuchtern, mit den behäbigen Stühlen und Tischen, mit den Prunk- und Kredenzkästen» eigentlich wie geschaffen dafür sei, «zahlreiche Gäste zu fassen, von Tafelmusik und fröhlichen Trinksprüchen zu widerhallen» – nur der König wollte genau das nicht. Er pflegte auch in Neuschwanstein allein zu speisen, und wenn man zeitgenössischen Kreisen glauben darf, mußten dabei die Diener Masken tragen, um nicht mit ihren realen Gesichtern die poetischen Träume des Königs zu stören.

Die Wendeltreppe im achteckigen Nordturm führt zum Vorplatz im vierten Obergeschoß hinauf. Natürlich hört diese Treppe nicht einfach auf, sondern mündet vielmehr in einen achteckigen, mit Dreiviertelsäulen gegliederten Raum, in dem die Treppenspindel in eine farbig gefaßte marmorne Palmensäule übergeht. Sie stützt ein mit goldenen Sternen auf blauem Grund verziertes Gewölbe. Bewacht wird das Ganze von einer steinernen Drachenfigur, die gleichzeitig den Wächter des Turms versinnbildlicht.

Der Vorplatz im vierten Obergeschoß entspricht in seinem Grundriß genau dem darunterliegenden. Auf seiner Ostseite führen zwei Marmoreingänge zum Sängersaal, auf der Westseite öffnet sich ein Marmorportal zur Empore des Thronsaals. Die Entwürfe für die Ausstattung dieses Raumes schuf ebenso wie die für das obere Ende der Wendeltreppe im nördlichen Turm Julius Hofmann in den Jahren 1881 und 1883. Die Malereien wurden von Wilhelm Hauschild bis 1884 fertiggestellt.

Das Bildprogramm bringt mit der Gudrun-Sage der Edda die Fortsetzung der Sigurd-Sage aus dem dritten Obergeschoß. Nach dieser Sage zog sich Gudrun nach Sigurds Tod in die Einsamkeit zurück, um die Heldentaten Sigurds in einen Teppich zu sticken. Auf Betreiben ihrer Mutter wird sie die Gemahlin König Atlis von Hunnaland, der seinerseits den Nibelungenschatz bekommen möchte. Zu diesem Zweck lädt er Gudruns Brüder ein und läßt dann alle Nibelungen erschlagen. Gudrun ihrerseits rächt sich, indem sie Atli im Schlaf ersticht und den Saal mit den Gefolgsleuten des Hunnenkönigs in Brand steckt. Um sich selbst den Tod zu geben, springt sie ins Meer, wird aber lebend an die jenseitige Küste zur Burg des Königs Jonakur geschwemmt.

Der Tribünengang auf der Nordseite des Sängersaales auf Schloß Neuschwanstein ist ebenfalls ganz bemalt. Seine Wände sind als Vorstufe zu den Szenen aus der "Parzival"-Dichtung, im Saal selbst mit den Abenteuern von Parzivals Vater Gamuret und des Ritters Gawan ausgeschmückt. Die vier Szenen sind Beispiele von dieser Wandbemalung.

In der Neuschwansteiner Vorhalle beginnt die Bildgeschichte an der Westwand mit der Fahrt Gudruns zu Thora. Danach stickt Gudrun mit Thora an den Heldensagen ihrer Ahnen, und Atli beginnt seine Werbung um Gudrun. Schließlich ist noch Gudruns Brautfahrt mit Atli dargestellt. An der Fensterwand erzählt Atli Gudrun seine Träume und an der Ostwand ist zu sehen, wie Atlis Boten an den Hof Gunnars kommen, wie sich der Kampf der Nibelungen mit den Hunnen abspielt, wie Gudrun den Kriegern ein Totenmahl hält und wie Gunnar gefesselt im Schloßturm liegt.

An der Eingangsseite ist schließlich noch festgehalten, wie Gudrun die Brandfackel in die Burg wirft und sie selbst lebend ans andere Ufer getragen wird.

Der östlich anschließende Sängersaal entstand in Anlehnung an den bis 1867 wiederhergestellten Festsaal auf der Wartburg. Bereits 1868 hatte Christian Jank für diesen Saal eine erste Ansicht fertiggestellt und zehn Jahre später eine zweite Fassung geliefert. Daran allerdings hatte der König auszusetzen, daß Jank nach dem Vorbild der Wartburg Helden und Heilige darstellen wollte. Der König dagegen wünschte Wandgemälde zur Parzival-Dichtung. Dem trug schließlich Julius Hofmann mit seinem 1883 fertiggestellten, endgültigen Entwurf Rechnung.

Die räumliche Gestaltung geht ganz auf den ersten Entwurf Janks zurück, der von Anfang an einen rechteckigen Saal mit einer Tribüne auf der Nordseite vorsah. Ihre Stützmauer ergab schon bei Jank eine Galerie, den heutigen Tribünengang. Seine Wände sind als Vorstufe zu den Szenen aus der Parzival-Dichtung im Saal selbst mit den Abenteuern von Parzivals Vater Gamuret und des Ritters Gawan ausgeschmückt. Der gesamte Saal ist mit einer zur Dachform hochgezogenen, mit den Tierkreiszeichen verzierten, hölzernen Kassettendecke überspannt. Die östliche Schmalseite des Saals öffnet sich in Bogenstellungen gegen einen Balkon über dem Burghof, der westliche enthält eine hinter Säulenarkaden eingebaute «Sängerlaube». Ihre Rückwand ist wie in einer Bühnendekoration mit einer sich in der Tiefe verlierenden Waldlandschaft ausgemalt.

Die Wände des Saals sind vollständig mit Szenen aus der Parzival-Dichtung und damit des Sagenhelden ausgeschmückt, dem König Ludwigs II. höchste Verehrung und Liebe galt. Immerhin hatte er über ihn 1865 an Richard Wagner geschrieben: «Oh Parcival, wann wirst Du geboren werden?! Ich bete Sie an, diese höchste Liebe, das Versenken, das Aufgehen in den qualvollen Leiden der Mitmenschen. – Wie hat mich dieser Stoff ergriffen! – Ja, diese Kunst ist heilig, ist reinste, erhabendste Religion.»

Was für den König «allmählich geradezu zum zentralen Punkt des innersten Lebens» geworden war, entwickelte sich in der Sage so: Nach dem Tode Gamurets erzog Königin Herzeloide ihren Sohn Parzival in selbstgewählter Einsamkeit. Kaum sieht Parzival jedoch den ersten Ritter, macht er sich auf, um zur Tafelrunde von König Artus zu reiten. Nach zahlreichen Abenteuern wird er vom kranken König Amfortas in die Gralsburg Montsalvat aufgenommen. Dort sieht er erstmals den Gral, versäumt es aber, die alles entscheidende Frage nach der Krankheit des Königs zu stellen. Am nächsten Tag wird er deshalb unter Beschimpfungen aus der Burg gejagt und zu einer neuen Serie von Abenteuern und Leiden gezwungen. Erst nach entsprechender Läuterung kann er auf die Gralsburg zurück, erlöst König Amfortas und wird selbst Gralskönig.

Die von August Spieß gemalte Bildgeschichte beginnt an der Südwand mit Parzivals erster Kunde vom Rittertum und seinem Abschied von Herzeloide. Es folgen sein Kampf mit dem Roten Ritter, seine Hochzeit mit Kondwiramur und seine erste Begegnung mit Amfortas. Über den Fenstern der Südseite sind zudem die Hauptfiguren der Parzival-Dichtung in vierpassförmigen Feldern auf Goldgrund verewigt. Dargestellt sind Repane und Feirefiz, Sigune und Schianatulander, Ginover und Artus sowie Herzeloide und Gamuret.

Auf der Erker- und Balkonwand folgen all die Abenteuer und Leiden, die Parzival nach der versäumten Frage an Amfortas zu bestehen hatte. Die Lösung des Ganzen bringt schließlich die Laubenwand an der Westseite: über den beiden Türmen prangt jeweils das bayerische Königswappen mit der lateinischen Umschrift: «Ludwig II., König von Bayern, Pfalzgraf». Darüber in den oberen Eckzwickeln ist Parzival als König des Grals und sein Sohn Lohengrin beim Aufbruch von der Gralsburg abgebildet. Parzival und Lohengrin stehen damit über dem bayerischen Wappen als Erlösungsverheißung für einen unglücklichen König.

Wird der Erlösungsgedanke im Sängersaal erst bei genauerem Hinsehen deutlich, so ist er im Thronsaal schon auf den ersten Blick überdeutlich, zusätzlich überhöht durch die Idee vom Königtum von Gottesgnaden. Beide Vorstellungen miteinander in Einklang zu bringen und als Anspruch manifest werden zu lassen, war Ludwig II. jedes Mittel recht. Die Idealvorstellung vom Gral, das Innere der Münchner Allerheiligenhofkirche und das der Hagia Sophia in Konstantinopel sollten in einem zweigeschossigen Prunkraum vereint werden, damit der sich nach Erlösung sehnende König sein von ihm noch hochgehaltenes Gottesgnadentum zum Ausdruck bringen konnte.

Bereits 1869 fertigte Eduard Ille auf der Basis der Beschreibung der Gralsburg im «Titurel» von Albrecht von Scharfenberg aus dem Jahre 1260 einen Entwurf für einen «Gralstempel», aus dem er bis 1877 die Entwürfe für den Neuschwansteiner Thronsaal entwickelte. Aus den Aquarellen von Ille mußte Julius Hofmann 1884 lediglich noch die Planzeichnungen ableiten, um mit dem Bau beginnen zu können.

Errichtet wurde ein Hauptraum unter einer Flachkuppel, den eine von Säulen getragene Galerie umgibt. Vor der nördlichen Schmalseite wurde unter einer Halbkugel eine Thronapsis eingebaut, zu der eine Marmortreppe hinaufführt. Durch den plötzlichen Tod des Königs konnte die Ausstattung des Raumes nicht fertiggestellt werden. So fehlt der Thronsessel aus Gold und Elfenbein mit seinem freistehenden Baldachin, der wie ein Altar in der Apsis stehen sollte. Außerdem fehlen die vier lebensgroßen Marmorengel mit den Wappenschildern von Bayern, Wittelsbach und Schwangau, die die Sockel der Treppenbalustrade zieren sollten.

Fertiggestellt allerdings wurde das vom König weitgehend selbst zusammengestellte und von Wilhelm Hauschild ausgeführte Bildprogramm des Thronsaals. Wie es zu verstehen ist, wurde vom Historiker Dr. Hyazinth Holland (er hatte als Spezialist für mittelalterliche Ikonographie dem König als Berater für das gesamte Bildprogramm für Neuschwanstein gedient) festgehalten. Demnach sollte der Thron als «Ausgang autoritativer Gesetzgebung» verstanden werden. «Um dies anschaulich zu machen, sind in den großen Schildflächen der Kuppel links vom Thron die Gesetzgeber der großen Culturvölker der Heiden, die Inder durch Manu, die Perser durch Zoroaster, die Egypter durch Hermes, die Griechen durch Solon und die weltbeherrschenden Römer durch Augustus repräsentiert. Auf der rechten Seite ist Moses als Vermittler der von Gott offenbarten Gesetze dargestellt.

Gegenüber dem Thron sind die drei hl. Könige, die Weisen aus dem Orient, dargestellt, welche dem Sterne als dem Zeichen des in die Welt getretenen göttlichen Lichtes folgen. Unter diesem Bildnis ist St. Michael als der Sieger des geistig Bösen und St. Georg als Überwinder der physisch bösen Gewalten abgebildet. In der Thron-Nische ist Christus umgeben von Cherubimen und den symbolischen Attributen der Evangelisten als höchster Gesetzgeber auf dem Regenbogen sitzend dargestellt, zum Zeichen, daß er über Himmel und Erde gebietet. Zu den Füßen kniend die hl. Maria und Johannes der Täufer, als Fürbitter für das Menschengeschlecht. Auf beiden Seiten anbetende Engel. Über dem Thron stehen sechs heiliggesprochene Könige, welche durch Erfüllung und Überwachung der göttlichen Gesetze als Vorbilder unter Palmen des Friedens glänzen. Am Aufgang zum Throne, an den Seitenwänden, stehen die hl. zwölf Apostel als die Träger der göttlichen Gebote. An den Wänden des Saales sind die hervorragenden Charakterzüge aus dem Leben der sechs hl. Könige geschildert ...»

Den sakralen Bildinhalten entspricht auch der mächtige Kronleuchter mit seinen beiden großen Doppelreifen aus vergoldetem Messing und Elfenbein. Ihn schuf Eugen Drollinger in Anlehnung an den um 1140 von Abt Hartwig für die Kirche des Klosters Groß-Comburg gestifteten, riesigen Radleuchter. Sein Gesamtaufbau wurde verstanden als ein Gleichnis des himmlischen Jerusalems, der Heiligen Stadt mit den zwölf Türmen. Als König sah sich Ludwig unter diesem Leuchter gleichzeitig als König des Grals und als Vorkämpfer für das himmlische Jerusalem. Auf seinem Thron dagegen sah er sich als fast schon heiliger Vermittler zum Jenseits, der bereits häufiger dort als auf Erden weilte.

Folgende Doppelseite:
Die Westfassade des dreigeschossigen Haupttraktes von Schloß Herrenchiemsee ist eine nahezu originalgetreue Kopie der Versailler Gartenfassade. Die 25 Fensterachsen sind über einen mittleren und zwei seitliche Risalite mit gebälktragender Säulenstellung gegliedert. Abweichend vom Versailler Vorbild ist das Hauptgeschoß mit seinen von Pilastern gerahmten Rundbogentüren etwas niederiger ausgefallen. Dafür erhielt die darüberliegende Attikazone mit der Reliefumrahmung der Fenster und den bekrönenden Trophäen noch zusätzliche Akzente. Den gesamten Statuenschmuck für die Fassade entwarf Franz Widnmann, ohne darüber allerdings Unterlagen zu hinterlassen. Die meisten der Figuren sind deshalb heute nicht mehr deutbar.

Schloß Neuschwanstein

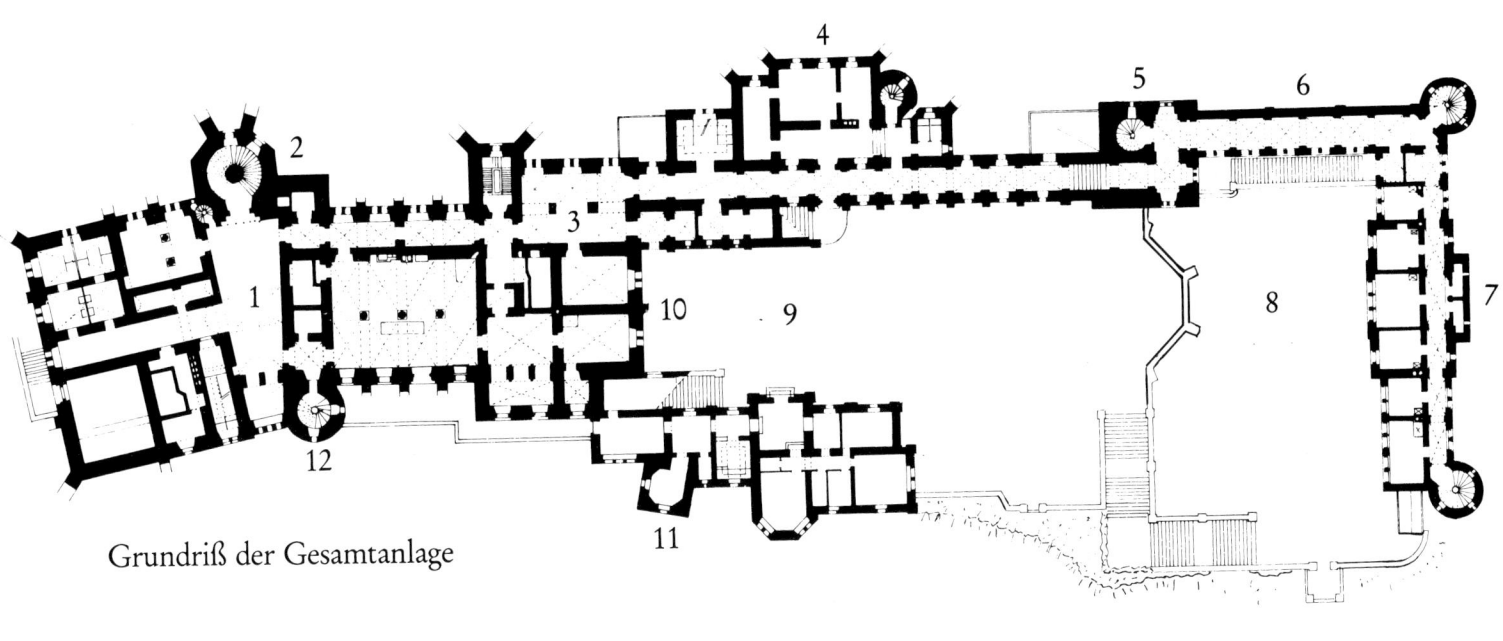

Grundriß der Gesamtanlage

Palas III. Obergeschoß

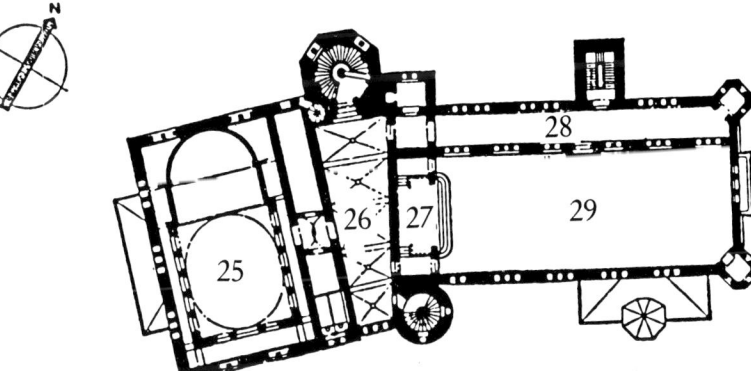

Palas IV. Obergeschoß

1	Vorplatz	11	Kemenate
2	Treppenturm	12	Treppenturm
3	Vorhalle	13	Söller
4	Ritterhaus	14	Thronsaal
5	Viereckturm	15	Vorplatz
6	Verbindungsbau	16	Dienstzimmer
7	Torbau	17	Arbeitszimmer
8	Unterer Hof	18	Grotte
9	Oberer Hof	19	Wintergarten
10	Palas (Herrenhaus)	20	Wohnzimmer

21	Ankleidezimmer
22	Schlafzimmer
23	Speisezimmer
24	Vorzimmer
25	Thronsaal
26	Vorplatz
27	Laube
28	Tribünengang
29	Sängersaal

Das Inselschloß Herrenchiemsee

Aus der Baugeschichte

König Ludwig II. war nicht nur der Träumer, der Bourbonenverehrer und der Märchenkönig, er war auch der sendungsbewußte Herrscher, der das gottgewollte Königtum ganz selbstverständlich für sich in Anspruch nahm. Allein schon aus diesem Grunde war der französische Sonnenkönig und sein Prachtschloß Versailles von Anfang an Ludwigs großes Vorbild. Als er 1867 Versailles zum ersten Mal erlebte, verspürte er natürlich sofort die Verkörperung des sakrosankten Königtums, für ihn Grund genug, dem verehrten Vorbild mit Ausdauer nachzueifern. Bereits 1868 reifte deshalb der Entschluß, ein bayerisches Versailles zu errichten.

Als Bauplatz dafür war zunächst das hintere Graswangtal bei Ettal vorgesehen, wo heute Schloß Linderhof steht. Von 1868 bis 1873 lieferte Georg Dollmann für Ludwigs Staatsschloß insgesamt 13 Entwürfe, die mit jedem Mal Größeres vorsahen und dem Versailler Vorbild immer ähnlicher wurden. Weil inzwischen zudem mit dem Bau von Linderhof begonnen worden war, bedeutete dies, daß für den Versailler Nachbau ein neuer Bauplatz gesucht werden mußte.

Im Gespräch waren zunächst eine Insel im Staffelsee, doch erwies die sich bald als zu klein. Erst im September 1873 fiel dann die Entscheidung, das Schloß auf der Herreninsel im Chiemsee zu bauen, auch wenn dem König dort die Berge eigentlich zu weit entfernt waren. Als Verlockung empfand Ludwig dagegen die Insellage. Noch einmal fünf Jahre sollten dann allerdings ins Land gehen, bis am 21. Mai 1878 der Grundstein für Ludwigs letztes Königsschloß gelegt werden konnte.

Dem Baubeginn lag der 13. Planentwurf Georg Dollmanns zugrunde, der eine dreigeschossige, hufeisenförmige Anlage, eingebunden in das Achsensystem eines großzügig geplanten Parkes vorsah. Kernelemente des Entwurfs waren nun Details von Versailles, die Ludwigs Vorstellungen vom absoluten Königtum vorbildlich erschienen: die langgestreckte, mit Trophäen bekrönte Hauptfassade, die Gesandtentreppe und die Enfilade der Staatsgemächer. Ludwig störte es dabei überhaupt nicht, daß das große Vorbild alles andere als ein homogen gewachsenes Ganzes darstellte oder daß die zum Vorbild genommene Gesandtentreppe bereits 1752 abgerissen worden war und deshalb mühsam rekonstruiert werden mußte.

Kristallisationspunkt der Vorstellungen König Ludwigs von seinem Staatsschloß war ohnehin weniger dessen Außenansicht als vielmehr dessen Ausstattung im Inneren, für die die schon damals leeren Räume Versailles keinerlei Vorbild abgaben. Bezeichnenderweise wurde der Auftrag für das Prachtbett des Paradeschlafzimmers (an ihm wurde insgesamt sieben Jahre gearbeitet) schon drei Jahre vor der Grundsteinlegung des Schlosses erteilt. Noch einmal zwei Jahre früher hatten das große «Chambre à Coucher du Roi» und die große Versailler Spiegelgalerie als Bühnenbilder für Separatvorstellungen für den König gedient. Ähnlich wie beim Neuschwansteiner Sängersaal waren also auch für die Staatsgemächer von Herrenchiemsee die Entwürfe für die Innenausstattung bereits viele Jahre fertiggestellt, bevor überhaupt mit dem Bau begonnen wurde.

Bei allem Eifer, dem großen französischen Vorbild möglichst treu zu folgen, waren damit aber auch schon früh bezeichnende Abweichungen vorgegeben. Während Ludwig XIV. sein Schloß noch buchstäblich als Staffage um sich selbst herum hatte erbauen lassen, verstand der bayerische Ludwig sein Versailles nie als Dauerwohnung für sich selbst. Wohnen sollte hier

Die große Spiegelgalerie in Schloß Herrenchiemsee ist die getreue Kopie der großen Spiegelgalerie von Versailles. Mit 98 Meter Länge ist sie jedoch größer als das Versailler Vorbild und nimmt zusammen mit den beiden Eckräumen die gesamte Gartenfront des Schlosses ein. Ebenfalls wie in Versailles entsprechen den 17 Bogenfenstern gegen den Park auf der Innenwand 17 große Wandspiegel. Das Tonnengewölbe der gewaltigen Galerie enthält getreu dem Vorbild ein umfangreiches Bildprogramm, dessen Thematik den Taten des Sonnenkönigs und der französischen Geschichte gilt. Die Bilder selbst wurden von einer ganzen Gruppe von Malern in Versailles direkt kopiert. Die Marmornachbildungen berühmter antiker Skulpturen und Imperatorenbüsten, die silbergefaßten Ziervasen, die Kandelaber und Lüster für insgesamt über 1800 Kerzen entstanden nach alten Stichen und Beschreibungen.

das absolute Königtum, als dessen Vertreter er sich lediglich von Zeit zu Zeit sehen lassen wollte. Vorzeigbar also sollte das königliche Corps de Logis werden, wohnen wollte der König allenfalls in einer eigenen, relativ kleinen Wohnung im Nordarm des Cour d'honneurs.

Der frühe Tod des Königs, nur acht Jahre nach Baubeginn, vereitelte die Fertigstellung. Die Kirche fehlte bei seinem Tode noch ganz, ebenso der südliche Flügel. Der im Rohbau stekkengebliebene nördliche Flügel wurde später wieder abgetragen. Weitgehend fertiggestellt dagegen wurde der Kern des Schlosses samt seiner von Julius Hofmann (er hatte Georg Dollmann 1884 abgelöst) gestalteten Ausstattung.

Von außen ist der dreigeschossige Haupttrakt auf seiner Westseite eine nahezu orginalgetreue Kopie der Versailler Gartenfassade. Sie hatte der berühmte französische Barockbaumeister Jules Hardouin Mansart für Ludwig XIV. gestaltet. Die 25 Fensterachsen (die Seitenfassaden haben je 18 Achsen) sind über einen mittleren und zwei seitliche Risalite mit gebälktragender Säulenstellung gegliedert. Abweichend vom Versailler Vorbild ist das Hauptgeschoß mit seinen von Pilastern gerahmten Rundbogentüren etwas niedriger ausgefallen, dafür erhielt die darüberliegende Attikazone mit der Reliefumrahmung der Fenster und den bekrönenden Trophäen noch zusätzliche Akzente.

Den gesamten Statuenschmuck für die Fassaden entwarf Franz Widnmann, ohne darüber allerdings Unterlagen zu hinterlassen. Viele der Figuren sind deshalb heute nicht mehr deutbar. Eindeutig zuzuordnen sind auf der Westfassade lediglich am Mittelrisalit in Höhe des Hauptgeschosses die Nischenfiguren Flora und Ceres. Die Seitenrisalite bergen Allegorien auf die Tugenden, auf die Wissenschaften und die Künste. Die Risalite an der Nord- und an der Südseite stellen Allegorien der Berufsstände dar, an der Ostfassade rahmen «Krieg» und «Frieden» sowie der «Ruhm» die Uhr über dem Mittelrisalit.

Die Fassaden des Cour d'honneurs auf der Ostseite entsprechen in vereinfachten Formen der Gartenfassade. Weil der «Cour de Marbre» von Versailles schon unter Ludwig XIII. errichtet worden war, wurde seine Nachahmung von Ludwig II. ausdrücklich abgelehnt. Seinem Sekretär diktierte er die Anweisung: «S.M. sind erstaunt, daß Sie gefragt haben, wie die Facade vom Marmorhof werden soll. S.M. wollen die Zeichnung vorgelegt bekommen, die Facade muß im Style Ludwigs XIV., nicht im Style Ludwigs XIII. werden.»

Die Ausstattung

Das Prunktreppenhaus am Ende des Südflügels von Schloß Herrenchiemsee entstand nach dem Vorbild der legendären, 1671 von Francois d'Orbay in Versailles errichteten "Escalier des Ambassadeurs". Als Vorlagen standen allerdings nur alte Pläne und Stiche zur Verfügung. Beibehalten wurde auch nur das Aufbauschema der Wände, die Thematik der Dekoration jedoch wurde stark verändert.

Folgende Doppelseite:
Das erste Vorzimmer in Schloß Herrenchiemsee ist ebenfalls mit Kopien französischer Gemälde ausgestattet. Das Bild über dem Kamin stellt die Einnahme von Lille dar (links). Das zweite Vorzimmer in Schloß Herrenchiemsee entspricht dem Versailler "Salle de l'oeil de boeuf". Dieser "Ochsenaugensaal" hat seinen Namen von den in die Frieszone der Schmalseiten eingesetzten, querovalen Fenstern. Die Reiterstatuette im Vordergrund stellt Ludwig XIV. dar (rechts).

Wann immer sich Ludwig II. für die Ausstattung von Schloß Herrenchiemsee interessierte, drehten sich seine Vorstellungen stets nur um die «Grands Appartements du Roi». Weil es in den entsprechenden Räumen von Versailles praktisch kein Anschauungsmaterial mehr gab, ließ Ludwig anhand zeitgenössischer Beschreibungen die Ausstattung der wichtigen Appartements zusammenstellen, behielt sich jedoch stets vor, nach den alten Beschreibungen entstandene Entwürfe persönlich zu korrigieren, bevor Aufträge zur Fertigung vergeben wurden.

Bereits sehr viel geringer war das königliche Interesse, wenn es um die für ihn zu schaffende Privatwohnung an der Nordostseite ging. Diese Wohnung entspricht in großen Zügen dem Vorbild des für Ludwig XV. errichteten Kleinen Appartement im Versailler Schloß. Ganze neun Tage, vom 7. bis 16. September 1865 bewohnte Ludwig II. diese Räume.

Völlig desinteressiert dagegen zeigte sich der König an der Nutzung und der Ausstattung der übrigen Teile des Schlosses. Immerhin sollten auf beiden Seiten je 125 Meter lange Seitenflügel entstehen, von denen niemand wußte, wozu sie genutzt werden sollten. Schließlich war Ludwig II. nicht mehr Mittelpunkt seines allein auf ihn fixierten Staates wie Ludwig XIV. und eine Hofhaltung à la Versailles gab es schon gar nicht mehr.

Im Zwiespalt, dem Vorbild treu zu bleiben oder «bedarfsgerecht» zu bauen, entschied sich der bayerische Sonnenkönig dennoch für die Nachahmung des Vorbildes, auch wenn er von der Nutzung der allzu vielen Räume keine Vorstellung gewinnen konnte. Daß die Seitenflügel heute fehlen, schadet deshalb der Gesamtwirkung des Schlosses keineswegs, da sie vermutlich ohnehin im Inneren nie ausgestattet worden wären.

Schloß Herrenchiemsee wurde innen nach denselben Kriterien und vorwiegend auch von denselben Handwerkern ausgestattet wie schon die Schlösser Linderhof und Neuschwan-

stein. Das heißt vor allem, daß Planung und Ausführung sich bedingungslos nach den Vorgaben des Königs zu richten hatten, daß alle Entwürfe dem König zur Genehmigung vorgelegt werden mußten und daß nicht selten noch während der Ausführung vom König Korrekturen verlangt wurden. Auch wenn Ludwig II. keinen eigenen Entwurf lieferte, sondern sich im Zweifel auf alte Quellen verließ, entstand so doch eine unverwechselbare, ausschließlich vom König selbst geprägte Innenausstattung.

Dieses «Konstruktionsprinzip» empfängt den Besucher bereits im 1884 fertiggestellten großen Prunktreppenhaus am Ende des Südflügels. Es entstand nach dem Vorbild der legendären, 1671 von François d'Orbay in Versailles errichteten «Escalier des Ambassadeurs». Zwar wurde diese Gesandtentreppe bereits 1752 wieder abgebrochen, um Platz für die Privatgemächer Ludwig XV. zu bekommen, doch wußte sich Ludwig II. zu helfen, indem er alte Pläne und Stiche als Vorbild zu Hilfe nahm.

Bei dieser Rekonstruktion ergaben sich allerdings zwei entscheidende Veränderungen. Zum einen sorgte der Einbau eines Glasdachs auf einer Stahlkonstruktion nach dem Vorbild des Treppenhauses in Schloß Linderhof geradezu für Lichtfülle. Die ohnehin leuchtenden Farben der verschiedenen Dekorationselemente kommen damit besonders stark zur Geltung.

Zum anderen wurde zwar das Aufbauschema der Wände beibehalten, die Thematik der Dekoration jedoch veränderte sich stark. Wo in Versailles der Sonnenkönig als Mittelpunkt des Staates verherrlicht wurde, finden sich in Herrenchiemsee politisch neutrale Allegorien. Die Büste Ludwig XIV. ist nun ersetzt durch eine Statue des Apoll, und der Brunnen darunter symbolisiert nicht mehr die Wirtschaft des Landes, sondern dient vielmehr der «Abkühlung und Ventilation» (Georg Dollmann). Statuen der Göttinnen Minerva, Ceres und Flora ersetzen Wappen und Kriegstrophäen des Sonnenkönigs, und die Ludwig XIV. huldigenden Vertreter der Erdteile mußten Blumenkränze tragenden, allegorischen Frauengestalten weichen.

All diese Veränderungen resultierten nicht zuletzt auch aus der geänderten Funktion des Treppenhauses. Wo sich in Versailles die ganze Hofgesellschaft zusammenfand, um gemeinsam Konzerte anzuhören, zu beten oder zu feiern, blieb in Herrenchiemsee vom ursprünglich repräsentativen Staatsraum nur die reine Funktion eines prunkvoll dekorierten Treppenhauses. Aus dieser Funktionalität wurde es nur dann etwas befreit, wenn der Anwesenheit des Königs dadurch Rechnung getragen wurde, daß «Tausende zu Bouquets gebundener Rosen und Lilien» den Raum füllten.

Die Entwürfe für das Treppenhaus lieferte im wesentlichen Franz Widnmann, die Ausführung der Stuckfiguren (sie sollten in der Endausführung in Sterzinger Marmor gehauen werden) übernahm Philipp Perron. Für die Brunnenschale aus belgischem Rotmarmor auf dem Zwischenpodest schuf er eine Diana mit zwei Nymphen. Dem Apollo darüber entspricht auf der gegenüberliegenden Wand eine Minerva, die beiden Schmalseiten zieren Ceres und Flora. Die Längsseiten sind mit allegorischen Wandgemälden von Franz Widnmann und Ludwig Lesker ausgestattet. An der Treppenwand sind «Wissenschaft und Kunst» und der «Wehrstand» zu sehen, an der gegenüberliegenden Wand der «Nährstand» und «Handel und Gewerbe».

Der Deckenfries enthält ebenfalls Bilder von Franz Widnmann und Stukkaturen von Philipp Perron. Sie stellen Allegorien auf Macht und Stärke, Wahrheit und Gerechtigkeit sowie auf die vier Erdteile dar.

Ist die «plastische und farbentönige Ouvertüre», wie Louise von Kobell das Treppenhaus beschrieb, durchstiegen, gelangt der Besucher in das erste der drei Vorzimmer, in den Hartschiersaal. Er wurde zusammen mit dem gesamten repräsentativen Trakt des Schlosses zwischen 1880 und 1883 von Georg Dollmann eingerichtet. Die Ausstattung des Hartschiersaals orientierte sich an dem «Salle des Gardes» von Versailles, wo die Kriegstaten Ludwigs XIV. mit Marmorbüsten seiner Marschälle (Condé, Turenne, Vauban und Villars) verherrlicht wurden. In Herrenchiemsee sind außer Kopien dieser Marmorbüsten die Hellebarden der königlichen Leibwache aufgestellt. Die Gemälde an den Wänden stellen Feldzüge von Ludwig XIV. dar. Zum Thema passend zeigt das Deckengemälde den «Triumph des Mars». Während das Deckengemälde 1882 von Franz Widnmann gemalt wurde, sind die Gemälde an den Wänden Kopien von Werken von Adam Frans van der Meulen.

Die Ausstattung des Hartschiersaales in Schloß Herrenchiemsee orientierte sich an dem "Salle des Gardes" von Versailles, wo die Kriegstaten Ludwigs XIV. mit Marmorbüsten seiner Marschälle verherrlicht wurden. In Schloß Herrenchiemsee sind außer Kopien dieser Marmorbüsten die Hellebarden der königlichen Leibwache aufgestellt. Das Bild über dem Kamin ist die Kopie einer französischen Vorlage und stellt einen Feldzug Ludwigs XIV. dar.

Der Beratungssaal ist einer der wenigen Räume in Schloß Herrenchiemsee ohne Versailler Vorbild. Wie schon in den vorherigen Räumen verwendete Georg Dollmann wieder in Weiß und Gold gehaltene Vertäfelungen, einen vergoldeten Stuckfries und ein Spiegelgewölbe mit vergoldeten Stukkaturen. Das große Bild stellt einmal mehr die Verehrung Ludwigs II. für den französischen Sonnenkönig unter Beweis.

Folgende Doppelseite:
Das königliche Schlafzimmer im Kleinen Appartement von Schloß Herrenchiemsee ist nach dem Vorbild eines Saales im Hôtel de Soubise in Paris gestaltet. Kostbarstes Ausstattungsstück ist der achtzehnarmige Porzellanlüster aus Meißen für insgesamt 108 Kerzen. Auch der Blumenkorb auf dem Tisch, die Vasen und Uhren sind aus Meißner Porzellan. Der Speisetisch ist wie in Schloß Linderhof ein "Tischleindeckdich", das zum Servieren nach unten gesenkt wurde und dem König erlaubte, allein und ohne Bedienung zu speisen (links).
Dominierendes Schmuckelement im königlichen Arbeitszimmer von Schloß Herrenchiemse ist das große Bild Ludwigs XV. Der große Rollschreibtisch ist eine exakte Kopie des "Bureau du Roi" von Ludwig XV. (rechts).

Auch das erste Vorzimmer lehnt sich unmittelbar an das Versailler Vorbild an. Die großen Gemälde sind ebenfalls wieder Kopien französischer Originale von Jules Jury. Zu sehen sind der «Empfang des Marschalls Condé» und die «Einnahme von Lille». Das Deckengemälde ist ein Werk von Wilhelm Hauschild und stellt den «Triumph des Dionysos mit Mänaden und Bacchanten» dar.

Noch einmal gesteigert wird der Prunk im zweiten Vorzimmer, das dem Versailler «Salle de l'œil de bœuf» entspricht. Dieser «Ochsenaugensaal» hatte seinen Namen von den in die Friezone der Schmalseiten eingesetzten querovalen Fenstern, war aber im Original wesentlich kleiner und vor allem auch einfacher ausgestattet. In Herrenchiemsee sollte, wie schon die Vorzimmer zeigen, eben alles das Vorbild noch übertreffen.

Erreicht wurde das im zweiten Vorzimmer mit zwei riesigen Spiegeln an den Schmalseiten, die die drei Kristallüster in unendlicher Folge reflektieren. Auf gleich vier großen Gemälden und auf Bildern über den Türen sind Familienmitglieder des Sonnenkönigs dargestellt, er selbst ziert als Bronzereiterstatuette die Mitte des Saales. Das Deckengemälde schuf Eduard Schwoiser zum Thema «Die Nacht weicht dem Morgen». In der allegorischen Umsetzung weichen Asträos und Chronos der von Merkur angekündigten Aurora. Die Reiterstatuette des Sonnenkönigs ist übrigens ein Werk von Philipp Perron, der als Vorbild für das Pferd ein Leibpferd Ludwigs II. verwenden mußte.

War schon in den drei Vorzimmern versucht worden, Versailles zu übertreffen, so galt dieses Bestreben natürlich für den Hauptraum von Herrenchiemsee, für das Paradeschlafzimmer, doppelt. Seit Ludwig II. das Versailler Vorbild erlebt hatte, kreisten seine Gedanken immer wieder um Funktion und Ausstattung dieses Raumes, den er sich immerhin in jedem seiner Schlösser einrichten ließ. Wo der Sonnenkönig seine erste und letzte Audienz des Tages hielt, wo die wichtigsten politischen Entscheidungen gefällt wurden und wo ein nicht unerheblicher Teil des Hofzeremoniells stattfand, sollte der ganze dem König zur Verfügung stehende Prunk entfaltet werden. Daß der bayerische Ludwig in Wirklichkeit kein Sonnenkönig mehr war und der scheue König nichts mehr gehaßt hätte, als ein solches Hofzeremoniell wirklich abhalten zu müssen, störte dabei wenig. Genauso wenig störte es, daß das am 18. September 1881 als erster Raum des Schlosses vollendete Paradeschlafzimmer vom König in den fünf Jahren bis zu seinem Tode kein einziges Mal benutzt wurde.

Entworfen wurde das Paradeschlafzimmer von Georg Dollmann schon 1872, damals noch unter dem Namen «Meicost Ettal» für einen Bau im Graswangtal anstelle des heutigen Linderhof. Weil von Anfang an das Versailler Vorbild übertroffen werden sollte, wurden von Dollmann bereits im ersten Entwurf über der Hohlkehle der Decke als zusätzliches Prunkelement Lünetten vorgesehen, für die es in Versailles kein Vorbild gab. Das Kranzgesims erhielt vollplastische, allegorische Figuren, die Lünetten wurden mit spielenden Putten gefüllt.

Über das Versailler Vorbild hinaus geht auch das Deckengemälde von Eduard Schwoiser. In ihm erscheint Apoll im Kreis der olympischen Götter. Als der Maler seinem Apoll die Züge des jungen Ludwig II. gab, stieß er bei seinem Auftraggeber auf wenig Gegenliebe. Ludwig verlangte, daß der Apoll die Züge Ludwigs XIV. erhielt und gab die Generalanweisung: «Alles was bayerisch ist, müsse in Chiemsee entfernt werden.» Daraufhin mußten in sämtlichen Räumen bayerische Rauten und bayerische Löwen aus sämtlichen Dekorationen entfernt und durch bourbonische Lilien und das Sonnenemblem ersetzt werden.

Da Ludwig nur Rot und Gold als Herrschaftsfarben anerkannte, durften nur sie im Paradeschlafzimmer verwendet werden. Das Prunkbett selbst wurde von Franz Seitz und Julius Hofmann entworfen, wozu festgestellt wurde: «Das neue Prachtbett auf Herrenchiemsee ist im großen und ganzen eine wundervolle Kopie des Versailler, ohne deshalb eine sklavische Nachahmung desselben zu sein.» Großen Anteil an dieser Feststellung darf Wilhelm Hauschild für sich in Anspruch nehmen, der die Entwürfe für die Nadelmalereien der Baldachinvorhänge lieferte. An ihrer Ausführung arbeiteten Dora und Mathilde Jörres nicht weniger als sieben Jahre. Dargestellt ist, wie Nymphen Amor die Flügel schneiden (Rückwand), «Venus im Olymp» und «Jupiter und Ganymed mit Grazien» (Vorhänge der Rückwand) und der Triumph des Amor und der Venus (Innenseiten der Seitenvorhänge).

Keineswegs von ungefähr verlangte Ludwig darüber hinaus ein ganz besonderes Detail: die Rückwand mit der Beschneidung der Flügel Amors ist zum Auswechseln konstruiert und

kann gegen eine Art Andachtsbild ausgetauscht werden. Darauf ist die Krönung des jungen Sonnenkönigs durch die Muttergottes dargestellt. Dazu passend gibt es einen Baldachin aus blauer Seide mit goldenen Sternen in Anlehnung an den Sternenhimmel des Thronsaales von Neuschwanstein. Wo Ludwig XIV. nur sich selbst verehrt sehen wollte, trachtete der bayerische Ludwig immerhin danach, das Gottesgnadentum seiner Königswürde im Rahmen seines Paradebettes darzustellen.

Auf der Nordseite des Paradeschlafzimmers schließt sich der Beratungssaal an, auch wenn es dafür in Versailles kein unmittelbares Vorbild gab. Da Ludwig jedoch der Meinung war, zur Repräsentation des absoluten Königtums sei auch ein solcher Raum notwendig (obwohl er sich zur Bauzeit von Herrenchiemsee längst nicht mehr mit seinen Ministern beriet), konnte Georg Dollmann einen eigenen Entwurf ohne Anlehnung an Bestehendes einbringen.

Wie schon in den vorherigen Räumen verwendete der Architekt wieder in Weiß und Gold gehaltene Vertäfelungen, einen vergoldeten Stuckfries, ein Spiegelgewölbe mit vergoldeten Stuckaturen und ein großzügiges Deckengemälde von Eduard Schwoiser. Sein Thema sind die «Götter des Olymp». Um der Bestimmung des Saales gerecht zu werden, ließ der Maler den Götterboten Merkur mit dem Rat der Götter den Menschen zu Hilfe kommen. Die vier Supraportengemälde schließlich sind Kopien französischer Originale und zeigen Einzelszenen aus dem Regierungsalltag des Sonnenkönigs.

Dem Paradeschlafzimmer, dem zweiten Vorzimmer und dem Beratungssaal nach Westen vorgelagert ist die Kopie der Großen Spiegelgalerie von Versailles. Mit 98 Metern Länge ist sie jedoch größer als das Versailler Vorbild und nimmt zusammen mit den beiden Eckräumen, Kriegs- und Friedenssaal, die gesamte Gartenfront des Schlosses ein. Genau wie in Versailles ließ Dollmann die Wände hellgrau und grün verkleiden, konnte dafür allerdings nur Stuckmarmor statt echtem verwenden. Ebenfalls wie in Versailles entsprechen den 17 Bogenfenstern gegen den Park auf der Innenwand 17 große Wandspiegel. Auch die Trophäen auf dem Gesims sind aus minderem Material: das vergoldete Kupfer des Vorbilds ist durch Stuck ersetzt. Dafür ist das in Versailles nur mit Goldfarbe aufgemalte Rahmendekor der Deckenmalereien hier plastisch ausgeführt und vergoldet. Entsprechend bayerischer Tradition gehen Randelemente der Gemälde nicht selten in die Plastik dieses Stucks über.

Das Tonnengewölbe der gewaltigen Galerie enthält getreu dem Vorbild ein umfangreiches Bildprogramm, dessen Thematik den Taten des Sonnenkönigs und der französischen Geschichte vom Pyrenäischen Frieden (1659) bis zum Frieden von Nymwegen (1678) gilt. Die Bilder selbst wurden von einer ganzen Gruppe von Malern in Versailles direkt kopiert, um den «Charakter der Originale genau zu treffen». Als bei der Montage der Bilder in Herrenchiemsee zwei vertauscht wurden, war Ludwig II. untröstlich und ließ seinen Sekretär festhalten: «Da nun aber bei zwei von den Bildern eine Verwechslung vorkam, so nehmen S. M. an, daß es bei mehreren der Fall sei, dies wären S. M. etwas schreckliches und könnten Allerhöchstdieselben nie verzeihen.»

Zu Lebzeiten des bayerischen Ludwig war die «Galerie des Glaces» längst leergeräumt, von den Dekorationsstücken ihrer Glanzzeit war nichts mehr erhalten. Die Marmornachbildungen berühmter antiker Skulpturen und Imperatorenbüsten, die silbergefaßten Ziervasen und die vergoldeten Vasen für Orangenbäume, die 44 Kandelaber und 33 Lüster mit ihren insgesamt über 1800 Kerzen entstanden deshalb nach alten Stichen und Beschreibungen. Die Imperatorenbüsten schuf August Spieß nach römischen Originalen im Vatikan.

Der Friedenssaal in der Südwestecke des Schlosses ist ebenfalls mit mehrfarbigem Stuckmarmor verkleidet. Die Pilaster sind mit Trophäen aus vergoldeter Bronze geschmückt, die Lünetten und die Flachkuppel zeigen gemalte Allegorien des Friedens. Das ovale Bild Ludwigs XIV. über dem Kamin verherrlicht den Sonnenkönig als Friedensfürst. Marmorbüsten der römischen Kaiser Trajan, Domitian, Tiberius und Augustus sollen diesen Anspruch noch unterstreichen.

Auch die Wände des Kriegssaales in der Nordwestecke des Schlosses sind mit mehrfarbigem Stuckmarmor verkleidet. Die Pilaster sind wieder mit Trophäen aus vergoldeter Bronze verziert, die Bilder in den Lünetten und in der Flachkuppel sind Allegorien auf den Krieg. Das ovale Stuckrelief vom Sonnenkönig hoch zu Roß über dem Kamin soll diesmal Ludwig XIV. als Kriegsherrn verherrlichen, wiederum unterstützt von vier Marmorbüsten besonders

Die Wände des Kriegssaales in der Nordwestecke des Schlosses Herrenchiemsee sind mit mehrfarbigem Stuckmarmor verkleidet. Die Pilaster sind mit Trophäen aus vergoldeter Bronze verziert, die Bilder in den Lünetten und in der Flachkuppel sind Allegorien auf den Krieg. Das ovale Stuckrelief vom französischen Sonnenkönig hoch zu Roß soll Ludwig XIV. als Kriegsherrn verherrlichen.

kriegerischer römischer Kaiser. Versammelt sind Nero, Marc Aurel, Caracalla und Septimus Severus.

An die offiziellen Paraderäume schließt sich im Nordtrakt die Privatwohnung Ludwigs II. an. Sie wurde ab 1883 nach Entwürfen von Julius Hofmann, Franz Paul Stulberger und Eugen Drollinger (er hatte dem Schlafzimmer in Linderhof die letzte Fassung gegeben, die wiederum Vorbild für das private Schlafzimmer in Herrenchiemsee wurde) ausgestattet. Sämtliche Räume dieses Kleinen Appartements sind wesentlich intimer als die Paraderäume gestaltet und stehen ganz in der Tradition des für Linderhof entwickelten Neorokoko.

Den Auftakt bildet das Schlafzimmer, entworfen von Franz Paul Stulberger und Franz Widnmann. Wie üblich, ist auch hier wieder die Bettnische durch eine geschnitzte und vergoldete Balustrade vom Rest des Raumes abgetrennt, doch ist hier alles wesentlich intimer als im großen Paradeschlafzimmer. Die Vorhänge und Bespannungen des Bettbaldachins sind auch nicht mehr in den Majestätsfarben Purpur und Gold, sondern in Ludwigs Lieblingsfarbe Blau gehalten. Die gleiche Farbe kehrt in einer blauen Glaskugel auf einem reich geschnitzten und vergoldeten Ständer wieder. Sie diente als Nachtbeleuchtung und tauchte das Schlafzimmer in den Blauton, den sich Ludwig II. schon für seine Grotte in Linderhof hatte zaubern lassen. Die Supraportengemälde geben Ansichten von Schloß Versailles und von höfischen Festen unter Ludwig XV. wieder. Das Bett selbst ist am Fußteil mit einem Relief «Ruhende Venus», gerahmt von vollplastischen Figuren der Venus und des Adonis, geschmückt. Die Rückwand des Baldachins ziert die Sonne als Symbol für Ludwig XIV.

Nach Osten schließt sich das ganz in Weiß gehaltene und mit vergoldeten Schnitzereien reich verzierte Arbeitszimmer des Königs an. Sein dominierendes Schmuckelement ist ein großes Bild Ludwigs XV. an der Rückwand hinter dem Schreibtisch. Die Supraportengemälde zeigen Schlachten von Ludwig XV., die stuckierte Hohlkehle bietet jeweils in der Mitte eine fast vollplastische mythologische Figurengruppe. Hauptausstattungsstück ist der große Rollschreibtisch von Ludwig XV. Er wurde als «Bureau du Roi» von den französischen Schnitzern Oeben und Riesener für Ludwig XV. gearbeitet und steht heute im Louvre in Paris. Das Exemplar im Arbeitszimmer von Herrenchiemsee entstand 1884 als Nachbildung des Versailler Originals.

Auch der Blaue Salon ist mit weißer Vertäfelung ausgestattet, die aber über und über mit vergoldeten und zum Teil vollplastischen Schnitzereien geschmückt ist. In der Divannische einander gegenüber angeordnete Spiegel sorgen dafür, daß das Ast- und Laubwerk mit seinen farbig irisierenden Vögel als unendliche Raumfolge erscheint. Die Supraportengemälde zeigen Gesellschaftsszenen aus dem Rokoko, die Decke ist mit vergoldeten Stukkaturen übersät, in die Jagdbilder eingestreut sind. Der überaus kunstvoll gestaltete Kamin besteht aus Meißner Porzellan, ebenso der blumenverzierte Leuchter. Der Lüster dagegen ist erst ein Gipsmodell als Vorstufe für die Endausführung in Elfenbein.

Östlich an das Arbeitszimmer schließt sich das ovale Speisezimmer an. Mit seinen symmetrisch angeordneten Rundbogennischen für Fenster, Türen und Kamin folgt es dem Vorbild eines Saales im Hôtel de Soubise in Paris. Auch hier findet sich wieder eine weiße Vertäfelung mit vergoldeten Schnitzereien, die teilweise allegorisch sind. Büsten von Ludwig XV., von Madame Lavallière und von Madame Pompadour zieren die Supraporten, während die Zwickel zwischen den Bögen mit gemalten Szenen aus «Amor und Psyche» gefüllt sind. Die in des Königs Lieblingsfarbe Blau gehaltene Decke ist mit vergoldeten Stukkaturen und weißen Putten verziert. Ein ganz besonderes Prachtstück ist der achtzehnarmige Porzellanlüster aus Meißen für 108 Kerzen. Auch der Blumenkorb auf dem Tisch, die Vasen und Uhren sind aus Meißner Porzellan. Der Speisetisch selbst ist wie in Linderhof ein «Tischlein-deck-Dich», das zum Service nach unten gesenkt wurde und dem König erlaubte, allein und ohne Bedienung zu speisen.

Letzter Raum des Kleinen Appartements ist das Porzellankabinett. Hier sollten ursprünglich alle Füllungen der mit vergoldeten Schnitzereien und marmorierten Pilastern verzierten Vertäfelungen mit bemalten Porzellanplatten geschmückt werden. Vorbild dafür war ein Saal des Schlosses Fontainebleau. Ausgeführt wurden allerdings nur die Porzellangemälde für die Felder der Flügeltüren mit Allegorien der Wissenschaften und Jahreszeiten. Die Supraportengemälde sind einmal mehr Szenen aus dem französischen Hofleben unter Ludwig XV. gewid-

Die Kleine Galerie in Schloß Herrenchiemsee folgt dem Beispiel der "Petite Galerie" von Versailles. Ihre Wände sind mit mehrfarbigem Stuckmarmor verkleidet, die Nischen der Schmalseiten und Hauptgesimse sind mit allegorischen Stuckfiguren gefüllt. Das Tonnengewölbe enthält in goldstuckierter Rahmung mythisch-allegorische Fresken.

Folgende Doppelseite:
Das Paradeschlafzimmer in Schloß Herrenchiemsee war für König Ludwig II. der wichtigste Raum des gesamten Schlosses. Wo in Versailles der Sonnenkönig seine erste und letzte Audienz des Tages hielt, wo die wichtigsten politischen Entscheidungen gefällt wurden und wo ein nicht unerheblicher Teil des Hofzeremoniells stattfand, sollte auch der ganze, dem König zur Verfügung stehende Prunk entfaltet werden (links).
Im Anschluß an die offiziellen Paraderäume wurde in Schloß Herrenchiemsee im Nordtrakt die Privatwohnung für Ludwig II. eingebaut. Sämtliche Räume dieses kleinen Appartements sind wesentlich intimer als die Paraderäume gestaltet und stehen ganz in der Tradition des für Schloß Linderhof entwickelten Neorokoko. Wichtigster Raum ist auch hier das Schlafzimmer, allerdings ist die Majestätsfarbe Purpur durch Ludwigs Lieblingsfarbe Blau ersetzt (rechts).

met. Die mit vergoldetem Stuck reich verzierte Decke ist mit ihrem Gemälde dem Thema «Genius der Kunst» gewidmet.

Über eine kleine Galerie erreicht man schließlich das nördliche Treppenhaus, das bis zum Tod des Königs lediglich im Rohbau fertiggestellt wurde. Sein einziger Schmuck ist die Marmorstatue König Ludwigs II. im Ornat des Georgi-Ritterordens. Die Statue wurde 1870 von Elisabeth Ney geschaffen und ist das einzige Bildnis Ludwigs II. in Herrenchiemsee.

Der Park

Zum bayerischen Versailles gehörte natürlich die Anlage eines ausgedehnten Parks, mit dem Ludwig II. gleich drei Intentionen verband. Zum einen sollte auf der Insel im Chiemsee all das im neuen Glanze erstehen, was in Versailles selbst inzwischen längst den Weg alles Irdischen gegangen war. Zum anderen sollte Karl von Effner die besondere Situation der Insellage nutzen und alle damit verbundenen Möglichkeiten einbringen.

Damit nämlich hoffte der König, sein Hauptziel, die Anlage in Versailles zu übertreffen, erreichen zu können.

Karl von Effner war dafür sicher der richtige Mann, hatte er doch bereits in Linderhof bewiesen, wie harmonisch er Architektur und Natur miteinander zu verbinden wußte. Gleiches sollte er nun auf der Insel im Chiemsee erreichen. Dazu schlug der Architekt von Anfang an vor, das Schloß auf allen vier Seiten mit geometrischen Gartenanlagen einzurahmen. Der Insellage sollte dadurch Rechnung getragen werden, daß sich die Gärten um zwei sich beim Schloß rechtwinklig schneidende Hauptachsen gruppieren sollten. Beide Achsen sollten mit ihren Enden jeweils bis zum Wasser des Chiemsees reichen. Die Winkel zwischen den Achsen sollten am äußeren Rand der geometrischen Beete über Boskette in die natürliche Bewaldung der Insel übergehen. Von den 1876 auf zweieinhalb Millionen Mark veranschlagten Anlagen wurde allerdings nur ein ganz geringer Teil ausgeführt.

Von den beiden Achsen entstand nur die Ost-West-Achse und auch die nur in ihren Grundzügen. Die Nord-Süd-Achse wurde nicht einmal mehr begonnen. Die Osthälfte der begonnenen Achse sollte eine langgestreckte Avenue mit doppelter Auffahrtsallee werden. Sie sollte das Schloß mit dem Ostufer und dem dort geplanten Landungsrondell verbinden. Die Westhälfte der begonnenen Achse gestaltete Effner weitgehend nach dem Versailler Vorbild.

Den oberen Teil des westlichen Parterres bildeten nach dem Vorbild des Versailler «Plateau d'eau» zwei große Wasserbassins, die allerdings bald nach des Königs Tod aufgefüllt und mit Rasen eingesät wurden. Über das Vorbild hinaus erhielten die beiden Bassins in der Mitte jeweils einen Brunnen mit Felsaufbau und Bleigußfiguren. Im Norden war es der Fama-Brunnen, im Süden der Flora-Brunnen.

Der Fama-Brunnen folgte einem Vorbild von San Ildefonso und zeigte eine geflügelte Ruhmesfigur auf ihrem Pferd Pegasus. Die Allegorien von Neid, Haß und Falschheit stürzten den Felsaufbau hinunter. Das Ganze war bewacht von den Allegorien Krieg, Sieg, Geschichte und Natur. Auch der Fortuna-Brunnen folgte dem gleichen Vorbild, zeigte eine überlebensgroße Figur der Fortuna mit Nereide und Triton zu ihren Füßen. Beide Brunnen harren noch ihrer Restaurierung. Lediglich die beiden Marmorbrunnen mit mythologischen Figuren und Jagdtiergruppen in den seitlichen Hecken im Norden und im Süden sind bereits wieder in Betrieb.

Mittelpunkt der zweiten, deutlich tiefer gelegenen Zone ist die Nachbildung des Versailler Latona-Brunnes, den Johann Hautmann 1883 fertigstellte. In ihm thront Latona über den in Frösche verwandelten Bauern, die zusammen mit Schildkröten und Lurchen ein prächtiges Wasserspiel sprudeln lassen.

Die Fortsetzung nach Westen bildet ein schmaler, von Hecken begrenzter Rasenstreifen, an dessen Ende ein Apollo-Bassin mit einer vergoldeten Bronzegruppe «Apollo im Sonnenwagen» entstehen sollte. Dahinter sollte ein Kanal den Zugang zum offenen Wasser herstellen. Weder Apollo-Bassin noch Kanal wurden jedoch fertiggestellt. Ahnen allerdings läßt sich sehr wohl, wie all das hätte aussehen sollen, wäre dem bayerischen Märchenkönig die Fertigstellung vergönnt gewesen.